KB058373

정치의
미래와
인터넷
소셜 의지

'데이터 기반 민주정치'는
인간을 정치의 원형으로 안내할 것인가

정치의
미래와
인터넷
소셜 의지

예병일 지음

Athens

Rome

Community

Aristoteles

Politics

Machiavelli

Social

Participation

Rousseau

Smart

Freedom

Social network

Future

21세기북스

08 | 정치인의 미래

09 | 정치의 미래, 정치의 종언 : 소셜 의지는 정치와 인간을 구원할 것인가

정치의 미래와 정치의 원형…
민주와 공화, 자유롭고 평등한 개인들의 참여와 공존

1986년 여름의 워싱턴은 더웠다. 미국의 하원의원 사무실에는 지역구에서 배달되는 시민들의 편지가 매일 산더미처럼 쌓였다. 넓은 테이블 위에 그 편지들을 올려놓고 정리하는 것이 인턴의 주요 업무였다. 당시 나는 대학 3학년의 여름방학을 한미 국회 청년교환 프로그램으로 워싱턴 의회 건물에서 미국 민주당 플로리오 하원의원의 인턴을 하며 보내고 있었다. 유권자들은 자신의 요구사항이나 불만, 격려를 편지에 담아 정치인에게 발송하고 있었다. 의원실 직원들이 쇄도하는 지역구민들의 편지를 일일이 뜯어보고 답장을 썼다. 유권자들은 몇 주일에 뒤 의원 명의의 편지를 받아보았을 것이다. 그런데 그것으로 끝이었다. 유권자는 형식적인 답장을 받는 것 외에는 선거 때가 아닌 이상 더 할 수 있는 일이 별로 없었다. 그리 오래전의 일도 아니지만, 그때는 그랬다. 시민과 정치인의 소통은 그런 모습으로 이루어졌다. 물론 전두환 대통령이 집권해 있던 그 당시 한국에서 유권자의 힘은 미국보다 훨씬 미약했다.

2010년대 중반인 지금, 정치의 모습은 크게 바뀌었다. 불과 20~30년만의 일이다. 미디어와 테크놀로지의 발달이 '개인'을 '정치의 중심'으로 이끌었다. 요즘 시민들은 편지가 아니라 트위터나 페이스북, 인터넷 커뮤니티와 블로그를 택한다. 정치인이나 정당에 불만이 있으면 즉시 인터넷에 올린다. 소셜 정치와 올웨이즈 온(상시접속) 정치가 가져온 정치 커뮤니케이션 모습의 변화다. 시민은 소셜 네트워크를 통해 세상과 소통하고, 스마트 기기를 들고 다니며 언제 어디서나 인터넷에 접속해 자신의 목소리를 내는 것에 익숙해졌다. 개인의 힘은 '증강'됐고, '참여'에 친숙해진 그들은 정치 커뮤니케이션과 정치 과정을 변화시키면서 공동체 정치를 바꿔가고 있다. 이제 개인은 더 이상 과거의 수동적이고 힘이 없는, 그래서 정치에 소외된 채 살아가는 무기력한 존재가 아니다.

이런 변화를 바라보면서 "정치의 미래는 어디를 향해 가고 있는가?"라는 질문을 던졌다. T. S. 엘리엇은 "이 모든 탐색의 끝에서 우리는 우리가 시작한 곳에 있을 것이다. 그리고 처음으로 그곳을 알아볼 것이다"라고 말했다. 정치의 미래도 그러했다. 지난 7~8년 동안의 개인적인 탐색 끝에, 나는 인간의 정치가 시작한 곳, 고대 그리스와 로마의 '정치의 원형'에 도착했고, 비로소 정치의 미래를 알아볼 수 있었다. 지금 우리는 소셜 인터넷과 스마트 기기, 유비쿼터스, 빅 데이터의 도움으로 정치의 원형을 향해 가고 있고, 머지않아 마침내 그 탐색의 끝에 그곳에 서서 '인간의 정치'를 알아볼 것이다. 데이터 기반의 '소셜 의지'

를 통한 민주정치, 개방된 연결 공동체의 정치는 인간을 정치의 원형인 민주(참여)와 공화(공존)로 이끌어 마침내 인간의 정치를 완성시킬 수 있을 것인가.

이 책에는 '소셜 의지the social will'라는 개념이 나온다. 필자가 '정치의 미래'를 설명하기 위해 만든 개념이다. 본문의 4부 6장에서 자세히 살펴보겠지만, 루소는 '일반의지the general will'라는 개념을 내놓았다. 사익을 추구하는 '개별 의지의 합the will of all'이 아닌 '개인과 공동체의 이익이 통합된 공익'을 의미하는 것이다. 난마처럼 얽혀 있는 실타래를 단칼에 베어내 풀듯이, 정치적 의사 결정과 공익의 문제를 간단하고 명쾌하게 설명하는 개념이었지만, 동시에 모호하고 수사적인 개념이기도 했다. 도대체 현실정치에서 누가, 어떤 과정을 거쳐 그 지고지선한 일반의지를 도출해낸다는 말인가. 애초에 불가능한 개념이었고, 그래서 전체주의에 악용될 소지마저 있었다. 하지만 정치의 미래에는 루소가 꿈꿨던 이 일반의지라는 아이디어가 소셜 스마트 정치 플랫폼에서 빅 데이터와 집단지성을 통해 구체적이고 현실적으로 드러날 수 있게 될 것이다. 즉, 소셜 의지는 소셜 스마트 정치 플랫폼이라는 정치 과정을 통해 특정인이나 특정 집단이 아닌 전체 시민이 만들어갈 '개인과 공동체의 이익이 통합된 공익'이라는 의미를 갖는 신조어이다.

어쨌든 그건 먼 길이었다. 정치는 고대 아테네의 민주정과 로마의 공화정에서 극히 짧은 기간 동안 민주와 공화라는 자신의 '원형原形(the original form)'을 보여주고 모습을 감췄다. 정치의 원형인 아테네의 민주는 참여이고, 로마의 공화는 공존·공익·공감이다. 인류는 오래전 '자유롭고 평등한 개인'들이 공동체의 일에 참여해 공익에 공헌하며 공존했던 정치의 원형을 경험했고, 곧 그것을 잃어버렸던 것이다. 정치 공동체의 규모는 커져갔고, 자립을 잃고 왜소해진 개인은 정치에서 오랫동안 소외됐다. 다시는 자신이 참여해 주인이 되는 정치를 만날 수 없는 듯 보였다.

그러나 이제 인류는 비로소 다시 그 정치의 원형으로 돌아갈 수 있는 가능성을 응시하며 서 있다. 인터넷이 인간의 공동체를 다시 오래전처럼 '작은 촌락'으로 만들고 있는 데다, 개인의 힘을 혁명적으로 증강시켜주고 있는, 그래서 개인이 스스로 설 수 있게, 자립自立할 수 있게 해주는 소셜 인터넷과 스마트 기기, 유비쿼터스 컴퓨팅이 등장한 덕분이다. 지금의 스마트폰, 스마트패드와는 차원을 달리할 새로운 스마트 기기의 미래와 빅 데이터, 인공지능 기술이 가져다줄 미래는 정치의 모습을 더 크게 바꿀 것이다. 그 결과 정치의 미래는 빅 데이터에 의한 '소셜 의지의 정치', '집단지성의 정치', '개방된 연결 공동체의 정치'가 될 것이다. 고대 아테네 폴리스가 '연설 기반 민주정치speech-act-based democratic politics'였다면, 정치의 미래는 '데이터 기반 민주정치data-act-based democratic politics'가 될 것이다. 그 정치의 미래에 민주(참여)와 공화(공존·공익·공감)라는 정치의 원형은 다시 모습을 드러낼 것이다.

오랜 시간 정치에서 소외되어온 개인은 정치의 미래에 마침내 다시 정치의 원형으로 돌아갈 수 있을까. 선거 때만 자유롭고 평등한 대의민주주의 국가의 시민들이, 그리고 아직도 형식적인 민주주의조차 누리지 못하는 나라들의 구성원들이, 정치의 원형을 되찾을 수 있을까. '1%

의 정치'가 아니라 '99%의 정치', 아니 '100%의 정치'가 인간에게 가능하긴 한 것일까. 그래서 정치의 원형 속에서 자유롭고 평등한 개인들이 공동체에 참여해 공익에 공헌하고 공존하면서 자신과 공동체의 행복과 번영을 동시에 만들어갈 수 있을까.

공존이 아닌 지배, 공익이 아닌 사익, 참여가 아닌 소외가 여전한 대한민국 공동체의 모습을 보면서, 정치는 무엇인가, 정치는 어디를 향해 가고 있는가에 대해 묻고 싶었다. 그 질문은 결국 인간은 어떤 존재인가, 인간의 삶은 어디를 향해 가고 있는가라는 질문과 같았다. 이 책은 그 질문에 대한 탐색이다. 신문과 방송이라는 매스미디어와 인터넷이라는 새로운 미디어의 현장에서 목도한 정치의 미래에 대한 한 정치학도의 소망이 담긴 에세이이기도 하다.

우리는 지금부터 '정치의 원형'을 찾아 그리스와 로마 시대를 여행하고, 고대와 근대의 사상가들을 만나볼 것이다. 그리고 '정치의 미래'를 찾아 소셜 스마트 세상을 둘러볼 것이다. 그래서 정치의 원형이 정치의 미래에 다시 부활하고 있음을 목격하게 될 것이다. 아리스토텔레스, 마키아벨리, 홉스, 로크, 루소가 지금 정치를 바꿔가고 있는 소셜 인터넷과 스마트 기기, 빅 데이터의 등장을 목격했다면 뭐라고 말할지 궁금하다. 고대 아테네인들과 로마인들이 민주와 공화라는, 그들이 인류에게 선물해준 정치의 원형을 찾아 나서는 우리에게 어떤 조언을 해줄지도 궁금해진다.

이번 탐색의 끝에 우리가 인류의 정치가 건강하게 시작한 그곳, 정치의 원형에 도착해 비로소 인간의 정치를, 그리고 정치의 미래를 알아볼 수 있게 되면 좋겠다. 당장 그 정치의 원형을 현실에서 실현하지는 못한다 하더라도 미래의 그 모습을 미리 정리해 바라보는 것만으로도 의미는 있다. 머지않은 정치의 미래에, 새로운 정치 플랫폼 속에서 민주와 공화라는 정치의 원형을, 자유롭고 평등한 개인들이 공동체의 정치에 참여해 공익에 공헌하며 공존하는 그 모습을 한국에서 현실로 볼 수 있게 되기를 소망한다.

---

1 오버의 '연설 기반 민주정치'라는 표현은 고대 아테네 정치의 특징을 잘 설명해주는 개념이다. Josiah Ober, 『The Athenian Revolution: essay on ancient greek democracy and political theory』, princeton university press, 1999, 11쪽

— Athens

— Rome

— Community

 Aristoteles

— Politics

 Machiavelli

— Social

— Participation

 Rousseau

— Smart

— Freedom

 Social network

— Future

01

잃어버린 정치의 원형 I

아테네의 민주와 참여

정치란 무엇인가,
원래 그런 것인가

정치란 무엇인가? 태어나서부터 중2 때까지는 박정희 대통령이었다. 어린 시절 대통령은 그만이 하는 자리인 줄 알았다. 그가 쓰러졌던 1979년 10월 26일, 가을날 이른 아침 등굣길의 스산했던 거리 모습이 지금도 생생하다. 고등학생, 대학생 때는 전두환 대통령이었다. 그는 '최루탄'과 '정의사회 구현'이라는 구호로 내 기억에 남았다. 대학원과 군대 시절은 '보통사람' 노태우 대통령이었다. 전-노 두 대통령은 퇴임 후 수의를 입고 구치소로 갔다. 20대 후반과 30대였던 방송기자와 신문기자 시절은 김영삼 대통령과 김대중 대통령이었다. '군인정치'의 시대에서 '문민정치'의 시대가 됐다. 하지만 '민주정치'는 여전히 나와는 관계가 없는 듯했다. 정치는 '정치인들만의 리그'였다. 국민은 선거 때 '투표'만 할 뿐이었다. 대통령 친인척과 측근들의 비리는 끊이지 않았다. 30대 후반과 40대, 인터넷 IT 분야에서 일하던 시절에는 노무현 대통령과 이명박 대통령이었다. 그때도, 정치의 본질은 달라진 것이 없었다. 여전히 '그들만의 정치'였고, 무슨 '정치의 법칙'이라도 있는 것처럼 대통령의 측근과 가족들은 줄줄이 검찰로 불려갔다. 검찰 수사를 받던 노무현 대통령은 측근들에게 "정치… 하지 마라"라는 말을 했고, 고향의 바위에서 몸을 던졌다. 이명박 대통령의 친인척과 측근들도 감옥으로 갔다. 정치는 원래 그런 것인가.

대통령 선거, 국회의원 선거, 지방자치 선거… 선거는 계속됐다. 나는 이게 뭔가 싶으면서도, 그래도 투표는 해야 한다는 생각에 투표장으로 갔다. 내가 찍은 사람이 확실히 떨어질 거라고 생각하면서 투표를 한 적도 있다. 당선될 것 같다는 느낌 속에 찍을 때도, 그가 나를 '대리'해 결정들을 내리지는 않을 거라고 생각했다. 언제나 그랬듯 선거 다음 날부터 정치인들은 그들만의 담을 쌓고 다음 선거 시즌까지 그들만의 리그를 벌였다. 정치는 원래 그런 것인가.

정치인들은 다수인 국민을 소외시켰고, 자신도 불행 속으로 빠져들었다. 사람들은 무기력 속에서 '정치 혐오증'에 빠졌고, 정치를 외면했다. 그러다 주기적으로 모든 고통과 불만을 한 번에 해결해줄 '메시아'를 기다렸고, 메시아라고 믿었던 이에게 열광하고 좌절하기를 반복했다. 나는 어떤 이유로 스무 살 청년시절, 그런 정치를 연구하는 학문을 공부해보겠다고 선택했었나. 잘 떠오르지가 않는다.

정치의 원형,
그 잃어버린 이상향

정치란 무엇인가? 많은 정의가 있다. '사회적 가치의 권위적 배분.' 1984년 대학에 입학해 정치학을 처음 공부하기 시작했을 당시 한국 정치학계를 풍미했던 데이비드 이스턴의 정의다. 어원을 통해서도 우리는 정치를 정의할 수 있다. 고대 그리스의 폴리스Polis에서 나온 정치 Politics란 폴리스라는 공동체에서 동료 시민들과 함께 살아가는 일과 관련된 활동을 의미한다. 한나 아렌트는 그 황금기 아테네 정치를 "자유로운 인간들이 서로에 대한 강요나 강제력 혹은 지배 없이, 서로 평등한 관계 속에서 오직 긴급사태(전쟁)에서만 서로에 대해 명령하고 복종하면서, 그리고 긴급사태가 아닐 때에는 모든 공무를 서로 대화하고 서로 설득하면서, 서로서로 관계를 맺는 것"[1]이라고 멋지게 정의했다.

하지만 굳이 어려운 정의들을 빌리지 않아도 우리는 안다. 정치는

'우리의 일'이며, 개인과 공동체 '모두'의 행복을 추구하는 것이다. 전자는 참여이고, 후자는 공익과 공존이다. 현실은 그렇지 않다는 걸 너무도 잘 알지만, 머리로는 그렇게 생각하고 언젠가는 우리가 그렇게 만들어야 한다고 여긴다. 따라서 우리는 정치를 '자유롭고 평등한 개인이 공동체에 참여해 공익에 공헌하고 공존하면서 개인의 행복과 공동체의 번영을 만들어가는 것'이라고 정의할 수 있겠다.

여기서 중요한 것은 자유롭고 평등한 개인이다. 이것이 존재하지 않는 정치는 인간에게 의미가 없다. 자유롭지 못하고 불평등한 개인들로 구성된 사회에서 개인과 공동체의 행복을 추구한다는 것은 애초에 불가능하다. 또 '참여'와 '공헌'도 중요하다. 구성원 각자가 공동체의 일에 직접 참여해 공헌하지 않는다면 그 개인들은 자존감을 느낄 수도 없고 행복할 수도 없다. '공존'과 '공익'도 중요하다. 공동체를 구성하는 특정 계층이 다른 이들을 일방적으로 '지배'하고 공익이 아닌 사익을 추구하려 한다면, 결국 그 공동체는 분열과 갈등 속에서 쇠락할 수밖에 없다.

20대, 잠시 플라톤의 '철인왕哲人王'이 매력적으로 다가왔던 시절이 있었다. 현실정치인에 대한 환멸 때문이었을 게다. 사익을 전혀 추구하지 않는, 현명하고 똑똑한 '철학자 왕'이 이끄는 정치. 그의 선정善政 하에 공동체의 구성원들이 자신이 맡은 분야에서 한 몸처럼 유기적으로 움직이는 사회. 그리스의 철학자 플라톤은 그런 정치를 꿈꿨다. 괜찮아 보이지 않은가? 그런데 누가 그 철인왕을 정하는가? 철인왕이 선정을 펼 것이라는 건 또 어떻게 보장하나? 나는 당시 생각 끝에 인간이 인간인 한 철인정치는 불가능하다고 결론 내렸다.

개인과 공동체의 행복은 지배자 한 사람이나 소수 지배층의 시혜施惠에 의해 확보될 수 있는 것이 아니다. 그것은 잠시는 가능할지는 몰라도, 지속적으로 가능할 수는 없다. 세종대왕이나 아우구스티누스 같은 성군聖君이 지속적으로 나올 가능성은 없다. 역사에서 그들은 오히려 예외적인 존재였다. 무엇보다 지배층의 시혜에 전적으로 의존하기에는 인간 개개인의 존재가 너무도 소중하다. 자유롭고 평등한 개인이 참여하는 공동체만이 타락하지 않고 건강하게 유지될 수 있고, 지속 가능한 발전을 이룰 수 있다. 그래야 개인과 공동체 모두 자신의 목적, 행복과 번영을 이룰 수 있다.

그런데 우리가 내린 정의처럼 '자유롭고 평등한 개인이 공동체에 참여해 공익에 공헌하고 공존하면서 개인의 행복과 공동체의 번영을 만들어가는 정치'가 가능하기는 한 건가. 유사 이래 인간에게 그런 정치가 있기는 했었나. 생각이 거기에 이르니 이제 어렴풋이 떠오른다. 스무 살 청년 시절, 나를 정치학으로 이끌었던 것이 무엇이었는지. 그건 고대 아테네와 로마의 모습이었다. 아테네의 민주와 참여, 로마의 공화와 공존, 공익. 지금은 우리가 잃어버린 '정치의 원형'의 모습이었다.

민주, 자유롭고 평등한 개인들의
공동체 참여와 공헌

"우리는 이웃 국가들의 법률에 대해 하등 부러울 것 없는 정체를 향유하고 있습니다. 우리는 타인의 본보기이지 모방자가 아닙니다. 소수가 아닌 다수를 위해 집행되는 이 정체를 우리는 민주정이라고 부릅니다. 우리의 법률은 사적인 분쟁에 있어서 모든 사람에게 동등한 정의를 부여하고 있습니다. 어떤 사람의 명성을 결정하는 것은 그의 미덕이지 그의 신분이 아닙니다. 또한 그가 공헌할 역량이 있다면, 가난이나 비천함으로 인해 그의 진로가 방해되지 않습니다."[2]

'페리클레스의 황금기'라는 고대 아테네의 전성기를 이끌었던 정치인 페리클레스. 그가 기원전 431년 펠로폰네소스 전쟁의 첫해에 전사한 사람들의 공공장례식에서 했던 유명한 연설의 일부이다. 페리클레스는 아테네 공동체의 모습을 자세히 언급하며 그런 도시를 위해 용감히 싸

우다 죽어간 전사자들을 추모했다.

우리는 여기서 정치의 원형(민주와 공화) 중 하나인 '민주'를 본다. 민주는 '참여'이기도 하다. 다수를 위해 그리고 다수에 의해 집행되는 민주정, 모든 사람들에게 동등한 정의를 부여하는 법률, 타고난 신분이 아니라 그가 갖고 있는 미덕에 의해 결정되는 명성, 능력이 된다면 가난이나 비천한 신분과는 관계없이 맡을 수 있는 공직…. 2,400여 년이 지난 지금 들어도 가슴이 뛰는, 여전히 우리의 목표로 남아 있는 건강한 정치, 건강한 공동체의 모습이다.

투키디데스의 『펠로폰네소스 전쟁사』에 나온 페리클레스의 연설을 통해 아테네의 모습을 좀 더 살펴보자.

"우리는 정치생활에서 자유롭고 개방적인데 일상생활에서도 그 점은 마찬가지입니다. 우리는 서로 시기하고 감시하기는커녕 이웃이 하고 싶은 일을 해도 화내거나 못마땅하다는 표정을 짓지 않는데, 그런 표정은 실제로 해를 끼치지는 않지만 남의 감정을 상하게 하지요. 사생활에서 우리는 자유롭고 참을성이 많지만, 공무에서는 법을 지킵니다. 그것은 법에 대한 경외심 때문입니다. 우리는 그때그때 당국자들과 법, 특히 억압받는 자를 보호하기 위해 제정된 법과, 그것을 어기는 것을 치욕으로 간주하는 불문율에 순순히 복종하기에 하는 말입니다."[3]

"우리는 고상한 것을 사랑하면서도 비용을 많이 들이지 않으며, 지혜를 사랑하면서도 문약하지 않습니다. 우리에게 부는 행동을 위한 수단이지 자랑거리가 아닙니다. 가난을 시인하는 것이 부끄러운 일이 아니라 가난을 면하기 위해 실천적인 조치를 취하지 않는 것이 진정으로 부끄러운 일입니다."[4]

"우리의 정치가들은 국가의 업무와 마찬가지로 그들 개인의 업무도 잘 관리합니다. 노동하는 일반 사람은 공무에 있어서 현명한 재판관들입니다. 우리는 정치로부터 초연해 있는 사람을 야심 없는 자일 뿐 아니라 쓸모없는 자라고도 부르는 유일한 국민입니다. 우리들 모두는 창안하지는 못하더라도 판정할 수는 있습니다."[5]

물론 고대 아테네의 민주정이 완벽했던 건 아니었다. 시대적 한계도 있었고 인간이기에 갖는 한계도 있었다. 무엇보다 당시는 노예제 사회였다. 아테네의 성공적인 대외 팽창이 가져다준 경제적 부와 시민들의 시간적 여유가 아테네 민주정의 기반이었던 것도 사실이다. 그렇다 해도 정치의 원형으로서 아테네 민주정이 갖는 의미는 너무도 크다. 2,400여 년 전의 고대 아테네인들은 우리에게 이렇게 말하고 있다. "정치의 원형에서는 자유롭고 평등한 인간 개개인이 정치에서 소외되지 않고 참여하고 공헌하면서 스스로의 힘으로 행복을 추구할 수 있으며, 그 공동체는 구성원 개개인의 건강한 힘을 바탕으로 번영할 수 있다"고. 멋지지 않은가. 환멸의 대상이 아닌, 우리의 가슴을 두근거리게 만드는 정치의 모습이다.

당시 현실의 아테네와 아테네 사람들이 위에 소개한 페리클레스가 가졌던 이상에 미치지 못했을지도 모른다. 그러나 옥스퍼드대학의 고대사 교수였던 윌리엄 포레스트의 말대로, 자료들을 보건대 그들은 페리클레스의 연설을 경청하고 이해했으며 연설의 바탕이 되는 원칙들을 받아들였던 것으로 보인다. 그리고 아마도 인간적 견지에서 가능했던 만큼은 거의 그 원칙들을 실행했을 것이다.[6] 그렇다면 고대 그리스의 아테네에서 잠시나마 어떻게 이런 정치의 원형인 민주와 참여가 등장할 수 있었던 것일까. 정치의 미래를 고민하는 현대의 우리에게는 이것이야말로 중요한 관심사이다.

자체무장한 개인의 '자립'과
자유롭고 평등한 시민의 등장

마흔이 넘어서부터 어떻게 해야 보람 있고 행복한 삶을 살 수 있을지에 대해 자주 생각하게 된다. '지배와 탐욕'은 길이 아니라는 게 지금까지의 작은 결론이다. 지배와 탐욕의 반대편에 '존중과 절제'가 있다. 공존과 공익, 공유이기도 하다. 그곳에 보람과 행복이 있다. 그런데 그건 몇몇 개인이 '타인에 대한 존중'과 '경제생활에서의 절제'를 추구한다고 해서 가능해질 수 있는 것이 아니다. 우리는 사회 속에서 살아가야 하는 존재이기 때문이다. 공동체에서 살아가는 우리는 아리스토텔레스의 말대로 '정치적인 동물'이다. 결국 공동체 자체가 그 길을 향해 걸어가는 것이 중요하다. 그리고 그건 개인의 선의만으로 이루어질 수 있는 일이 아니다.

개별 인간에게는 존중과 절제 외에도 지배와 탐욕을 추구하려는 마음이 내부에 공존한다. 그래서 공동체 구성원의 '자립'과 그들 간의 '견제와 균형'이 필요하다. 타인에게 의존하지 않는 자유롭고 평등한 개인들의 존재, 그리고 그들 간의 견제와 균형. 이 조건만이 개별 인간의 마음속에 자리 잡고 있는 지배와 탐욕을 억제해줄 수 있다. 여기에서 중요한 개념인 '자립'이 나온다. 자립은 공동체 구성원들이 스스로의 힘으로 서는 것이다. 자립적인 구성원들만이 서로를 견제할 수 있고 균형을 잡아줄 수 있다. 타인에게 의존하는 사람은 타인을 견제할 수 없고, 그런 조건에서 균형은 만들어질 수 없다. 이는 정치에서도 마찬가지이다.

고대 그리스 아테네와 로마에서 어떻게 정치의 원형이 잠시나마 등장할 수 있었는가에 대한 해답은 여기에 있다. '자립적인 자유시민'의 등장이 그것이다. 정치 공동체의 구성원 개개인이 자체무장할 수 있는 능력을 갖는 것. 이는 아테네와 로마에서는 말 그대로 무장력을 의미했다. 자신을 스스로 보호할 수 있는 자립 가능한 능력이고, 전쟁이라는 공동체의 중요한 일에 직접 참여해 공헌할 수 있는 능력이었다.

중무장보병의 등장으로 그리스와 로마시대에 잠시, 이 조건이 충족되었던 시기에 정치의 원형은 인류에게 자신의 모습을 드러냈다. 그리고 사회경제적인 구조의 변화에 따라 시민 개개인의 자체무장이 해제되자 그 정치의 원형은 인간의 역사에서 사라졌다. 물론 자립적인 자유시민이 존재하지 않았던 동시대의 페르시아, 중국 등 다른 지역에서는 정치의 원형이 나온다는 것이 애초에 불가능했다.

기병 귀족정에서
중갑보병 민주정으로

아테네가 처음부터 민주정이었던 것은 아니었다. 개인이 자체무장을 통해 자유롭고 평등한 존재로 자립하는 조건이 형성되면서 비로소 그리스에 민주정이 등장했다. 정치의 원형을 찾아 고대 그리스로 가보자.[7]

  기원전 2,000년경 그리스 본토에서 시작된 미케네 문명이 붕괴되고, 이후 기원전 1,100~800년경의 '암흑기'를 거쳐 그리스에 폴리스가 형성됐다. 전해지고 있는 문헌에 따르면 아테네의 왕 테세우스가 아티카 지역을 통합해 권력을 장악한 것으로 되어 있지만, 왕권은 약했고 아테네에는 귀족정이 자리 잡았다. 초기 아테네는 통합 이전 지방 지배자들의 연합정치체제였던 셈이다. 이를 '기병 귀족정'이라 부를 수 있다. 당시의 전쟁은 기병 위주로 전투가 이루어지는 형태였다. 따라서 말과 전차, 무기를 스스로 마련할 수 있는 경제적 부를 갖고 있는 토지귀족층이 폴리스의 방위를 전담했고, 이를 기반으로 정치권력을 독점했다. 평민들은 기병으로 전쟁에 나설 수 있는 경제적 부가 없었기에, 결국 귀족에 의존해 지낼 수밖에 없었다.

그런데 변화가 일어났다. 그 변화가 바로 그리스 정치를 귀족정에서 민주정으로 바꾼 기반이 됐다. 그리스가 소수 귀족들이 지배하는 귀족정에서 다수 국민이 지배하는 민주정으로 바뀐 것은 솔론, 클레이스테네스, 페리클레스 같은 정치지도자들이 기여한 바도 있었지만, 무엇보다 사회경제적인 변화에 따라 평범한 일반 국민들의 힘이 커졌기 때문이었다.

2010년대 초반 유럽 재정위기의 진원지로 커다란 어려움을 겪은 그리스. 지금도 그렇지만 당시에도 그리스는 자연적으로 풍요로운 환경이 아니었다. 산이 많고 평야가 적은 데다 물도 부족했다. 포도와 올리브가 가장 중요한 농산물이었고, 기후가 건조하고 땅이 척박해 필요한 곡물의 절반 이상을 해외에서 수입해야 했다. 그래서 그들은 외부로 눈을 돌렸다. 그리스인들이 기원전 8세기부터 해외무역과 경작지 확보를 위한 식민지 건설에 적극 나선 것은 이런 척박한 자연환경 때문이었다. 그 결과 서부 지중해와 흑해, 소아시아 지역에 범 그리스 세계가 형성됐고, 토지귀족 외에 새롭게 재산을 축적하는 사람들이 등장하기 시작했다. 경제적인 면에서 과거에는 소수 토지귀족들만이 부를 독점했지만, 이제는 농민과 상인, 수공업자들도 자신의 부를 축적할 수 있게 됐다.

이 같은 사회경제적인 변화가 바로 우리의 관심사인 '중갑보병 민주정'을 만들어낸 기반이 됐다. 그 변화의 시기, 전쟁의 모습도 바뀌고 있었다. 기병 중심의 전투가 중갑보병 중심으로 변화한 것이다. 중갑보병은 쉽게 말해 투구와 상하 덮개, 커다란 방패, 긴 창으로 중무장한 병사를 말한다. 말과 전차로 무장하는 기병에 비해서는 유지비용이 훨씬 덜 드는 무장 방식이다. 기원전 7세기 이후 전쟁은 다수의 중갑보병이 참여하는 사각밀집대형인 팔랑크스가 기본전술로 사용되었다. 이에 따라 새롭게 부를 축적하며 등장한 농민과 상인, 수공업자들이 중갑보병으로 참여했고, 이들이 공동체 방위에 중요한 공헌을 하기 시작했다. 이렇듯 소수 귀족의 기병 중심 전술이 다수 민중의 중갑보병 중심의 전술로 바뀌면서, 자연스럽게 이들의 목소리도 커졌다. 그 결과 평민들은 기원전 7세기 말 이후 자신의 경제력과 공동체에 대한 공헌을 바탕으로 귀족이 독점했던 정치 분야에 도전하기 시작했다. 기여를 하면 발언권이 생긴다. 힘이 생겼고 공헌을 하는데도 정치적 권리를 갖지 못하는 불균형 상태는 오래 지속될 수 없는 법이다.

아테네는 귀족세력을 약화시킨 '참주의 시대'라는 과도기를 거쳐, 기원전 6세기에 들어서면서 점차 민주정으로 바뀌어갔다. 민주정으로의 변화에서 결정적인 사건은 제1차 페르시아 전쟁이었다. 기원전 490년 페르시아의 다리우스 1세가 이끄는 대군을 아테네 시민들이 마라톤 평원에서 격퇴한 사건이다. 강력한 페르시아군을 물리친 것이 바로 이 중무장한 보병들이었다. 클레이스테네스의 개혁으로 아테네 시민들이 중갑보병에 대거 참여했는데, 이들이 페르시아의 대군에 승리를 거두면서 시민들의 발언권은 커졌고 이에 따라 아테네 민주정도 확고해졌다. 민주주의란 무엇인가? '국민이 주인'이라는 것은 어떤 의미인가? 우리

9일마다 열린 민회,
1인 1표제로 중요한 문제들을 결정하다

는 지금 민주주의라는 정치체제 속에서 살고 있다고 생각하고 있지만,
실제로도 그런가? 이 질문들에 답하기 위해 아테네 민주주의의 모습을
살펴보자.

민주정치, 즉 데모크라시Democracy란 그리스어인 데모크라티아Demokratia
에서 온 단어다. '민중Demos'과 '지배체제Kratia'라는 단어가 결합해 만들
어진 '민중이 다스리는 정치체제'라는 의미이다. 전제군주나 소수 귀족
이 아니라, 다수 시민이 정치의 주인으로 참여하는 공동체의 모습을 뜻
한다. 지금이야 너무도 당연한 상식이 됐지만, 2,000여 년 전 아티카
의 한 지역에서 사람들이 민주주의라는 아이디어를 생각해내고 현실로
만들어갔다는 것은 생각해볼수록 대단하다. 2,000여 년 전의 한반도나
중국, 페르시아의 정치현실을 떠올려보면 더욱 그렇다. 이 민주정치라

는 유산은 아테네인들이 인류에게 남긴 최고의 선물이었다.

아테네 민주정치의 중심에는 시민들의 총회인 '민회'가 있었다. 모든 시민들이 민회에 모여 중요한 문제들을 결정했다. 공동체의 결정에 1인 1표제로 동등하게 직접 참여한 것이다. 민회를 뜻하는 에클레시아Ekklesia 는 밖을 뜻하는 ek와 부른다는 의미의 caleo의 합성어로 '어떤 문제를 결정하기 위해 부름 받은 자들의 모임'이라는 뜻이다.[8]

민회에 참여하는 시민은 양친이 모두 시민인 20세 이상의 남성들이었다. 시민들은 민회에서 전쟁과 평화, 조약과 동맹, 입법과 사법, 시민권과 특권의 부여, 관리의 선출과 감사, 세금 부과 등을 결정했다. 1년에 약 40회(9일에 한 번꼴) 열렸으며, 거수나 투표로 표결했다. 당시 아테네 정치는 지금처럼 '정치인, 그들만의 리그'가 아니라 '우리들의 리그'였던 것이다.

물론 현재를 사는 우리에게 궁금한 문제들은 남아 있다. 과연 시민들이 민회에 얼마나 많이 참여했는가? 민회가 분위기에 휩쓸려 무책임한 결정을 내리지는 않았는가? 아테네의 민회가 실제로 그러했는가와 부작용이 감당할 수 없을 만큼 크지는 않았는가와 관련된 당연한 의문이다.

아테네의 민회가 모든 시민이 직접 참여해 중요한 정치적 결정을 내린다고 했지만, 실제로는 먹고 살기에 바빠서 또는 무관심 때문에 소수의 시민들만이 참여했던 것은 아닐까. 아리스토파네스의 희극 〈아카르니아인〉에는 민회 참석을 종용하기 위해 관리들이 붉은 가루로 칠한 밧줄로 시민들을 시장에서 민회가 열리는 장소인 프닉스로 몰아대는 장면이 나온다. 아테네 시민들이 평균 9일에 한 번씩이나 자주 열렸던 민회에 항상 적극적으로 참석하지는 않았다는 증거일 것이다. 아테네 인도 평범한 인간이었기에, 중요한 문제가 아닌 경우에는 당연히 정치적 무관심을 보였으리라. 그러나 전쟁처럼 국가에, 그리고 특히 자신에게 중요한 문제를 결정하는 민회에는 적극적으로 참여했다는 것이 일반적인 평가이다. 민회가, 즉 자신이 전쟁을 결정하면 집을 떠나 직접 중장보병으로 전쟁에 참여해야 했으니까.

그러면 후대의 일부 비판적인 사람들이 지적하곤 하는 민회의 '무책임성과 변덕성'은 실제로 어떠했을까. 『아테네 민주주의』의 저자 A. 존스는 민회에서 벌어졌던 우행愚行으로 언급되는 사례는 민회의 전형이 아니라 오히려 예외에 속한다고 말한다. 투키디데스의 『펠로폰네소스 전쟁사』에 나온 미틸레네인(뮈틸레네인)에 대한 처벌 문제가 대표적인 예이다. 기원전 427년 민회에서 시민들은 자신들에게 반기를 들었다 항복한 동맹국 미틸레네인에게 어떤 처벌을 내릴지 논의했다. 그리고 당시의 실력자인 클레온의 말에 따라 주모자는 물론 모든 미틸레네인 남자들을 죽이고 여자와 어린이는 노예로 삼기로 결정했다.

"그들은 다른 포로들을 어떻게 할 것인지 토의하다가 격분하여 지금 아테나이에 와 있는 뮈틸레네인들뿐 아니라 뮈틸레네의 성인 남자를 모두 죽이고, 여자들과 아이들은 노예로 삼기로 결의했다."⁹

그러나 다음 날 시민들은 전날의 결정이 너무 가혹하다고 생각해 다시 논의했고, 처벌을 완화하기로 결의했다. "잘못을 저지른 자들뿐 아니라 한 국가의 주민 전체를 없애는 것은 야만적이고 가혹한 처사라고 생각"¹⁰했던 것이다.

이는 민회에서 시민들이 무책임한 주장에 휩쓸려 경솔한 결정을 내린 사례로 종종 지목되곤 한다. 그러나 존스는 민회의 변덕성을 보여주는 근거로 제시된 이런 몇몇 사례들이 오히려 민회의 건강성을 보여주는 증거라고 평가한다. 9일에 한 번씩, 그렇게 자주 열린 민회에서 아테네 역사를 통틀어 중대한 오류가 발생했던 사례가 생각보다 적었다는 것이 오히려 놀라운 일이며, 민회는 오류를 몇 번 범했더라도 곧 그것을 깨닫고 바로잡았을 만큼 건강했다는 것이다.[11]

실제로 투키디데스의 『펠로폰네소스 전쟁사』 3장 38~49절을 보면 아테네인들이 민회에서 치열한 토론을 벌이며 오류를 바로잡는 모습이 생생하게 기록되어 있다. 전날의 가혹한 결정을 다시 논의하기 위해 열린 민회에서 당시 민중에게 가장 큰 영향력을 행사하고 있었던 클레온은 이날도 긴 연설을 통해 '가혹한 처벌'을 주장했다.

"잘 생각해보십시오. 여러분이 적에게 강요받아 반란을 일으킨 동맹국과 자발적으로 반란을 일으킨 동맹국에게 똑같은 벌을 내린다면, 성공하면 자유를 얻고 실패해도 견딜 수 없는 고통은 당하지 않을 테니 동맹국은 틀림없이 걸핏하면 반란을 일으킬 것입니다. (…) 그러니 여러분은 자위自衛를 위해 그들이 여러분에게 하려고 한 대로 응징해야 합니다."[12]

그러자 디오도토스가 앞으로 나와 역시 긴 연설로 시민들을 설득했다.

"우리는 사형의 효과를 과신하고 잘못된 결정을 내려서도 안 되고, 회개하고 자신들의 잘못을 신속히 보상할 기회도 주지 않음으로써 반도叛徒들이 절망감에 빠지게 해서도 안 됩니다. (…) 우리가 클레온의 주장대로 할 경우, 일찍 항복하건 나중에 항복하건 어차피 결과가 마찬가지라면 더 철저히 준비하여 포위 공격에 끝까지 대항하지 않을 도시가 어디 있겠습니까? (…) 자유민을 다루는 올바른 방법은 반란을 일으켰을 때 엄벌을 내리는 것이 아니라 반란을 일으키기 전에 세심하게 보살펴줌으로써 반란을 꿈도 꾸지 못하게 하는 것이며, 우리가 반란을 진압해야 할 때는 그들 중 되도록 소수에게만 책임을 묻는 것입니다."[13]

민회에는 이 같은 클레온과 디오도토스의 상충된 안이 제시됐고 아테네 시민들은 격렬한 토론을 벌인 뒤 거수 표결에 들어갔다. 디오도토스의 안이 가결됐고, 전날의 오류는 수정되었다. 아테네 민회의 모습을 짐작할 수 있는 역사 기록이다.

물론 민회는 즉흥적인 모임이 아니었다. 사전 준비도 없이 많은 시민들이 한자리에 모여 즉흥적으로 제안하고 연설하며 결정하던 기구는 아니었다는 얘기다. 민회의 의제는 '500인 협의회'에서 사전에 협의되어 준비되었으며, 기존 법률을 위반하는 내용을 제안한 사람은 처벌되었다. 이 500인 협의회는 말 그대로 민회를 위한 예비기구였다. 10개 부족에서 각각 50명씩 추첨으로 선출되었고, 중임만 허용됐다. 부족별로 선출된 의원들 중 각 5명이 1년을 1/10분기로 나누어 교대로 협의회 회관에 상주하며 업무를 수행했다.

인간 능력에 대한 자신감,
추첨으로 나를 대리할 대표를 정하다

우리는 아테네 민주정에서 민회에서의 토론과 표결 외에도 '추첨'을 눈여겨볼 필요가 있다. 아테네는 군대의 지휘관인 장군(스트라테고스Strategos) 과 일부 재정관을 빼고는 모든 관직을 추첨으로 선출했다. 최고행정관인 아르콘도 기원전 487년부터는 추첨으로 선출했다. 관직의 임기는 1년 이고, 대부분 중임이 제한되었다. 추첨에 의한 관리 선출은 지금의 시 각에서 얼핏 생각하면 말도 안 되는 방법으로 보일 수도 있다. 전문성 부족으로 정치와 행정이 혼란에 빠질 것이라 예단하기 쉽다. 그러나 아 테네 민주정은 추첨으로 운영됐다. 물론 이렇게 추첨으로 선출된 관리 에 대해 엄격한 사전 심사와 사후 통제를 실시했다. 모든 관리는 업무 시작 전에 법정에서 자격을 심사받았으며, 임기 중에 수시로 감사를 받 았고, 임기 종료 후에는 임기 중에 불법행위가 없었는지 조사를 받았다.

사실 추첨은 철학적으로 매우 중요한 의미를 갖는 화두이다. 그리고 21세기를 살고 있는 우리에게도 중요한 시사점을 주는 주제이다. 현실적인 필요로 인해 우리를 대리할 누군가를 민주적으로 뽑아야 할 때 그 방법에는 어떤 것들이 있을까. 지배자가 자기 마음에 드는 사람을 일방적으로 지명하는 것은 민주적인 방법이 아니니 여기에 해당이 안 된다. 우리가 선택할 수 있는 방법은 선거와 추첨 두 가지다. 모두 민주와 평등 원칙에 부합하는 것으로 보이지만, 엄격하게 보면 추첨이 훨씬 민주적이고 평등하다. 추첨은 기본적으로 공동체 구성원 중 누가 대리인으로 뽑히더라도 업무를 잘 수행할 수 있는 자질을 갖고 있다고 가정하는 방법이다. 반면에 선거는 우월한 사람을 뽑는다는 생각이 담겨 있는 방법이다. 게다가 선거는 추첨에 비해 후보자의 재산이나 명성에 크게 좌우될 수밖에 없다. 재력이나 명성이 있는 사람이 선거에서는 유리하기 때문이다. 뒤에서 다시 다루겠지만, 정치의 미래에서는 추첨에 의한 대리인 선출이 몇몇 분야에서 다시 등장할 수 있을 것이다. 기술적으로 운영이 가능한 시대가 오고 있고, 그건 아주 먼 이야기도 아니다.

'중임 제한'도 중요하다. 이는 시민들이 교대로 직접 참여할 수 있도록, 즉 가급적 많은 시민들이 정치에 직접 참여할 수 있는 기회를 가지도록 만든 제도였다. 이를 위해 아테네 민주정은 장군과 협의회 의원을 제외하고 대부분의 공직을 단임으로 운영했다. '수당제도'도 아테네 민주정의 기반이었다. 생업을 잠시 내려놓고 시간을 내 정치에 직접 참여하고 나라에 공헌하기 위해서는 부자가 아닌 이상 생활비가 필요하다. 만일 수당을 받지 못한다면 국정에는 시간을 낼 수 있는 일정 수준 이상의 재산가들만 참여할 수 있을 것이다. 아테네에서는 관직이나 군대, 법정 배심원, 민회에 참여하면 수당을 지급해 가난한 시민도 국정에 참여할 수 있는 길을 만들어나갔다.

법 앞의 평등과
시민 배심원들이 판결하는 재판

'재판'도 아테네 민주주의의 중요한 부분이었다. 재판은 판사가 아니라 시민법정에서 시민인 배심원들이 판결했다. 매년 30세 이상의 시민 중에서 6,000명의 배심원단이 추첨으로 선출됐다. 그리고 재판 당일 배심원단 중에서 즉석으로 추첨해 그 재판을 담당할 배심원을 정했다. 여기서 재판 당일에 배심원을 정했다는 것이 중요하다. 누가 배심원이 될지 사전에 알 수가 없으니, 로비를 하기도 힘들었을 것이다. 전관예우와 사법 브로커가 문제 되는 요즘 한국사회의 모습과 대비된다. 그만큼 재판이 공정할 수 있고, 구성원들이 재판 결과에 승복할 수 있었다는 얘기다.

아테네 민주정으로부터 2,000여 년이나 지난 한국에서 대기업 회장 등 일부 계층은 한동안 수백억 원, 수천억 원 규모의 횡령이나 배임죄

등을 저지르고도 재판에서 집행유예로 풀려 나오곤 했다. 형집행정지를 받아 감옥이 아닌 편안한 병실에서 지내는 경우도 있었다. 얼마 뒤에는 정치권이 그들을 사면복권해주기도 했다. 2012년 하반기 이후 민주화와 정의라는 사회 분위기 속에서 실형 선고가 잇따라 나오는 등 분위기가 바뀌고 있지만, 오랫동안 한국에서는 법 앞의 평등이라는 중요한 원칙이 무력화되어왔던 것이 사실이다.

한 공동체의 평등하고 공정한 사법 시스템은 그 공동체가 건강하게 운영될 수 있는 최후의 보루이다. 인간세상에서 모두를 만족시킬 수 있는 선택은 없기에 항상 불만을 갖는 구성원은 존재하기 마련이다. 그래도 마지막 호소처인 사법 시스템이 평등하고 공정하다고 느껴진다면 구성원들은 승복할 수 있다. 그러나 유전무죄 무전유죄라는 생각이 팽배해 있는 공동체에서 구성원들이 법의 판결에 승복하기란 불가능하다. 그런 공동체에 미래는 없다. 그런 상황에서 구성원들에게 사익이 아닌 공익을 중시하고 사회에 공헌하기를 기대한다는 것은 불가능해지기 때문이다.

아테네에서 배심원들은 원고의 고소와 피고의 변론을 듣고, 우선 유무죄 여부를 판결했다. 만약 피고가 표결에서 패배해 유죄 판결을 받았다면, 다음에 형량 판결을 했다. 원고가 제시한 형량과 피고가 제시한 형량을 놓고 배심원들이 표결로 결정했다. 우리는 아테네 민주정의 '추첨에 의한 공직 선출'과 '배심원 재판'과 관련해 페리클레스가 기원전 431년에 한 연설을 다시 음미해볼 필요가 있다.

"노동하는 일반 사람은 공무에 있어서 현명한 재판관들입니다. (…)

우리들 모두는 창안하지는 못하더라도 판정할 수는 있습니다."[14]

　페리클레스는 정확히 표현했다. 시민들은 비록 '창안'하지는 못할지도 모르지만 '판정'할 수는 있다. 정치와 재판에 참여하는 시민이 주로 할 일은 판정이다. 건강한 상식에 기초한 판정이다. 투키디데스는 『펠로폰네소스 전쟁사』에서 클레온의 입을 통해 "건전한 상식을 가진 무식이 무절제한 영리함보다 더 도움이 되는 법입니다"라고 말했다.[15]

　한국에서 시민참여재판은 이제 시작 단계이다. 우리 공동체도 사법 시스템과 정치행정 시스템에 시민의 참여를 지속적으로 확대할 필요가 있다. '전체로서의 시민'의 건강한 판정능력을 믿는 것이 중요하다. 개방된 사법 시스템과 정치행정 시스템은, 물론 부작용도 있겠지만 그것은 적을 것이고, 공동체 통합이라는 효과는 지대할 것이다.

참여, 구성원의 자존감을 높이고
공동체 통합을 가져오다

자유롭고 평등한 개인들의 공동체 참여라는 정치의 원형. 그것이 만들어내는 건강함과 역동성은 공동체 구성원 개개인의 자존감과 행복감을 높여주고 공동체의 통합과 번영을 가져다준다. 아테네가 그랬다. 기원전 490~479년 아테네는 페르시아로부터 본토를 공격받았다. 당시 동방을 지배하는 강대국이었던 페르시아 제국의 대군에 맞서 아테네인들은 마라톤 평원의 전투(기원전 490년)와 살라미스 해전(기원전 480년)에서 모두 승리했다.[16]

헤로도토스의 표현대로 그 전쟁은 "동방의 전제주의에 대한 그리스의 시민적 자유의 승리"였다. 다리우스 1세라는 한 사람이 정치의 주인인 페르시아와 시민 모두가 정치의 주인인 아테네의 전쟁. 그 전쟁에서 아테네가 승리한 것이다. 승리의 원동력은 공동체의 통합을 만들어준 아테네 정치의 원형이었다. 동방의 신민臣民들처럼 노예 상태로 전락하지 않기 위해, 시민市民의 자유를 지키기 위해 아테네인들은 기꺼이 전쟁에 참여했고 승리했다. 당연히 용병이나 황제의 군대와는 전쟁에 임하는 마음가짐이 달랐으리라. 당시 아테네인은 자신들이 강국 페르시아의 대군을 물리쳤다는 사실에 대해 커다란 감동을 받았다. 그리고 자신의 정치체제인 민주주의에 대해 더욱 커다란 신뢰를 갖게 되었다.

윌리엄 포레스트는 당시의 보통의 아테네인들이 새로운 것을 주창하려 하지 않고 이미 지닌 것을 보존하기를 갈구하는 보수주의자였으며, 이는 모든 중요한 점에서 그가 이미 자신이 원하던 것을 얻었다고 하는 단순한 이유 때문이었다고 말한다.[17]

헤겔도 『역사철학강의』에서 아테네 사람들은 공동체 정신의 테두리 안에 있으면서 개개인은 활기로 가득차고 활동적이며 개성이 풍부하다고 평가하며 이렇게 말했다. "아테네에는 활기찬 자유가 존재하고, 또 풍속과 정신적 교양이 생활 전체에 흐르고 있어서 재산의 불평등은 사라지지는 않았으나, 극단적인 격차가 벌어지는 일은 없었다. 이러한 평등과 자유를 유지하면서 다른 한편으로 평등할 수 없는 성격과 재능, 또는 천차만별인 개성이 자유자재로 발휘되도록 허용되었기 때문에 그런 환경 속에서 모든 방면으로 풍부한 발전 가능성이 열려 있었다. 전체적으로 아테네를 뒤덮고 있던 정신풍토는 아름다움의 숨결을 부여받은 개인과 문화의 자립이었기 때문이다."[18]

헤겔은 또 "크세노폰이나 플라톤이 아테네인을 비난하기도 했지만, 그것은 민주제의 불행한 타락이 이미 시작된 후대의 아테네에 어울리는 것"[19]이라고 말하기도 했다.

　물론 고대 아테네 민주정에도 한계는 분명 존재했다. 훨씬 넓은 현대 국가들과는 달리 작은 지역에서 운영되었던 정치체제였다는 점, 그리고 여성, 어린이, 노예, 외국인이 배제된 '20세 이상의 자유인 남성'만의 정치체제였다는 점이 그것이다. 당시 아테네는 약 800제곱마일(제주도 면적과 대략 비슷)의 넓이에 2~4만 명의 시민이 살고 있었다. 거류외국인과 노예 등을 합한 전체 주민은 20~30만 명 정도였다고 한다.

　하지만 지금의 시각에서 그것을 이유로 아테네 민주정을 폄하하는 것은 옳은 생각이 아니다. 아테네에서의 시민 개념은 "근대 민주주의에서 추구하는 보편적 인간의 자유 개념과 질적으로 다른 것이었지만, 국가가 전제지배자의 개인 소유물이 아니라 시민들의 공동체라는 인식이 생겨나고 이것이 아테네인의 직접민주제를 통해 구체적으로 실현되었다는 경험은 당시 다른 고대세계에서 제왕이 독재하던 정치상황과 비교할 때 소중한 역사적 가치를 지니는"[20] 데다, 다른 한계 역시 역사의 진전에 따라 해소될 수 있는 것들이기 때문이다. 아테네 민주정은 제주도 크기 정도의 작은 공동체에서나 가능한 것이라는 한계론을 주장하는 이들도 있지만, 이미 인터넷의 발달로 거리Distance와 넓이의 제약이 사라지고 있고 정치 커뮤니케이션 비용은 제로로 수렴하고 있다. 시민에 대한 범위의 한계는 이미 극복되었고, 공동체 규모와 정치 커뮤니케이션 비용 부담에 따른 한계도 기술의 발달로 사라지고 있다면, 우리가 2,400여 년이 흐른 지금 고대 아테네에서 목격했던 정치의 원형으로 다시 돌아가지 못할 이유는 없다.

개인 자립의 붕괴로
그리스 정치의 원형 사라지다

그리스인들이 인류에게 보여준 정치의 원형은 아쉽게도 짧게 끝이 났다. 자체무장한 개인이 자립해 자유롭고 평등한 시민으로 등장하면서 만들어냈던 아테네 민주주의. 하지만 그 정치의 원형은 개인들이 자신의 자립 기반을 잃어버리자 사라져버렸다. 지금 돌아보면 그건 어쩔 수 없는 역사 발전의 한 단계였다. 무엇보다 개인의 자립을 지탱해줄 사회경제적인 기반이 취약했고, 인터넷이나 스마트 기기 등 공동체 규모의 확대에 따른 정치 커뮤니케이션의 부하를 극복해줄 수 있는 그 어떤 테크놀로지도 존재하지 않았기 때문이다.

아테네 민주정의 역사를 이런 시각에서 좀 더 살펴보자. 우리는 앞에서 기원전 490~479년에 벌어진 페르시아 전쟁에서 승리를 거둔 것을 계기로 아테네에 민주정이 확고하게 자리 잡았다는 사실을 보았다. 이

때 아테네 민주주의의 주체로 떠오른 계층은 현재의 중산층이라고 할 수 있는 중갑보병들이었다. 귀족은 아니지만 어느 정도 부를 모아 재산과 시간에 여유가 있는 이들이 중갑보병으로 공동체에 공헌하면서 공동체의 정치에 참여하기 시작한 것이다. 하지만 당시 아테네 민주정은 한 단계 더 나아갈 필요가 있었다. 시민 중에서 '하층(테테스)'이 아직 정치에 실질적으로 참여하지 못하고 있었기 때문이다. 미완의 민주정이었던 셈이다.

하층시민인 테테스는 기원전 594년 아르콘이 된 중재자 솔론의 개혁 이후 관직에는 오르지 못하지만 민회와 법정에 참석할 수 있는 권리를 갖게 됐다. 이후 아테네는 페이시스트라토스와 그 아들들의 참주정(기원전 546~510년)과 클레이스테네스의 민주제 개혁(기원전 508년)을 통해 귀족세력이 크게 약화되었고 그 결과 민주정이 제도적으로 자리를 잡았다. 이런 제도 개혁은 중산층인 중갑보병층의 정치 참여로는 연결되었지만, 하층민인 테테스층의 정치 참여로까지는 이르지 못했다. 빈곤층이었던 테테스층은 먹고 살기 위해 생업에 매달려야 했기에 공동체 운영에 참여할 수 있는 경제적, 시간적 여유를 내지 못했던 것이다. 권리를 부여받는 것과 실제로 그 권리를 행사할 능력을 갖추는 것은 또 다른 문제였다.

이 같은 미완의 민주정이 완전한 민주정으로 발전한 계기는 델로스 동맹이었다. 델로스 동맹은 페르시아 전쟁에서 그리스가 승리한 이후 페르시아의 재침략에 대비하기 위해 아테네를 중심으로 기원전 478년에 창설된 해상동맹이다. 동맹국들은 배와 수군을 제공하거나 돈을 내야 했는데, 대부분 동맹기금을 내는 것을 선택했다. 당시 아테네는 그리스에서 가장 많은 함대와 해군을 보유한 나라였고, 결국 델로스 동맹의 기금은 대부분 아테네를 위해 사용되었다. 이 과정에서 중갑보병층과는 달리 자체무장을 할 여유가 없어 아테네 해군에서 주로 노를 젓는 수군으로 복무했던 하층시민 테테스는 풍부한 델로스 동맹기금 덕분에 넉넉한 급료를 받게 됐다. 그때까지 권리는 있었지만 먹고 사느라 정치에 참여할 여력이 없었던 하층시민들도 드디어 아테네 민주정의 실질적인 구성원이 된 것이다. 이로써 아테네는 기원전 5~4세기 전반기에 테테스층까지 실질적으로 참여하는 '모든 시민의 완성된 민주주의'가 확립됐다. 특히 아테네 민주주의의 황금기를 이끌었던 페리클레스는 시민법정의 배심원에게 수당을 지급함으로써 하층민들의 재판 참여를 확대했다.

그러나 이처럼 아테네에 민주주의의 완성을 가져다주었던 델로스 동맹은 시간이 흐르면서 개인의 자립을 무너뜨리고 민주와 참여라는 정치의 원형을 파괴하는 역설적인 결과를 가져왔다. 우리는 그 과정을 이해하기 위해 페리클레스 사후에 출현한 '데마고고스demagogos'에 주목할 필요가 있다. 이 단어는 '데모스demos'와 지도자를 뜻하는 '아고고스agogos'의 합성어이다. '데모스의 지도자'라는 의미인 셈이다. 그럼 데모스는 누구인가? 대개 '민중'으로 번역되는 데모스는 광의로는 전체 시민을, 중의로는 귀족집단을 제외한 자영농민과 도시 하층시민을, 협의로는 하층시민만을 의미한다. 돌이켜보면 아테네 정치가 광의의 데모스 개념으로 움직였다면 그 정치의 원형은 좀 더 오래 지속될 수 있었을 것이다. 그러나 당시 정치는 처음에는 중의의 데모스로, 그리고 나중에는 협의의 데모스의 개념으로 움직였다.

이 데모스의 지도자가 데마고고스이다. 일각에는 이 데마고고스를 선동이나 일삼는 무식하고 부패한 정치꾼으로 간주하는 시각이 있다. 하지만 그렇게 데마고고스를 비하하는 것은 당시 그들과 대립했던 과두주의자들의 시각이다. 물론 무리한 주장을 하는 경우도 있었지만, 데마고고스는 당시 민중의 입장에 섰던 대중정치인이라고 이해하는 것이 공정하다. 클레온이나 클레오폰 같은 데마고고스는 과거의 정치지도자들과는 달리 귀족 출신이 아니라 상인이나 수공업자 등 평범한 집안 출신이었다.

다소 생소한 용어인 '과두주의'에도 잠시 시선을 돌려볼 필요가 있다. 아테네 정치의 초기를 장악했던 귀족주의는 민주주의에 의해 밀려났고, 이후 이들은 과두주의로 다시 등장했다. 귀족주의와 과두주의는 능력을 갖춘 소수가 지배하는 정치체제가 좋다는 생각이다. 차이가 있다면 귀족주의는 가문을, 과두주의는 가문과 함께 재산도 중시했지만 기본적인 생각은 비슷했다. 이런 민주주의와 귀족주의-과두주의 간의 대립은 사실 정치철학에서 오래되고 중요한 이슈이다.

그럼 다시 주제로 돌아가보자. 어떻게 델로스 동맹이 아테네 개인들의 자립을 무너뜨렸는가? 델로스 동맹 결성 이후 평화가 지속되고 페르시아의 위협이 사라지자 동맹국들은 아테네의 일방적인 지배에 반발하기 시작했다. 동맹국들의 동맹 이탈 움직임이 시작됐고 아테네는 동맹을 해체할 것인지, 아니면 동맹국들의 반발을 힘으로 억누르는 아테

네 제국의 길을 걸을 것인지 결정해야 하는 기로에 서게 됐다. 아테네
는 후자의 길을 택했다. 동맹국들의 반발을 무력으로 진압하며 억압적
인 제국정책을 펼쳤다. 이런 아테네의 선택은 자신의 경제적인 번영을
지속시키기 위해서였다. 특히 그것이 하층시민인 테테스의 이익에 부
합했기 때문이었다. 당시 아테네는 델로스 동맹국들로부터 받는 동맹
기금과 역내 무역을 통해 번영을 구가하고 있었고, 이런 구조 속에서
테테스층이 해군 복무 수당을 받을 수 있었다. 아테네 민중이 동맹의
유지를 원했던 이유다.

하지만 아테네의 이 같은 '민중 제국주의화'는 그리스 지역에서 아테
네에 대한 불만을 격화시켰다. 이는 결국 아테네의 라이벌인 스파르타
가 맹주로 있는 펠로폰네소스 동맹과의 전쟁으로 이어졌다. 이것이 기
원전 431년에 시작돼 기원전 404년에 끝난 펠로폰네소스 전쟁이다.
이 전쟁에서 아테네는 결국 스파르타에 패배했다. 아테네 제국이 해체
된 것이다. 아테네는 모든 해외 영토와 대부분의 배를 몰수당했으며 제
국 운영을 통해 유입되던 동맹기금이라는 돈줄도 끊겨버렸다. 이는 델
로스 동맹체제의 제1 수혜층이었던 하층시민 테테스에게 커다란 타격
을 입혔다. 함대의 수군으로 참전해 수당을 받기가 힘들어졌고, 그들이
주로 살았던 해외 영토도 패전으로 몰수당해 곤란에 처하게 됐다. 경제
적, 시간적으로 자립 기반을 상실하게 된 테테스는 정치에 참여하기가
점차 어렵게 됐다. 생업에 몰두하느라 민회나 배심원에 참여하는 하층
시민이 감소하기 시작했고 이는 곧 아테네 민주정의 쇠락을 의미했다.

기원전 4세기에는 아테네 시민들 사이에 빈부격차가 심해지면서 귀

족, 중산층, 하층시민 간에 갈등이 벌어지기 시작했다. 부자들은 과거에는 명예로 생각했던 공동체에 대한 공헌을 기피했고, 군사 분야에서는 시민군뿐만 아니라 직업적인 용병도 등장했다. 시민들의 참여로 만들어졌던 아테네 폴리스 공동체는 점차 그 건강함을 잃어갔다.

이후 아테네는 제국정책의 방향을 둘러싼 시민들 간의 의견대립 속에 기원전 4세기 전반까지 어떻게든 아테네 제국을 재건하려 계속 시도했지만, 동맹국 전쟁(기원전 357~355년) 등의 패배로 제국 복원의 꿈은 결국 실패로 돌아갔다. 그리스는 아테네, 스파르타, 테베 등 폴리스 간의 소모적인 전쟁이 지속되며 쇠퇴해갔고, 기원전 4세기 후반(기원전 338년) 신흥 강국 마케도니아에 의해 지중해의 그리스 시대는 막을 내렸다.

이 대목에서 우리는 '공화'라는 두 번째 정치의 원형과 만나게 된다. 아테네가 민중제국주의로 치달으며 붕괴의 길을 걸었던 것은 바로 이 공화, 즉 공존·공익·공유에서 이탈했기 때문이었다. 아테네 민주정이 모든 계층의 이익과 공존이 아닌 협의의 데모스, 즉 하층시민 테테스의 이익에 끌려 민중제국주의로 나아간 것이 결과적으로 아테네 공동체의 몰락을 가져오는 결과를 초래한 것이다. 다음 장에서 이 두 번째 정치의 원형인 '로마의 공화'를 살펴보자.

1 한나 아렌트, 『정치의 약속』, 김선욱 역, 푸른숲, 2007, 159쪽
2 투키디데스, 『펠로폰네소스 전쟁사』, 2장 37절-1, 윌리엄 포레스트, 『그리스 민주정의 탄생과 발전』, 김봉철 역, 한울, 2001, 293쪽에서 재인용
3 투키디데스, 『펠로폰네소스 전쟁사』, 2장 37절-2, 천병희 역, 도서출판 숲, 2011, 169쪽
4 투키디데스, 『펠로폰네소스 전쟁사』, 2장 40절-1, 천병희 역, 도서출판 숲, 2011, 170쪽
5 투키디데스, 『펠로폰네소스 전쟁사』, 2장 40절-2, 윌리엄 포레스트, 『그리스 민주정의 탄생과 발전』, 김봉철 역, 한울, 2001, 294쪽에서 재인용
6 윌리엄 포레스트, 『그리스 민주정의 탄생과 발전』, 김봉철 역, 한울, 2001, 294쪽
7 1부 그리스에 대한 내용은 1) 김봉철, 「아테네의 역사」, 김진경 등 저, 『서양 고대사 강의』, 한울아카데미, 2011과 2) 아리스토텔레스 저, 『정치학』, 천병희 역, 도서출판 숲, 2009, 3) 투키디데스 저, 『펠로폰네소스 전쟁사』, 천병희 역, 도서출판 숲, 2011, 4) 윌리엄 포레스트 저, 『그리스 민주정의 탄생과 발전』, 김봉철 역, 한울, 2001을 참조했음
8 김덕수, 『그리스와 로마』, 살림, 2004, 37쪽
9 투키디데스, 『펠로폰네소스 전쟁사』, 3장 36절-2, 천병희 역, 도서출판 숲, 2011, 250쪽
10 투키디데스, 『펠로폰네소스 전쟁사』, 3장 36절-4, 천병희 역, 도서출판 숲, 2011, 250쪽
11 A. Jones, 『Athenian Democracy』, 132쪽, 김봉철, 「아테네의 역사」, 김진경 등 저, 『서양 고대사 강의』, 한울아카데미, 2011, 38~39쪽에서 재인용
12 투키디데스, 『펠로폰네소스 전쟁사』, 3장 39절-7, 40절-5, 천병희 역, 도서출판 숲, 2011, 254쪽, 256쪽
13 투키디데스, 『펠로폰네소스 전쟁사』, 3장 46절-1, 46절-2, 46절-6, 천병희 역, 도서출판 숲, 2011, 260~261쪽
14 투키디데스, 『펠로폰네소스 전쟁사』, 2장 40절-2, 윌리엄 포레스트, 『그리스 민주정의 탄생과 발전』, 김봉철 역, 한울, 2001, 294쪽에서 재인용
15 투키디데스, 『펠로폰네소스 전쟁사』, 3장 37절-3, 천병희 역, 도서출판 숲, 2011, 252쪽
16 김덕수, 『그리스와 로마』, 살림, 2004, 66쪽
17 윌리엄 포레스트, 『그리스 민주정의 탄생과 발전』, 김봉철 역, 한울, 2001, 278쪽
18 헤겔, 『역사철학강의』, 권기철 역, 동서문화사, 2012, 255쪽
19 헤겔, 『역사철학강의』, 권기철 역, 동서문화사, 2012, 256쪽
20 김봉철, 「아테네의 역사」, 김진경 등 저, 『서양 고대사 강의』, 한울아카데미, 2011, 43쪽

— Athens

— Rome

— Community

Aristoteles

— Politics

Machiavelli

— Social

— Participation

Rousseau

— Smart

— Freedom

Social network

— Future

02
잃어버린 정치의 원형 Ⅱ
로마의 공화와 공존 공익

공화, 공동체의 모든 집단이
공익을 추구하며 공존하는 것

공화는 '지배와 독점'이 아니라 '공존과 공유'이다. 소수의 '사익'이 아니라 공동체 전체의 '공공이익'이다. 그리고 '소통', '공치共治'이다. 공유의 웹2.0시대, 소통의 소셜 인터넷 시대를 맞아 우리가 공화주의에 주목할 필요가 있는 것은 지금 펼쳐지기 시작한 정치의 미래가 고대 로마의 정치와 그 정신이 맞닿아 있기 때문이다. 앞에서 살펴본 '그리스의 민주'와 함께, '로마의 공화'는 인간의 정치의 원형이다.

우리는 로마에서 이 공화주의라는 정치의 원형을 찾아볼 수 있다. 우선 공화란 무엇인지, 그 의미부터 정리해보자. 공화의 영어 단어인 republic은 라틴어인 res publica, 즉 '공공의 것', '인민에 속하는 것'이라는 의미에서 나온 말이다. 공동체 전체의 이익, 공공선을 이루는 것에 강조점이 찍혀 있는 단어이다. 다시 말해 공동체는 인민 모두에 속하는 것이며, 특정 개인(군주)이나 집단(귀족 또는 좁은 의미의 하층민중)의 것이 아니라는 뜻이 포함되어 있다. 이렇듯 공화는 '공동체를 구성하는 모든 집단이 견제와 균형을 통해 공존하면서 사익이 아닌 공동체 전체의 이익을 추구하는 정치'를 의미한다고 정리할 수 있겠다. 그리스의 민주처럼 이 역시 멋지지 않은가, 인간이 그럴 수만 있다면.

공화주의의 핵심인 '혼합정' 개념은 여기에서 나온다. 공동체는 공공, 즉 공동체 전체의 것인데, 인간이 사는 공동체에는 현실적으로 각기 다른 이해관계를 갖는 여러 집단이 존재한다. 그렇다면 그 공동체는 누가 지배해야 맞는가? 1인 군주인가, 소수인 귀족인가, 아니면 군주와 귀족을 제외한 민중인가? 그것도 아니라면 또 다른 단위의 집단인가? 공화주의의 답은 '그 누구도 아니다'이다. 그들 누구에게도 지배권을 주지 않아야 한다. 특정 집단의 독점적인 지배가 아니라, 모든 집단이 권력을 공유하고 공치하며 견제와 균형을 통해 공존해야 그 정체가 공공의 것이 될 테니까.

그래서 고대 공화주의자들은 특정인이나 특정 집단이 나머지 다른 공동체 구성원들을 지배하는 순수정체인 군주정, 귀족정, 민주정이 아니라, 이 세 가지 정체가 모두 혼합된 혼합정이 건강하고 지속 가능한 정체라고 보았다. 군주정이나 귀족정, 민주정 같은 순수정체가 초기에는 구성원 전체를 위한 선정을 펼 수도 있지만, 그건 지속 가능하지 않다. 우리는 인간이기에 결국 초기의 건강함이나 선한 의지는 사라지고 나태와 타락이 퍼져 자신이 속한 집단의 이익만 추구하게 변질되기 쉽다. 군주정이건, 귀족정이건, 좁은 의미의 민주정이건 그렇다. 그럴 경우 다른 구성원들의 불만과 자신의 부패를 낳고 사회가 불안해지면서 결국 공동체는 몰락의 길로 들어선다.

그렇다면 '지배가 없는 공동체', 즉 그 누구도 독점적으로 지배하지 않는 공동체는 가능한 것인가? 그건 인간이기 때문에 실현이 쉽지 않지만, 동시에 인간이기 때문에 실현 가능할 수 있다. 인간은 신이 아니기에 선의에만 의존해서는 공화의 실현은 불가능하다. 공유와 공존뿐만 아니라 독점과 지배의 욕구가 마음 한구석에 내재해 있기 때문이다. 그러나 인간 개개인이 스스로 자립해 자유롭고 평등한 시민으로 설 수 있다면 공화는 실현 가능할 수 있다. 서로 견제를 통해 균형을 만들어낼 수 있기 때문이다. 로마 시민이 자립했던 로마 공화정이 그랬고, 개인들이 진정한 의미로 자립하기 시작한 지금의 스마트 소셜 시대가 그렇게 될 수 있을 것이다.

이렇듯 공화주의는 그 개념상 공동체가 소수의 사적 이익이 아니라 전체 구성원 모두의 이익을 위해 존재해야 한다는 생각이다. 고대의 공화주의는 로마에서처럼 왕 한 사람의 전제지배에 저항하는 이론으로 시작됐다. 그리고 현대의 공화주의는 과도한 자유주의, 개인주의가 개인을 고립시키고 사익 추구에만 빠지게 만드는 현실을 비판하고 공동체와 연결된 개인이 공공의 이익을 추구해야 한다고 주장하고 있다. 우리 사회에 '정의론' 열풍을 일으켰던 하버드대학의 정치철학자 마이클 샌들이 현대 공화주의의 대표적인 인물이다. 이제 건강했던 것으로 평가되는, 그래서 공동체와 그 구성원들의 번영을 만들어냈던 로마 공화정으로 가보자.

귀족과 평민의
신분투쟁과 로마 시민의 자립

그리스의 민주정과 마찬가지로 로마의 공화정도 처음부터 주어진 것은 아니었다.[1] 로마 초기의 정치체제는 왕정이었다. 바구니에 담긴 채 티베르 강에 버려졌다가 늑대의 젖을 먹고 자란 로물루스가 로마를 세웠다는 로마의 건국신화를 우리는 기억한다. 실제로는 기원전 10세기에 로마인들이 팔라티누스 언덕을 중심으로 정착한 것이 로마의 기원이다. 도시국가로 통합된 건 기원전 7세기경이었다. 왕정이었던 로마는 기원전 6세기 말에 귀족들이 참주처럼 군림하던 왕을 쫓아내면서 공화정이 시작됐다. 이후 귀족과 평민의 신분투쟁을 거치며 로마 공화정은 완성됐다. 마키아벨리는 로마 인민에 대해 이렇게 말했다.

"로마 인민을 고찰하는 사람이라면 누구든 그들이 400년 동안이나 군주정에 대한 적의를 늦춘 적이 없으며 일관되게 조국의 영광과 공동선의 애호자였다는 점을 깨닫게 될 것이다."2

초기의 로마 공화정은 소수 귀족 중심이었다. 미완성이었던 셈이다. 왕을 추방한 귀족들이 가문과 토지를 기반으로 로마 사회를 지배했다. 우리가 주목해야 할 당시의 중요한 3대 기구는 콘술consul(집정관), 원로원, 켄투리아 민회다. 콘술은 2명이었으며 가장 중요한 군대지휘권을 왕에게서 넘겨받았다. 귀족만이 콘술이 될 수 있었고, 1년 임기로 켄투리아 민회에서 선출됐다. 이들은 재판권과 민회 소집 및 안건 제출권을 갖고 있었다. 2명의 콘술은 공동으로 임페리움(지배권)을 가졌으며, 권한 남용을 방지하기 위해 서로 비토권(거부권)을 행사할 수 있도록 했다. 원로원은 왕정 때부터 존재한 귀족의 협의체로 자문기관이었다. 콘술 등 고위 정무관들이 퇴임 후 원로원의 종신의원으로 합류했다. 국고의 지출을 결정했고 민회에 제출된 법안에 대해 충고할 권한이 있었으며, 통과된 법을 비준했다. 켄투리아 민회는 정무관 선출, 입법, 재판을 담당했지만 사실상 귀족에 의해 지배된, 아직은 민주적이지 못했던 민회였다.

이런 귀족 중심의 초기 로마 공화정은 그리스와 비슷한 과정을 거치며 평민의 권리가 증대되어갔다. 재산을 모아 자립한 평민들이 군사적으로 공동체에 공헌을 함으로써 정치적 입지를 확대해나간 것이다. 기원전 6세기에 접어들면서 로마에서도 군사적으로 귀족의 기병보다 부유한 평민으로 구성된 중무장 보병의 중요성이 커지기 시작했다. 그리고 이는 평민의 공동체에 대한 공헌도를 높여 그들의 정치적 발언권을 강화시켰다. 물론 권력을 두고 벌였던 귀족과 평민의 투쟁 과정이 순탄

하기만 한 것은 아니었다. 그러나 귀족은 결국 평민의 존재를 인정했고, 공존의 대상으로 생각했으며, 타협을 통해 권력을 공유했다. 우리가 주목하는 '정치의 원형'인 로마 공화주의는 이 과정에서 형성됐다.

로마에서 귀족과 평민 간 최초의 신분투쟁이 벌어진 것은 기원전 494년이었다. 평민들은 자신의 정치적 권리 확대 요구를 귀족들이 거절하자 도시를 떠나 아벤티누스 언덕을 점거했다. 비폭력적인 운동이었다. 당시 외부로부터 공격을 자주 받고 있던 로마로서는 평민의 군사적인 공헌이 공동체 유지를 위해 절실했던 상황이었다. 결국 귀족은 평민의 요구를 수용할 수밖에 없었다. 호민관 제도(기원전 494년)와 평민들만의 민회인 트리부스 평민회(기원전 471년)가 만들어졌다. 로마 공화정 중기에 가장 중요한 정치적 의미를 띠게 되는 것이 이 트리부스 평민회였다.[3] 호민관 제도의 등장도 커다란 의미를 갖는다. 마키아벨리는 『로마사 논고』에서 이렇게 말했다.

"만약 이러한 (평민과 귀족 간의)[4] 내분이 호민관의 설립을 초래했다면, 그것은 최대한의 찬양을 받을 가치가 있다. 그 이유는 호민관이라는 관직이 통치에 인민의 몫을 부여한 것 이외에도 (…) 로마의 자유를 보호하기 위해 창설되었기 때문이다."[5]

마키아벨리는 또 "사람들이 호민관에게 높은 권위와 명예를 부여했기 때문에, 그 후 호민관은 항상 평민과 원로원을 중재하고, 귀족들의 거만함을 억제할 수 있었다"[6]고 말했다.

이후에도 귀족에 대한 평민의 신분투쟁은 계속됐다. 그 결과 평민에 대한 귀족의 자의적인 지배를 방지하기 위해 성문법이 제정됐고(기원전 451년 12표법), 귀족과 평민 간의 통혼법이 통과됐다(기원전 445년). 최고위 정무관인 콘술이 평민에게 개방되면서(기원전 367년 리키니우스 섹스티우스법) 원로원도 귀족들만의 배타적인 그들만의 리그에서 벗어났다. 부채노예제가 폐지됐으며(기원전 326년 포이텔리우스법), 기원전 287년에는 마침내 200년 이상 계속된 신분투쟁의 마무리로 불리는 호르텐시우스법이 만들어졌다. 평민 출신의 독재관이었던 호르텐시우스가 평민의 요구에 응해 트리부스 평민회의 결의만으로 원로원의 재가 없이도 전체 시민에 대해 법적 구속력을 갖도록 하는 법을 제정한 것이다. 법적으로 평민이 입법권을 보유하게 된, 국민주권이 정립되는 순간이었다. 무려 2,300년 전에 평민이 입법권을 갖게 된 것이다. 이는 이후 중세, 근대로 이어진 인간 개인의 '정치 소외의 역사'를 떠올려보면 실로 대단한 일이었다. 평민들은 자신들의 손으로 직접 정무관들을 뽑고 법률을 제정하고 재판을 하며 주요 국가정책들을 결정하기[7] 시작했다.

사실 로마는 아테네 민주정의 시각에서 볼 때는 민주주의가 철저하게 시행된 공동체는 아니었다. 귀족층은 힘을 갖춘 평민들과 권력을 공유하며 공존했고 그 결과 귀족과 부유한 평민들의 영향력이 컸던 사회였다. 그러나 공화, 공존, 공익이라는 정치의 원형을 우리 인간에게 남겨준 로마인의 기여는 민주와 참여라는 정치의 원형을 남겨준 그리스인에 못지않다.

'견제와 균형'이 협력과 공존으로 이끌다

로마 공화정에는 약 22명의 고위 행정관이 있었다고 전해진다. 대개 집정관 2명, 감찰관 2명, 법정관 6명, 재정관 8명, 조영관 4명으로 구성되었다. 그리고 호민관이 10명 정도 있었다. 우리는 로마의 공화에서 '비토veto권'에 주목할 필요가 있다. '견제와 균형checks & balances'의 핵심장치이기 때문이다. 기본적으로 로마의 고위 행정관은 한 명이 아닌 복수로 선출됐으며, 각각 비토권을 보유했다. 그러니 아무리 자신의 지위가 높고 권한이 많아도 무언가를 하려면 협력하는 방법밖에 없었다. 특정인이 독단적으로 권력을 행사하지 못하도록 견제의 구조를 만들어 균형을 잡아준 강력한 '공존의 장치'였던 셈이다. 게다가 임기는 대개 1년으로 정해놓았다. 약한 존재인 인간은 누구나 고위 행정관에 오래 있다 보면 부패에 빠지기 쉬워진다. 이런 위험을 아예 원천봉쇄한 것이다.

귀족에 대항해 평민의 권익을 보호하기 위해 만들어진 호민관에게도 행정관과 원로원의 결정에 대한 거부권, 즉 로마에서 일어나는 모든 행위를 정지시킬 수 있는 비토권이 주어졌다. 그리고 호민관끼리도 서로 거부권을 행사할 수 있었다. 호민관들조차 거부권 행사로 서로 견제가 가능하도록 만들어놓은 것이다. 마키아벨리는 『로마사 논고』에서 호민관에 대해 이렇게 말했다.

"로마에서 호민관의 권력은 대단했고 또한 필수적이었다. 그 직위가 없었더라면 귀족의 야망을 견제할 만한 것이 아무것도 없었을 것이고, 그 결과 귀족은 실제로 부패한 시기보다 훨씬 일찍부터 공화국을 부패시켰을 것이기 때문이다."[8]

로마 정치에서 비토권이 주요한 역할을 했다는 건 타인의 존재를 인정하고 타인들과 공존하겠다는 의식이 공동체 문화 속에 자리 잡고 있었다는 것을 의미한다. 그리고 중요한 직위를 한 명이 아닌 복수로 정해놓은 것은 공동체가 기본적으로 효율성보다는 합의에 의한 공존을 더 중시했다는 것을 뜻한다. 로마는 이 같은 견제와 균형의 제도를 통해 공동체를 독단과 지배가 아닌 협력과 공존으로 이끌었고, 그것이 공동체의 번영을 만드는 원동력이 됐다.

견제와 균형의 제도화는 견제 받지 않는 권력과 기관이 곳곳에 존재하면서 부패와 갈등을 일으켜 공동체의 건강성을 해치고 있는 지금의 대한민국이 고민해야 할 중요한 문제이다.

공화는 승자 독식이 아닌
'상생과 공존'의 공동체

그리스 출신의 역사가 폴리비오스(기원전 200~118년)는 패망한 자신의 조국 그리스와 달리 융성하고 있는 로마의 성공 원인이 궁금했다. 폴리비오스는 원래 그리스의 독립을 위해 제3차 마케도니아 전쟁(기원전 171~167년)에 참전했던 그리스 기병대 사령관 출신이었다. 전쟁에서 패해 포로로 로마에 끌려왔지만, 그리스 문화를 존중했던 로마 귀족 스키피오 아이밀리아누스(소少 스키피오 장군)에 맡겨져 17년 동안 함께 지냈다. 그는 왜 그리스는 무너져갔고 로마는 융성했는지 고민했다. 그리고 그 내용을 담아 『역사』라는 책을 펴냈다. 폴리비오스는 『역사』에서 로마의 성공 원인을 혼합정체mikte로 설명했다. 한 공동체가 어떤 정치체제를 선택하느냐가 그 나라의 성패를 좌우하는데, 로마는 군주제, 귀족제, 민주제가 혼합된 혼합정체인 공화제였기 때문에 융성했다는 것이다. 이미 아리스토텔레스는 『정치학』에서 1인의 왕정, 소수의 귀족정, 다수의 민주정이 혼합되어 있는 혼합정을 가장 이상적인 정체로 꼽은 바가 있었다. 폴리비오스의 분석은 이렇다.

로마의 정치는 군주제의 성격을 가진 콘술(집정관), 귀족제의 특징을 가진 원로원, 민주제의 모습을 가진 민회라는 세 가지 기구가 존재해 서로 견제하며 균형을 이루었다. 실제로 콘술만 보면 로마는 왕정처럼 보인다. 콘술은 국정의 최고 책임자이며 호민관을 제외한 다른 정무관들은 콘술에 복종할 의무가 있었다. 국가를 대표해 외국의 사절을 원로원에 소개하기도 했다. 게다가 군통수권자로 전쟁을 책임졌다. 하지만 원로원만 본다면 로마는 귀족정처럼 보인다. 국고를 관장하고 모든 세입과 지출을 규제했다. 반역 암살 같은 중범죄에 대한 사법권도 원로원이 갖고 있었다. 그러나 민회만 본다면 로마는 민주정처럼 보이기도 한다. 민회는 제안된 법안을 통과시키거나 거부할 수 있었고, 무엇보다 전쟁이나 조약 체결 같은 중요한 문제에 대해 비준하거나 거부하는 등 최종결정권을 갖고 있었다. 벌금형에 해당하는 많은 소송사건들에 대한 사법권도 민회에 있었다. 자격이 있는 사람들에게 공직을 부여하는 것도 인민의 몫이었다.[9]

훗날 마키아벨리도 혼합정의 우월성을 강조했다. 그는 『로마사 논고』에서 이렇게 말했다. "법률을 제정함에 있어 신중한 자들은 이러한 결함을 인식하고 각각의 유형을 있는 그대로 취하는 것을 피하고, 처음의 세 가지 좋은 정체가 갖는 성격을 모두 다 포함한 하나의 정체를 택하여, 그것을 가장 견실하고 안정된 것이라 판정하였다. 그 이유는 동일한 도시 안에 군주정, 귀족정, 민중 정부의 여러 요소들이 함께 있게 된다면, 서로가 서로를 견제하기 때문이다."[10] 마키아벨리는 또 "로마는 혼합정부를 지속함으로써 완벽한 국가를 유지했다"[11]라고 평가했다.

이렇듯 로마 공화정은 군주정, 귀족정, 민주정 세 가지가 혼합되어 서로의 존재를 인정하면서 운영된 상생과 공존의 혼합정체였다. 어느 한 계층이나 개인이 모든 것을 가져가는 승자 독식의 정체가 아니었다. 이것이 구성원들로 하여금 공동체는 '승자만의 것'이 아닌 '구성원 모두의 것'이라는 생각을 할 수 있게 해주었고 그 속에서 로마 특유의 건강한 정치 공동체가 만들어져 로마를 번영으로 이끌었다.

사익이 아닌 공익의 공화,
번영을 만들다

로마 공화정의 전성기는 호르텐시우스법 제정으로 신분투쟁이 끝난 기원전 287년부터 기원전 133년까지이다. 로마는 공동체 내부적으로 안정을 유지하면서 포에니 전쟁을 통해 지중해 세계를 정복했다. '전성기의 로마'는 정치 공동체에 대해 고민하는 사람들에게는 하나의 '로망'이다. 비록 그리 길지는 않은 기간이었지만, 공동체가 내부적으로 건강했고 평민과 귀족이 사익이 아닌 공익을 추구했으며, 서로의 존재를 인정하면서 공존하는 가운데 인민주권의 원칙을 정착시켜나갔기 때문이다. 어찌 보면 지금 21세기에도 인간이 이루지 못하고 있는 '건강한 개인, 건강한 공동체'의 모습이다. 그런 내부의 힘을 바탕으로 로마는 이탈리아 반도와 지중해 세계로 진출하는 등 부국강병을 통해 공동체의 번영을 만들어냈다.

마키아벨리는 로마 공화정을 자유의 정체라고 생각했다. 그것이 로마 공동체를 사익이 아닌 공익으로 이끌었다. 로마는 정치세력들이 자신의 이해관계를 사적인 방법이 아닌 공적인 방법으로 해결하도록 법제도를 만들었다. 정치 참여에서도 혈연이나 재산 같은 사적인 방법이 아닌 객관적인 능력을 통하도록 해 기회의 평등을 보장했다. 이런 제도들을 통해 정치가 특정 개인이나 소수의 사익을 위한 제도가 아니라 공동체 구성원 전체의 이익, 즉 공익을 위해 기능한다는 의식이 생겨났다. 이렇게 자유가 보장된 공동체에서 시민들은 사익보다는 공익에 복무하려는 생각을 하게 됐다. 마키아벨리의 말처럼 로마에서는 재산으로 정치적 성공이나 명예를 얻을 수 없었고, 따라서 시민들은 재산 등의 사적 요소에 관심을 기울이기보다 자신의 능력을 높이려 노력했다. 로마인들의 청빈함은 여기서 나왔다.[12] 구성원들이 사익이 아닌 공익을 추구하는 건강한 공동체를 만드는 것이 중요한 과제로 떠오른 우리 대한민국이 특히 주목해야 하는 대목이다.

실제로 공익과 공존, 공유로 상징되는 로마의 건강한 정치 공동체의 모습은 당시 시민과 지도층의 청빈함과 검약, 겸손에서 찾아볼 수 있다. 로마 공화정의 황금기 때 공동체 구성원들의 청빈함은 두드러졌다. 정무관이 사익을 추구하는 탐욕이 있다는 혐의를 전혀 받지 않은 시기도 있었다. 제3차 포에니 전쟁에서 카르타고를 멸망시킨 소(小) 스키피오 장군이 특히 칭송을 받았다. 파울루스 장군도 대표적인 사례였다. 그는 마케도니아 정복으로 막대한 재산을 확보했지만 기꺼이 그 돈을 모두 국고에 집어넣었다. 자신의 집으로는 불멸의 명성 이외에는 아무 것도 가져오지 않았다는 평을 얻었다. 가장 부유한 도시인 코린트를 정복했던 뭄미우스 장군도 자신의 개인 재산을 전혀 늘리지 않았다.[13]

마키아벨리는 『로마사 논고』에서 루키우스 퀸티우스 킨키나투스의 이야기를 한다. 집정관 미누티우스가 그의 군대와 함께 아이퀴인들에게 포위공격을 당하자, 로마는 패배의 두려움에 휩싸여 최후의 수단인 임시 독재집정관을 임명하기로 결정했다. 그때 로마가 선출한 사람이 킨키나투스였다. 원로원의 사절이 선출 사실을 알리고 로마 공화국이 처한 위험을 설명하기 위해 킨키나투스를 찾아갔다. 그때 그는 자신의 작은 농장에서 손수 노동을 하고 있었다. 마키아벨리는 이렇게 말했다. "이것은 로마에서 가난이 명예롭게 여겨지고, 킨키나투스와 같은 훌륭하고 유능한 사람이 생계를 유지하는 데 4유게라의 땅으로 충분하다고 생각했음을 분명하게 보여준다."[14]

마키아벨리는 마르쿠스 레굴루스에 관한 이야기도 한다. 그가 군대를 이끌고 아프리카에 있을 때, 자신의 소작인들이 소홀히 관리하고 있는 농장을 돌보러 돌아가기 위해 원로원에 휴가를 신청했다. 마키아벨리는 이렇게 말했다.

"로마 시민들은 가난에 만족했고, 전쟁으로부터 얻는 명예로 충분했으며, 모든 획득물을 공공의 처분에 맡겼다. 만약 레굴루스가 전쟁으로 부유해질 것을 기대했더라면, 그의 토지에 대한 어떠한 피해도 그에게 별다른 걱정이 되지 않았을 것이다." 마키아벨리는 또 "그들이 군대의 우두머리가 되었을 때, 그들이 지닌 정신의 위대함은 그들로 하여금 (…) 어떠한 것에 의해서도 혼란이나 두려움에 빠지지 않았다. 그렇지만 사적인 지위로 돌아왔을 때, 그들은 검소하고 겸손했으며, 자신들의 작은 재산을 소중히 돌보았고, 행정관들에게 복종했으며, 연장자에게 경의를 표했다"라고 말했다.[15]

전두환 전 대통령이 재직 시절 챙긴 거액의 비자금이 자녀들의 재산으로 넘어간 것 아니냐는 의혹으로 시끄러웠던 대한민국으로서는 부러울 수밖에 없는 청빈한 로마 공화정 지도층의 모습이다. 로마의 집정관이나 장군들처럼 누구보다 앞장서 공익을 추구해야 할 구성원인 전직 대통령이 법원이 판결한 추징금조차 완납하지 않고 버티며 사익 추구에 몰두하는 모습은 공동체를 좌절감에 빠뜨리고 정치인의 명예를 땅에 떨어뜨리며 정치 불신을 극대화시킨다. 공익 추구를 희화화시키고 사익 추구를 권해 공동체의 건강성을 해친다. 로마 공동체를 번영으로 이끈 힘은 지도층과 시민이 모두 사익이 아닌 공익을 추구한 건강한 공화주의였다.

개인 자립의 붕괴로
로마 정치의 원형 사라지다

작은 도시국가로 시작한 로마는 공화라는 정치의 원형을 자산으로 지중해를 장악하고 번영을 누렸다. 특히 경제와 정치적으로 자립한 평민들이 중장보병이라는 시민군으로 공동체에 공헌하는 건강한 공동체 구조를 만든 것이 로마 번영의 원천이었다. 하지만 그리스와 마찬가지로 로마도 성공적인 대외 팽창이 역설적으로 자영농민, 즉 중산층 개인의 몰락을 가져왔고 이는 공화라는 정치 원형의 소멸로 이어졌다.

로마는 이탈리아 반도를 통일한 뒤 지중해의 패권을 놓고 카르타고와 격돌했다. 기원전 264년에 시작돼 기원전 146년에야 끝이 난 1, 2, 3차 포에니 전쟁에서 카르타고에 승리함으로써 로마는 지중해 전체를 지배하는 제국으로 성장했다. 그 과정에서 로마는 사회경제적으로 커다란 변화를 겪는다. 정치의 원형을 기준으로 볼 때 가장 중요한 변화는 로마 공화주의의 기반이었던 자영농민층, 즉 중산층의 몰락이다. 로마의 공화주의는 경제적으로 자립한 평민들이 귀족층과 신분투쟁을 벌이면서 만들어낸 '상생의 공동체'였다. 그런데 그 기반이 로마의 제국화와 함께 무너지기 시작한 것이다.

로마는 원래 소농 중심의 곡물 위주 자급자족 농업이 주류를 이루었던 사회였다. 로마의 해외팽창 초기에는 전쟁 승리에 따른 이익을 모든 계층의 시민들이 공유했고, 그에 따라 대부분의 로마 시민들은 만족하며 공존할 수 있었다. 그러나 승리가 계속되면서 상황이 바뀌어갔다. 정복지에서 노예가 대규모로 공급되면서 노예의 노동력을 기반으로 한 라티푼디움이라는 대농장제도가 등장했다. 소규모 자영농민들이 라티푼디움과 경쟁하는 것은 불가능했다. 게다가 지속되는 전쟁으로 농민들이 오랫동안 병사로 복무하면서 많은 수가 사망했고 병사들이 소유한 토지는 황폐화되어 결국 귀족 소유로 넘어갔다. 자영농민층은 농촌 빈민으로 전락했고 이들이 도시빈민으로 옮겨가면서 로마 공동체에는 불만이 커져갔다. 로마 공화주의의 핵심인 공존이 무너지기 시작한 것이다.

여기에 더해 정복전쟁의 전리품 배분도 공유가 아닌 지배계층의 독점으로 바뀌어갔다. 군사령관들과 정무관들이 병사들을 배제하고 식민지 부를 독점하기 시작한 것이다. 그 결과 중산층이 몰락하고 빈부양극화가 심화됐으며 부자들은 헬레니즘의 영향으로 사치에 빠지면서 '건강한 공동체 로마'는 옛이야기가 되어갔다. 이런 상황에서 중장보병으로 공동체에 공헌하겠다는 시민들의 공익적 사고가 사라지게 된 것은 어찌 보면 당연했다. 실제로 기원전 151년과 기원전 138년에 시민들은 집정관의 군대 소집에 응하지 않고 저항하기까지 했다. 공동체 전체를 위한 전쟁이 아니라 지배층에게만 이익이 되는 전쟁에 평민들이 자신의 목숨을 바칠 이유는 더 이상 없었을 것이다. 공존·공익·공유라는 로마 정치의 원형은 사라져갔고, 지배·사익·독점이라는 정반대의 정신이 로마를 지배하기 시작했다. 로마 공화정은 그렇게 무너져갔다. 중산층 약화와 사회갈등 심화 문제로 고민하고 있는 현재의 한국 공동체도 주목해야 할 부분이다.

로마에서 공화를 되살려보려는 노력이 없었던 것은 아니었다. 자유농민에서 빈민으로 전락한 이들에게 토지를 마련해주어 다시 중산층으로 정착시키고, 이를 통해 로마 공동체에 공화를 복원하려는 시도였다. 공화가 복원되어야 공익과 공동체에 공헌하겠다는 생각이 다시 등장할 수 있고, 그래야 로마의 군사력도 다시 과거의 강건한 모습을 되찾을 수 있을 테니까. 이를 위해 제2차 포에니 전쟁에서 카르타고의 한니발을 격파했던 로마의 명장 스키피오의 외손자인 젊은 호민관 티베리우스 그락쿠스와 가이우스 그락쿠스 형제가 나섰다. 그들은 각각 기원전 133년과 기원전 123년에 10년 간격으로 농지 재분배를 위한 개혁을 시도했다. 그러나 이들의 노력은 귀족층의 반발 속에 형은 타살, 동생은 자살이라는 비극으로 끝이 났다. 자립적인 소농민을 다시 육성해 로마 공화국을 재건하려는 시도가 실패한 것이다. 이 개혁 과정에서 발생한 정치폭력은 로마 공동체에 더 이상 공존이라는 공화주의가 존재하지 않음을 단적으로 보여주었다.

이후 로마 공동체에서는 약 100년 동안 혼란과 내전이 지속됐다. 로마 지배층은 벌족파(옵티마테스)와 민중파(포퓰라레스)로 분열되어 자립을 잃어버린 존재로 전락한 빈민 대중의 지지를 업고 유혈충돌을 벌였다. 이 과정에서 무력을 보유한 군사령관들의 입지가 강화됐고, 로마 공화정의 핵심 축이었던 중장보병 시민군의 성격도 본질적으로 변화했다. 전성기 로마 공화정의 군대는 공동체에 공헌하려는 평민들이 모인, 공동체에 충성하는 로마 시민군이었다. 그러나 로마의 제국화 과정에서 공유와 공존이라는 정치의 원형이 사라지면서 군사령관과 정무관들이 전쟁 승리의 전리품을 독점했고, 국가라는 공동체는 시민군 병사들에게 별다른 보상을 해주지 못했다. 게다가 자유농민들이 몰락하면서 예전처럼 강력한 시민군을 유지하는 것이 힘들게 되자 군사령관 가이우스 마리우스가 기원전 107년에 무산계층도 군대에 지원할 수 있도록 제도를 바꿨다. 재산을 모아 자립한 자유시민들이 공동체에 공헌하기 위해 복무하던 로마군의 전통이 사라지고, 이제 봉급과 무기를 받고 제대 후에는 대가로 토지를 받는 직업군인제로 변화한 것이다. 마리우스는 원로원의 반대에도 불구하고 제대군인들의 생계대책인 토지분배법안을 통과시켜 병사들의 지지를 확보했다. 이제 자유시민군이 아닌 직업군인이 된 병사들은 힘 있는 장군 밑으로 가야 전리품을 많이 챙길 수 있는 데다 제대 후의 생활도 안정될 수 있다는 사실을 알게 됐다. 결국 병사들은 국가 공동체가 아닌 군사령관 개인에 충성하고 의지하게 됐다. 공동체의 군대가 장군들의 사병으로 전락한 것이다. 공동체에의 공헌이라는 로마 공화국 군대의 건강한 전통은 그렇게 사라져갔다.

이후 로마에서는 무력해진 원로원을 대신해 정치의 전면에 등장한 장군들 간에 내전이 지속됐다. 가이우스 마리우스, 술라, 제1차 삼두정치(카이사르, 폼페이우스, 크라수스)를 거쳐 기원전 49년 카이사르가 루비콘 강을 건너 로마를 장악했다. 카이사르라는 왕정에 가까운 종신독재관이 등장한 것이다. 이에 원로원 의원이었던 브루투스와 카시우스 등이 공화정을 위해 기원전 44년 3월 15일 카이사르를 암살했지만 그들의 시도는 실패로 끝났다. 이후 제2차 삼두정치(안토니우스, 옥타비아누스, 레피두스)를 거쳐 옥타비아누스(아우구스투스)가 최종 승리자가 되면서 공화정은 무너지고 로마에는 제정이 시작됐다. 로마의 공화라는 정치의 원형이 공식적으로 사라지는 순간이었다.

---

1 2부 로마에 대한 내용은 1) 차전환, 『로마 공화정의 발달과 몰락』, 김진경 등 저, 『서양 고대사 강의』, 한울아카데미, 2011과 2) 니콜로 마키아벨리, 『로마사 논고』, 강정인·안선재 역, 한길사, 2003, 3) 허승일, 『로마사 입문』, 이환 역, 서울대학교출판부, 1993, 4) 김경희, 『공화주의』, 책세상, 2009의 내용을 참조했음

2 니콜로 마키아벨리 , 『로마사 논고』, 강정인·안선재 역, 한길사, 2003, 250~251쪽

3 허승일, 『로마사 입문』, 이환 역, 서울대학교출판부, 1993, 13쪽

4 필자 주

5 니콜로 마키아벨리 , 『로마사 논고』, 강정인·안선재 역, 한길사, 2003, 88쪽

6 니콜로 마키아벨리 , 『로마사 논고』, 강정인·안선재 역, 한길사, 2003, 85쪽

7 허승일, 『로마사 입문』, 이환 역, 서울대학교출판부, 1993, 22쪽

8 니콜로 마키아벨리 , 『로마사 논고』, 강정인·안선재 역, 한길사, 2003, 472쪽

9 허승일, 『로마사입문』, 이환 역, 서울대출판부, 1993, 103~106쪽 참조

10 니콜로 마키아벨리 , 『로마사 논고』, 강정인·안선재 역, 한길사, 2003, 81쪽

11 니콜로 마키아벨리 , 『로마사 논고』, 강정인·안선재 역, 한길사, 2003, 84쪽

12 김경희, 『공화주의』, 책세상, 2009, 65~66쪽 참조

13 허승일, 『로마사입문』, 이환 역, 서울대출판부, 1993, 100~101쪽

14 니콜로 마키아벨리 , 『로마사 논고』, 강정인·안선재 역, 한길사, 2003, 516쪽

15 니콜로 마키아벨리 , 『로마사 논고』, 강정인·안선재 역, 한길사, 2003, 516~517쪽

— Athens

— Rome

— Community

 Aristoteles

— Politics

 Machiavelli

— Social

— Participation

 Rousseau

— Smart

— Freedom

 Social network

— Future

03
인간은 정치의 원형으로
돌아갈 수 있을까

사라진 정치의 원형,
소외된 인간, 불행한 정치인

인류가 고대 그리스 아테네와 로마에서 잠시 경험했던 정치의 원형은 그렇게 사라졌다. 그리고 인간 개인은 정치라는 플랫폼에서 소외되었다. 개인이 정치에 소외되어 있는 상태에서는 개인은 물론이고 지배자, 즉 견제 받지 않는 정치인도 불행해질 수밖에 없다. 루소는 『사회계약론』 시작부분에서 이렇게 말했다. "Man is born free, and everywhere he is in chains. Many a man believes himself to be the master of others who is, no less than they, a slave. How did this change take place?(인간은 자유인으로 태어나지만 어디에서나 쇠사슬에 묶여 있다. 자신을 다른 사람들의 주인이라고 생각하는 사람들은 노예들보다 더 심한 상태에 있다. 어떻게 이런 변화가 일어났는가?)"[1] 인간은 자유롭게 태어나지만 모든 곳에서 쇠사슬에 묶여 있으며, 전제군주 등 지배자는 자신이 다른 사람들을 마음대로 할 수 있는 주인이라고 생각하겠지만, 그들은 노예에 불과할 뿐이라는 의미다.

정치인은 불행하다. 자기 스스로는 행복하다 느낄 수도 있겠지만, 다른 이들은 그렇게 생각하지 않는다. 스스로 느끼는 행복도 그리 길지 않다. 대한민국 건국 이후 나는 "그 사람 참 행복했겠다"라는 생각이 든 대통령을 보지 못했다. 이승만 대통령은 쫓겨나듯 하야해 외국으로 갔고, 박정희 대통령은 부하의 손에 비극적인 최후를 맞이했다. 전두환 대통령과 노태우 대통령은 감옥에 가야 했고, 노무현 대통령은 자살로 생을 마감했다. 이들에 비하면 김영삼, 김대중, 이명박 대통령은 조금 나은 처지인가? 그들도 친인척과 측근들의 비리 속에서 불명예와 힘든 시간들을 참아내야 했다. 대한민국에서 최고의 권력을 쟁취했던 대통령들도 그럴진대, 그 위치까지 다다르지 못한 다른 수많은 정치인들은 말할 나위도 없다. 말년이 행복해 보이는 정치인을 나는 쉽게 찾을 수가 없다. 정치인들은 왜 대부분 불행해졌는가?

그건 정치가 정치의 원형에서 벗어났기 때문이다. 정치는 아테네의 민주와 참여라는 자신의 원형에서 벗어난 순간부터 인간 개개인을 소외시켜왔다. 9일에 한 번 꼴로 민회에 모여 공동체의 중요한 일들을 결정하는 데 참여하고 그 결정을 스스로 이행했던 정치의 원형에 대한 기억은 신화처럼 인류에게 희미하게 남아 있을 뿐이다. 개인은 정치인들의 독단적인 결정을 지켜보며 자신이 실질적으로 공동체에 참여할 수 있는 방법은 없다는 현실을 다시 한 번 확인한다. 그리고 무력감 속에서 불만과 환멸을 토로한다.

정치는 또 로마의 공화와 공존, 공익이라는 원형에서 벗어난 순간부터 인간 개개인을 소외시켜왔다. 승자가 이익을 독식하지 않고 타협하고 공유하며 협력하는 상생의 공동체라는 정치의 원형에 대한 추억 역시 인류에게는 희미해졌다.

이렇게 정치에 소외되어 살아가는 인간 개개인들은 정치라는 공공의 영역에서 빠져나와 사적 영역 속으로 숨어들어갔다. 자유롭고 평등한 개인으로 공존하며 공동체에 공헌하는 것이 아니라, 의존적이고 불평등한 개인으로 사회 속에 뿔뿔이 흩어져 존재하면서 공동체와 공익에서 점점 더 멀어졌다. 자유로운 시민 개개인이 자립해 서로를 견제하며 공존하고 공익에 헌신하는 건강한 모습은 사라졌다.

그 결과 공동체 구성원들의 견제를 받지 않게 된 정치인들은 정치의 원형을 더욱 무력화시키며 자신의 욕망을 추구해갔다. 그것이 정치인을 불행하게 만들었다. 견제 받지 않는 정치인은 대개 민주와 참여는 무시하고, 공유가 아닌 독점, 공익이 아닌 사익, 공존이 아닌 지배의 정치를 선택했다. 가끔은 선의와 양심으로 정치를 시작하는 정치인도 존재했지만, '초심'은 시간이 흐르면 흐려지기 쉬운 법이다. 공동체 구성원들의 의미 있는 견제가 존재하지 않는 시스템에서 정치인 개인의 양심은 오래가기 힘들다. 독점과 지배에 매몰된 정치인은 결국 사익 추구의 끝에서 불행한 파국을 맞이할 수밖에 없게 된다. 텟살리아 지방 페라이 시의 참주였던 이아손(기원전 380년경~370년 통치)은 "나는 참주가 아니었을 때는 배가 고팠다"고 말했다. 아리스토텔레스는 『정치학』에서 이렇게 말했다. "이는 그(이아손)가 사인私人으로서 살아갈 줄 몰랐다는 뜻이다."[2]

　정치의 원형에서 시민은 번갈아가며 통치하고 통치 받았다. 자존감을 느꼈을 것이고, 그건 행복의 중요한 조건이었다. 그런데 시민과 정치인이 분리되면서, 개인은 정치에서 배제된 채 복종만을 강요당하며 정치에서 소외됐고, 정치인은 지배에만 몰두하며 파국과 불행을 향해 걸어갔다. 정치의 원형이 사라진 이후의 인류의 정치, 그건 소외된 개인과 불행해진 정치인, 그리고 불안정하고 피폐해진 공동체의 모습이었다.

대한민국은 지금
참여와 공존의 공동체인가

대한민국 공동체는 지금 참여와 공존의 공동체인가? 이 물음은 이 책의 출발점이기도 하다. 국민의 직접선거를 통한 대통령 선출이라는 결과물로 대표되는 1987년의 민주화운동 이후 한국 정치는 더 이상 진화하지 못하고 정체해 있다. 민주주의라는 형식은 갖췄지만 실제 정치는 구성원 전체의 참여와는 거리가 먼 '소수만의 리그'에 여전히 머물러 있다. 국민은 투표하는 날에만 주인이 된다. 공동체 구성원들과 집단들의 공존과 권력 공유, 공익에의 헌신을 의미하는 공화도 헌법 조문 속에만 존재하고 있는 것이 현실이다.

여기 한 공동체가 있다. 공익이 아닌 사익을 추구하는 정치인과 지배층을 보며 구성원들은 정치를 비하하고 혐오한다. 계층 간, 이념 간, 세대 간, 지역 간 갈등은 깊다. 그들은 서로 권력과 이익을 공유하지 않고 독점하려고만 한다. 불평등은 개선되지 않고 부익부 빈익빈이 심화된다는 인식이 사회에 널리 퍼진다. 구성원들은 공동체의 이익이 자신의 이익이 된다는 생각을 버린다. 공동체와 공익을 위해 공헌하겠다는 의지는 희미해진다. 병역과 세금이라는 공동체에 대한 공헌은 가능하기만 하다면 피하려 하고, 회피에 성공한 사람이 오히려 내밀한 부러움의 대상이 된다. 공동체의 성공이 아닌 개인의 성공이 지상과제가 된다. 그것을 위해 자신의 실력을 높이려 하기보다는 편법과 변칙, 기득권에 의존하려 한다. 공정한 기회가 제공되지 않는다고 생각하니 아이를 낳을 자신도 없어진다. 신분 상승의 통로인 교육도 학생의 노력이 아닌 집안의 재산이 결정한다는 생각이 퍼진다. 공동체에 대한 자부심은 사라지고, 구성원들이 모래알처럼 흩어져 자신의 사익 추구에만 몰두하면서 공동체의 활력은 쇠잔해진다. 어디서 많이 본 듯한 모습이지 않은가. 역사에서 쉽게 찾아볼 수 있는, '쇠퇴해가는 공동체'의 모습이다. 앞에서 보았듯이 정치의 원형이 사라져가던 고대 아테네 민주정과 로마 공화정 말기의 모습이기도 하다. 지금의 우리 모습과는 또 얼마나 많이 다른가.

공동체의 건강성이 그 공동체의 미래를 결정한다. 미래는 자유, 참여, 공존의 공동체의 편이다. 마키아벨리는 『로마사 논고』에서 이렇게 말했다.

"세계의 어느 곳에서나 자유를 누리는 모든 도시와 지방들은 매우 커다란 번영을 누린다. 이는 무엇보다도 인구가 증가하기 때문이다. 결혼이 사람들에게 보다 자유롭고 매력적인 것이 되고 각자 자신의 가산을 빼앗길 것이라는 두려움이 없게 되어 아이들을 기꺼이 낳아 키우기 때문이다. 또 사람들은 아이들이 노예가 아닌 자유인으로 태어난다는 사실뿐만 아니라 자신의 능력을 통해 뛰어난 인물이 될 수 있다는 사실도 알게 되기 때문이다.[3]

대한민국은 불과 한 세대 만에 세계사에서 유례가 없는 경제성장을 만들어냈다. 1950년대 대부분의 국민이 보릿고개를 겪으며 굶주렸던 최빈국에서 30여 년 만에 원조를 해주는 10대 경제강국으로 변모했다. 투표에 의한 평화적인 정권 교체를 정착시키는 등 정치 민주화도 상당 부분 이루어냈다. 경제와 정치 모두 개발도상국가의 '모범생'이 됐다. 하지만 이런 과거의 성과에도 불구하고 안타깝게도 지금의 대한민국은 참여와 공존의 공동체보다는 소외와 지배의 공동체에 더 가까워 보인다. 공유와 공익의 공동체라기보다는 독점과 사익의 공동체인 듯 보인다. 최근의 지표들도 그렇지만 무엇보다 구성원들의 생각이 그렇다. 대한민국이라는 공동체가 건강해지고 활력을 되찾을 수 있는 길은 무엇일까? 공동체에 공익을 우선하는 의식이 흐르고 개인과 공동체 양자 모두가 번영하고 행복해질 수 있는 방법은 어디에 있나? 핵무기로 우리를 위협하는 북한, 그리고 역사 도발과 영토 도발을 해오는 인접한 강대국 일본과 중국의 위협 속에서 안전과 성장을 지속할 수 있는 강한 공동체를 만드는 해법은 무엇인가?

그 답은 민주와 공화에 있다. 형식적인 문자로는 "대한민국은 민주공화국이다"라는 우리 헌법 1장 1조 1항에 존재하고 있고, 현실의 모습으로는 아테네 민주정과 로마 공화정에 정치의 원형으로 존재했었던 그

민주와 공화이다. 공동체에 대한 구성원의 자부심과 만족, 그리고 공동체의 활력은 정치인이 독려한다고 높아질 수 있는 것이 아니다. 시민 개개인이 공동체의 일에 참여하고 공헌하면서 스스로 느끼고 만들어가는 것이다. 그것만이 개인과 공동체를 소외와 쇠락에서 벗어나게 만들 수 있다. 그것만이 개인과 공동체 모두를 행복과 번영으로 이끌 수 있다. 그래서 민주와 공화는 중요하다.

스마트 소셜 혁명으로 자립하는 개인

캐나다의 인디 뮤지션 데이브 캐럴. 그는 2009년 7월 '유나이티드항공
이 내 기타를 깨부수고 있네United Breaks Guitars'라는 제목의 뮤직비디오[4]를
만들어 유튜브에 올렸다. 그 뮤직비디오는 나흘 뒤 100만 뷰를 넘어섰
고, 유나이티드항공의 주가는 10% 폭락했다. 어떤 일이 있었던 걸까.
캐럴은 2007년 3월 유나이티드항공을 타고 비행기가 출발하기를 기다
리고 있었다. 그런데 창밖을 보던 중 고객의 여행가방을 거칠게 던지며
싣던 수하물 운반 직원의 손에 자신의 기타 케이스가 바닥에 내동댕이
쳐지는 것을 목격했다. 승무원에게 항의했지만 소용이 없었다. 비행기
는 이륙했고 목적지에 도착해 기타 케이스를 열어 보니 기타는 엉망이
되어 있었다. 그는 공연 때문에 급히 공연장으로 가야 했고, 공연이 끝
난 사흘 뒤에 항공사에 파손 신고를 접수했다. 그러나 유나이티드항공

은 24시간 이내에 신고해야 한다는 규정을 들어 보상을 거부했다. 캐럴은 몇 달 동안 계속 보상을 요청했고 2008년 11월 드디어 책임자를 만날 수 있었지만 최종적으로 보상을 거절당하고 말았다. 캐럴이 그때의 일을 노래로 만들어 2009년 7월 유튜브에 올린 것이다. 뮤직비디오가 유튜브를 통해 계속 퍼지고 회사가 커다란 타격을 입자 유나이티드항공은 경악했고, 캐럴에게 연락해 그의 요구를 수용했다. 물론 수하물 파손 보상 규정도 개정해야 했다.[5]

캐럴과 유나이티드항공 이야기는 스마트 소셜 혁명으로 자립하는 개인의 모습을 보여준 하나의 작은 사례다. 과거 같으면 꿈쩍도 하지 않았을 거대기업을 한 개인이 유튜브라는 소셜 네트워크와 아이디어, 뮤직비디오에 출연해준 친구들의 도움만으로 뒤흔들 수 있는 시대가 온 것이다.

우리는 앞에서 정치의 원형을 고대 아테네와 로마의 민주정과 공화정에서 찾아보았다. 민주는 참여이고, 공화는 공익과 공존, 공유다. 참여와 공유… 익숙한 시대정신이 아닌가? 2,000여 년 전의 정치의 원형은 21세기 소셜 시대, 웹2.0 시대, 유비쿼터스 시대의 기본정신인 참여와 공유에 맞닿는다.

앞으로 살펴보겠지만 인류는 소셜 인터넷, 스마트 기기, 유비쿼터스 시대를 맞아 '민주에 기반한 공화'를 통해 건강한 정치의 원형의 모습으로 돌아갈 수 있는 기회를 맞고 있다. 그리스와 로마시대에 정치의 원형이 모습을 보일 수 있었던 것은 공동체 구성원들의 자립이라는 사회경제적, 그리고 정치적 여건 덕분이었다. 하지만 그 자립은 불완전한 일시적인 자립이었고, 개인들의 자립 기반이 소멸되면서 정치의 원형이 사라졌음을 우리는 앞에서 보았다.

그런데 이제 소셜 네트워크와 스마트 기기의 대중화로 다시 한 번 자체무장한, 그리고 그것을 통해 자립할 수 있는 개인이 등장하고 있다. 21세기인 지금 자체무장은 고대 아테네나 로마와는 달리 그 의미가 시대에 맞게 바뀌었다. 자신의 돈으로 칼과 방패를 구비해 자신을 무장하는 것 대신 지식정보에 접근할 수 있는 능력과 세상을 향해 발언할 수 있는 능력, 동료 시민들과 연대할 수 있는 능력이 중요해졌다. 지식사회, 소셜 네트워크 사회에서 무장력의 의미가 변화한 것이다. 지금까지 정치를 좌지우지해온 정치인과 정당, 신문방송 같은 거대 미디어, 이익단체 등에 의존하지 않고, 스스로 두 발로 서서 자신의 목소리를 내는 시민의 등장. 그들의 등장은 정치 커뮤니케이션을 변화시키고 있고 정치 과정을 변화시키고 있으며, 정치 자체를 바꾸고 있다. 우리는 참여가 손쉬워지고 익숙해졌으며 공유가 오히려 이익이 되기도 하는 새로운 공동체 문법 속에서 살기 시작했다. 공동체 구성원들의 진정한 자립을 뒷받침해주고, 참여와 공유·공존·공익을 뒷받침해줄 사회경제적인 구조가 등장하고 있는 것이다. 그 속에서 인간이 2,000여 년을 기다려온 정치의 원형이 모습을 다시 드러내고 있음을 느낀다.

민주, 100% 참여로 되살아나나

2008년 1월 4일 새벽 3시. 콜롬비아의 컴퓨터 엔지니어 오스카 모랄레스는 페이스북에 'FARC에 반대하는 백만의 목소리A Million Voices Against FARC'라는 페이지를 만들고 잠자리에 들었다. FARC(콜롬비아 무장 혁명군)는 콜롬비아에 근거를 둔 40년 역사의 마르크스−레닌주의 반란단체로, 오랫동안 테러와 마약 밀매, 무기 거래, 납치로 악명이 높았다. 모랄레스는 자신 같은 콜롬비아의 젊은이들이 더 이상 테러와 납치를 용납하지 않는다는 뜻을 전달하고 싶었다. 그가 잠에서 깼을 때 그 그룹에는 1,500명이 모여 있었다. 다음 날에는 4,000명이 되었고, 사흘째에는 8,000명으로 늘었다. 그리고 첫째 주가 지날 무렵에는 10만 명으로 불어났다. 겨우 한 달 뒤 '백만의 목소리'를 통해 40개국 200개 도시에서 약 1,200만 명의 사람들이 거리로 쏟아져 나와 반란군을 성토하고 인질 석방을 요구했다. 그동안 반란군에 대한 공포에 질려 있었던 콜롬비아의 수도 보고타 거리에도 150만 명이 몰려나왔다. 자신들을 적대하는 사람들이 이렇게 많다는 사실을 알게 된 FARC 소속 군인들은 전세가 기울었음을 직감했고 이후 대대적인 비무장화 광풍이 몰아쳤다.[6]

중남미의 한 젊은 컴퓨터 엔지니어인 모랄레스, 그리고 그가 소셜 네트워크를 통해 표출한 '목소리'에 공감해 온라인과 오프라인으로 동참한 1,200만 명의 콜롬비아인과 세계인들. 그들은 소셜 네트워크와 스마트 기기, 유비쿼터스라는 새로운 정치 플랫폼을 통해 참여하고 연대하며 자신이 생각하는 소중한 가치를 지켜내려 노력하는 새로운 인류의 전형적인 모습이다. 스마트 소셜 혁명으로 모습을 드러내고 있는 정치의 원형이 보여주고 있는 '민주와 참여의 인간'의 모습이다.

아테네 민주정은 인류에게 민주와 참여라는 정치의 원형을 생생하게 보여주었다. 작은 규모의 공동체였기에 가능했던 고대 아테네의 참여는 이제 기술발달에 의해 그 한계를 극복해가고 있다. 인류의 정치는 '1%의 지배'에서 '100%의 참여'로 되살아날 수 있을 것인가. 분명한 것은 참여의 확대이며, 좀 더 지켜보아야 할 것은 그것이 가져올 결과이다.

공화, 고립과 사익이 아닌
연결과 공익의 공동체로 돌아오나

정치의 원형인 공화의 모습은 연결과 공존, 공익의 공동체이다. 고립과 지배, 사익의 공동체가 아니다. 그건 우리가 잊고 있던 건강한 개인과 사회의 모습이기도 하다.

요즘은 페이스북이나 트위터 같은 소셜 네트워크 서비스가 다양한 연령대에서 사용되고 있다. 미래창조과학부는 2014년 3월, 50대 이상 연령층이 디지털 문화의 주역으로 성장하고 있다는 내용이 담긴 '2013년 정보문화 실태조사' 결과를 발표했다. 2012년과 2013년을 비교해보니, 소셜 네트워크 서비스는 이용률이 50대 26.2%에서 39.1%로, 60대 10.1%에서 21.7%로 크게 늘어났고, 카카오톡과 라인 같은 실시간 메시지도 50대 63.2%에서 81.2%, 60대 31.6%에서 67.6%로 증가한 것이다.

젊은 층만이 아니다. 중장년층은 물론 노년층도 스마트폰을 활용하며 소셜 네트워크의 세상으로 들어오고 있다. 지난 2012년 말의 한국 대통령 선거에서는 50~60대가 이 소셜 네트워크를 통해 결집하며 대거 투표장으로 나와 박근혜 대통령의 당선을 이끌었다는 분석이 나오기도 했다.

사실 현대 대중산업사회에서 개인은 도시에 모여 살고 있음에도 각자 원자화되고 파편화된 채 고립된 생활을 해왔다. 로버트 퍼트넘은 『나 홀로 볼링』이란 책 제목으로 이런 인간의 모습을 잘 표현했다. 선거나 지역 문제, 이웃에 무관심한 가운데 해체된 사회적 유대 속에서 살아가는 미국인의 모습이다.

"리그 볼링에 가입한 사람들은 혼자서 볼링 치는 사람보다 피자와 맥주를 3배 더 사먹는다고 한다. 볼링장에서 돈은 공과 신발 판매가 아니라 피자와 맥주 판매에서 생긴다. 보다 넓은 사회적 측면에서 보면 중요한 것은 피자와 맥주를 놓고 이루어지는 사회적 상호작용, 때로는 정치와 지역 공동체의 공공 업무에 관한 대화가 오가는 사회적 상호작용이다. 혼자서 볼링 치는 사람들에게는 이것이 없다."[7]

인간은 사적 영역과 사익, 프라이버시가 강조되는 현대사회에서 따뜻한 연고지와 공동체를 잃어버리고 바쁘지만 외로운 존재가 되어버렸다. 매스미디어가 제공하는 일방향적인 정보의 홍수 속에서 개인은 경제활동, 정치활동, 사회활동 모두에서 주도적으로 참여하지 못한 채 소외감을 느끼며 피동적으로 살아가고 있었던 것이다.

그러나 퍼트넘은 소셜 네트워크의 등장을 목격하지 못했다. 소셜 네트워크는 개인들에게 '연결과 참여'라는 단어를 되살려주고 있다. 청장년층은 물론 노년층도 더 이상 외롭게 지내지 않아도 된다. 더욱 편하게 자주 가족이나 친구들과 연락을 하고, 아주 쉽게 어린 시절이나 학창시절의 옛 친구들을 다시 찾고 헤어졌던 옛사랑과 다시 연결될 수도 있다. 생각만 있다면 취미나 관심사, 지역을 키워드로 새로운 친구들을 만날 수도 있다. 고립이 아닌 연결의 공동체로 돌아갈 수 있는 환경이 만들어지고 있다는 의미다.

사익과 지배가 아닌 공익과 공존의 공동체로 가는 길도 만들어지고 있다. 인터넷과 IT 혁명이 보여주고 있는 경제의 새로운 문법이 사람들의 생각을 바꾸고 있는 것이다. 생존하고 번영하기 위해서는 철저한 사익 추구를 통해 타인을 지배해야 한다는 생각이 조금씩 흔들리고 있다. 타인과의 적대적인 제로섬 게임이 아니라 공유·공존의 원원 게임이 경우에 따라서는 더 큰 과실을 가져다준다는 생각이 퍼지기 시작했다.

제러미 리프킨은 『공감의 시대』에서 이렇게 말했다. "사방으로 얽히고설키는 네트워크식 사업방식은 노골적인 이기심을 바탕으로 하는 기존의 시장 가설을 흔들고 있다. (…) 시장거래를 적대적인 관계와 제로섬 게임에서 나타나는 경쟁의 결과로 보았던 기존의 관념은 원원 전략에 기반을 둔 네트워크 합작이 득세하면서 입지를 잃고 있다. 다른 사람의 관심을 최대로 활용하는 네트워크는 자신의 자산과 가치를 증가시킨다. 협력이 경쟁을 누를 수 있다."[8]

리프킨은 리눅스를 사례로 든다. 리눅스라는 글로벌 소프트웨어 사업의 성공을 통해 음모와 조작을 부추기는 권모술수보다는 리스크를 분담하는 오픈 소스 협력체제가 규범으로 자리 잡았다는 것이다. 리눅스는 소프트웨어 프로그래밍으로 힘들어하고 있는 사람들의 곤경을 모두가 공감하도록 하고, 전문가들이 자신의 시간과 재능을 무료로 기부해 그 문제를 해결하도록 돕는 프로젝트라는 것이다. 리프킨은 리눅스가 '경제적 이타주의'라는 개념이 모순이 아니라는 것을 입증해주는 첫 번째 사례라고 강조했다. 리눅스는 오늘날 전 세계에서 1,800만 명 이상이 사용하고 있으며, 지리적으로 멀리 떨어져 있는 12만 8,500명 이상의 프로그래머가 자발적으로 소프트웨어를 만들고 향상시키는 일을 계속하고 있다.[9]

인간의 역사에서 산업사회는 공유와 공존이 아니라 독점과 지배의 논리가 우세했던 시대였다. 그게 토지건 농산물이건 공장이건 공산품이건, 능력만 있다면 독점하고 지배하는 것이 그 개인과 집단에게 유리한, 그런 문법이 작동하던 시대였다. 그러나 이제 시대의 문법이 변화하고 있다. 나의 소유물과 재능, 시간을 움켜쥐지 않고 제공하고 공유하는 것이 기존의 상식과는 달리 오히려 더 큰 이익과 명성을 가져다주기도 한다. 동시에 만족과 보람, 행복도 느낄 수 있게 해준다.

이렇듯 새로운 네트워크 세상의 등장으로 인류는 '협력이 경쟁을 누른다'는 생각, 아니 최소한 '협력이 경쟁을 누를 수도 있다'는 생각을 하게 됐다. 그것이 중요하다. 그것으로 족하다. 인간에게는 앞으로도 협력과 경쟁, 공존과 지배, 공익과 사익이라는 상반된 감정과 욕망이 존재할 수밖에 없겠지만, 이런 생각이 고립과 지배, 사익의 공동체에서 연결과 공존, 공익의 공동체로 인간을 이끌 수 있는 출발점이 될 것이다. 이것이 '함께 사는' 공화라는 정치의 원형이 다시 우리 눈앞에 등장하도록 만들어줄 수 있는 경제사회적인 기반이다.

　기원전 287년부터 기원전 133년까지, 짧았지만 건강했던 황금기의 고대 로마 공화정은 연결과 공익의 공동체였다. 소셜 스마트 혁명으로 이제 인간 개개인은 쉽게 고립에서 벗어나 누구와도 자유롭게 연결될 수 있게 되었다. 또한 공유가 오히려 이익이 되는 경험을 하면서 내면에서 잠자고 있던 타인에 대한 공감 감성이 살아나고 있다. 이를 기반으로 정치도 고립과 사익이 아닌 연결과 공익의 길로 다시 들어설 수 있을 것인가.

1　J. J. Rousseau, 『The Social Contract』, 'The Social Contract: essays by Locke, Hume, and Rousseau With an Introduction', by Sir Ernest Barke'r, A Galaxy Book, Oxford University Press, 1962, 169쪽
2　아리스토텔레스, 『정치학』, 1277a12, 천병의 역, 도서출판 숲, 2009, 142쪽
3　니콜로 마키아벨리 , 『로마사 논고』, 강정인 안선재 역, 한길사, 2003, 278쪽
4　http://www.youtube.com/watch?v=5YGc4zOqozo&list=TL4vFynvpFQSI
5　캐럴이 만든 http://www.davecarrollmusic.com/book/ 사이트와 쉘린 리, 『오픈 리더십』, 정지훈 역, 한국경제신문, 2011, 4~6쪽 참조
6　피터 다이어맨디스, 『어번던스』, 권오열 역, 와이즈베리, 2012, 338~340쪽
7　로버트 퍼트넘 저, 『나 홀로 볼링』, 정승현 역, 페이퍼로드, 2009, 183~184쪽
8　제러미 리프킨 저, 『공감의 시대』, 이경남 역, 민음사, 26쪽
9　레이첼 보츠먼·루 로저스 저, 『위 제너레이션』, 이은진 역, 모멘텀, 2011, 86쪽

- Athens

- Rome

- Community

 Aristoteles

- Politics

 Machiavelli

- Social

- Participation

 Rousseau

- Smart

- Freedom

 Social network

- Future

04
정치의 철학과
공동체의 미래

사상가들의 고민과
한국 정치 공동체의 고민

정치의 미래를 본격적으로 생각해보기 전에 4장에서 잠시 과거로 여행을 떠나보자. 오래전에 세상을 살았던 그리스와 이탈리아, 영국, 프랑스의 철학자들. 그들의 생각은 21세기를 사는 우리에게 영감을 준다. 고전이 갖는 힘이다. 그들이 했던 고민은 우리의 고민과 많이 다르지 않았다.

　우리가 만나볼 철학자 다섯 명은 아리스토텔레스, 마키아벨리, 홉스, 로크, 루소이다. 아리스토텔레스는 정치학의 시조이고, 마키아벨리는 근대 현실주의 정치학의 원조이며, 홉스, 로크, 루소는 개인의 자유와 평등을 발견한 자연법사상과 사회계약론의 3대 사상가이다. 특히 홉스, 로크, 루소는 자유롭고 평등한 개인이 비정치적인 자연 상태에서 이성을 통해 어떻게 자유와 평등, 안전을 유지할 정치 권위체를 만들 것인지를 고민한 철학자였다.

이들은 모두 "어떻게 하면 건강한 공동체를 만들어서 구성원의 안전과 자유, 평화를 유지할 수 있는가?"를 고민했다. 인간에게 생존이 걸린 문제다. 정도의 차이가 있을 뿐, 모순과 갈등, 위기가 없는 공동체는 인간의 역사에서 지금껏 존재하지 않았다. 루소의 생각처럼 시민사회가 만들어지기 이전인 자연 상태에서는 갈등이나 불평등이 존재하지 않았을지도 모르지만, 사회를 구성한 이후의 인간은 항상 갈등 속에서 생존을 고민해야 했다. 공동체의 모순과 갈등이 심각하면 심각할수록 고민도 컸고 그 속에서 위대한 사상이 나올 수 있었다.

기원전 384년에 태어나 그리스 도시국가들 간에 벌어진 혼란기를 경험한 아리스토텔레스, 1469년 태어나 프랑스와 스페인이라는 외세의 침략과 살육이라는 '상시적인 전쟁 상태'에 처한 조국 이탈리아에서 살아야 했던 마키아벨리, 1588년에 태어나 영국의 내전기를 살며 '죽음에 대한 공포'와 함께 지냈던 홉스, 1632년 태어나 영국 명예혁명(1688) 전후의 혼란기를 살았던 로크, 그리고 1712년에 태어나 1778년 사망할 때까지 대혁명 전야의 모순이 고조되던 프랑스 사회를 살았던 루소. 그들은 모두 각자 자신이 살았던 시대의 절박한 문제를 해결하기 위해 고민하는 과정에서 자신의 정치철학을 정립했고 그것을 우리에게 남겼다. 아리스토텔레스의 『정치학』과 『니코마코스 윤리학』, 마키아벨리의 『군주론』(1513)과 『로마사 논고』(1518), 홉스의 『리바이어던』(1651), 로크의 『통치론』(1689), 루소의 『사회계약론』(1762). 우리가 4장에서 스마트 소셜 정치와 관련해 살펴볼 그들의 대표 저작 7권이다.

오래전 아리스토텔레스, 마키아벨리, 홉스, 로크, 루소가 살았던 정치 공동체들과 마찬가지로, 지금 우리가 살고 있는 대한민국이라는 공동체도 많은 어려움 속에서 생존과 번영을 위한 길을 고민하고 있다. 한국은 제2차 세계대전의 종전으로 재편된 새로운 국제정치경제 질서 속에서 1960년대부터 세계사에 유례가 없는 성공적인 산업화를 이룩했다. 정치적으로는 어두운 시기였지만 사회경제적으로는 성장활력이 흘렀다. 경제성장률이 10%대를 넘나들었다. 국내총생산 증가율이 1973년에는 연14.8%, 1976년에는 13.5%를 기록하기도 했다.[1] 최근 무서운 기세로 성장한 중국경제를 보는 느낌이다. 물론 고도성장 뒤편에 그림자도 있었다. 물가가 치솟고 부동산 투기가 극성을 부렸으며 노동삼권이 제한된 상황에서도 노동쟁의가 크게 늘었다. '수치로만 배부른 고도성장'(1979년 4월 9일자 〈동아일보〉)이라는 언론의 지적도 나왔다. 그래도 그 시대의 성장활력이 공동체의 '경제 파이'를 크게 키웠다. 당시의 체감 빈부격차는 초호화생활을 하는 부유층과 비참한 농민공이 공존하는 지금의 중국보다는 덜했던 듯하다. 통계청 자료에 따르면 한국의 지니계수는 1970년대 중반부터 1990년대 중반 시기에 지속적으로 감소했다. 자신이 중산층이라고 생각하는 국민들이 증가했고, 특히 교육을 매개로 한 활발한 계층 이동은 '개천에서 용 났다'는 말과 함께 노력하면 나에게도 기회가 온다는 '희망'을 갖게 했다. 1980년대 후반 이후에는 정치 민주화와 정보화가 빠르게 진행됐다.

그러나 1997년 IMF 외환위기를 거치면서 한국이라는 공동체는 건강성을 잃고 흔들리기 시작했다. 중산층이 줄어들고 빈부의 차이가 커졌다. 성장의 혜택이 일부 대기업과 고소득층에 집중되면서 저소득층의 불만이 커져갔다. '경제가 성장해도 나에게는 전혀 도움이 안 된다'고 생각하는 사람들이 많아졌다. 활발했던 계층 이동이 막히면서 노력하면 신분상승이 가능하다는 희망을 버리는 이들도 늘어났다. 서울시가 발표한 '2013 통계로 본 서울 남성의 삶'에 따르면, 개인의 노력으로 지위가 높아질 가능성이 적은 편이라고 답한 비율이 20대(29.4%)가 50대(23.9%)보다 높았다. 젊은 세대일수록 자신의 지위와 계층 이동 가능성을 더 비관적으로 보고 있는 것이다.[2] 공교육의 과도한 평등 추구가 역설적으로 사교육 의존도를 높이면서 과거 계층 이동의 가장 중요한 통로였던 교육도 부유층에 더욱 유리해졌다. 교육을 통한 신분상승이 어려워지고 오히려 교육을 통해 신분이 세습되는 모습도 보이기 시작했다.

어느 시대건 구성원 사이에 공존의식이 사라지면 공익 추구가 아닌 사익 추구 경향이 퍼져나간다. 앞에서 로마 공화정의 쇠퇴기 모습에서 보았듯이, 구성원 전체가 성장의 이익을 공유하며 공존하는 것이 아니라 일부가 독점하고 지배할 경우, 국민들에게 그런 공동체의 공익을 위해 공헌하려는 마음은 생겨나지 않는다. 그런 공동체가 활력을 잃는 것은 당연하다.

최근에는 인구구조의 고령화와 경제의 저성장기조 장기화 전망이 겹치면서 계층 간, 세대 간, 이념 간 갈등이 더욱 심화될 조짐마저 보이고 있다. 여기에 인접한 강대국인 일본과 중국의 역사 왜곡과 영토 침략 시도로 외부적인 갈등요인도 커져가고 있다. 북한의 핵무기 개발은 공동체의 생존까지 위협하고 있다.

이런 상황에서 우리는 어떻게 대한민국이라는 공동체를 건강하게 바꾸고 통합을 강화해 자유와 평등, 평화를 지키면서 번영을 지속할 수 있을 것인가. 이것이 현재 우리 공동체가 갖고 있는 고민이고, 이 책의 고민이기도 하다. 우리는 아리스토텔레스와 마키아벨리, 홉스, 로크, 루소의 생각에서 건강한 공동체를 만드는 데 도움이 되는 정치의 미래와 관련된 통찰들을 찾아볼 것이다.

아리스토텔레스
집단지성, 효율성만이 아닌 공존과 책임의 정치

아리스토텔레스는 민주주의에 대해 인류 최초로 이론적인 분석을 남긴 철학자이다. 정치철학을 공부할 때 우리는 그 출발점으로 플라톤의『공화국』과 함께 아리스토텔레스의『정치학』과『니코마코스 윤리학』을 만난다. 아리스토텔레스(기원전 384~322)는 마케도니아의 왕 아뮌타스 2세의 궁정의사의 아들로 태어나, 17세 때 그리스 아테네로 와 플라톤의 제자가 됐다. 41세 때는 마케도니아의 왕 필립포스 2세에게 초빙되어 왕자(훗날의 알렉산드로스 대왕)의 교육을 맡았다. 기원전 336년에 다시 아테네로 돌아와 리케이온에 학원을 열고 연구와 강의활동을 했다. 그가 그리스 폴리스 공동체의 황금기가 저물던 시대를 살아가며 쓴『정치학』을 보면 현대를 사는 우리가 고민하는 정치의 거의 모든 문제들을 다루고 있다는 사실에 놀라지 않을 수 없게 된다.

정치의 미래와 관련, 우리는 아리스토텔레 스의 철학에서 우선 '집단지성collective intelligence' 에 주목할 필요가 있다. 아리스토텔레스는 『정치학』에서 "다수자는 비록 그중 한 명 한 명은 훌륭한 사람이 아니더라도 함께 모였을 때는 개개인으로서가 아니라 전체로서 소수 자인 가장 훌륭한 사람들보다 더 훌륭할 수 있다"고 말했다. "그것은 마치 여러 사람이 비 용을 갹출한 잔치가 한 사람의 비용으로 제공 되는 잔치보다 더 나은 것과 같다. 그들은 다 수고, 각자는 나름대로 탁월함과 지혜를 지니 고 있기 때문이다. (…) 이 사람은 이 부분을,

아리스토텔레스

저 사람은 저 부분을 이해함으로써 모두를 합치면 전체를 이해하게 되 는 것이다."[3]

웹2.0, 웹 스퀘어드(제곱)의 시대정신인 집단지성을 아리스토텔레스 가 2,000여 년 전에 이미 말하고 있는 것이다.

아리스토텔레스는 대중 개개인은 전문가들보다 못한 판단을 내릴 지 몰라도 집단으로서는 더 나은 또는 못지않은 판단을 내릴 것이라고 말했다. 또 건물에 대한 판단은 건축자보다 그 건물의 사용자가 더 훌 륭하게 내릴 수 있고, 요리에 대해서는 요리사보다 손님이 더 훌륭하 게 판단한다는 말도 했다.[4] 따라서 정치에 대해서도 정치인보다는 정치 의 고객인 국민이 더 훌륭하게 판단할 수 있다고 생각하는 게 맞을 것

이다. 소수 엘리트나 전문가의 지혜보다 '대중의 지혜the wisdom of crowds'가 공동체 정치에 더 좋은 결과를 만들어낼 수 있다는 의미다. 특정인 또는 소수 집단의 훌륭함에 기대었다가 그들의 변덕에 휘둘리기보다, 전체로서의 대중의 판단에 따르는 것이 더 좋다는 것이다. 이는 그의 스승인 플라톤이 판단의 기초a basis for judgment로서의 '대중의 지혜의 타당성the validity of mass wisdom'에 대해 의문을 제기했던 것과는 매우 다른 입장이다.[5]

아리스토텔레스는 집단의 판단은 현명하기 때문에, 최고권력은 소수가 아니라 대중 전체가 갖는 것이 정당하고 또한 좋다고 생각했다. 이처럼 우리는 스마트 소셜 시대, 웹2.0 시대의 집단지성의 단초를 아리스토텔레스의 철학에서 찾아볼 수 있다. 제임스 서로위키의 『대중의 지혜』, 크리스 앤더슨의 『롱테일 경제학』, 돈 탭스코트의 『위키노믹스』 등에서 볼 수 있는 집단지성의 고대 아테네 버전인 셈이다. 사실 현실적으로는 고대 아테네에서처럼 인간의 '말'을 통한 집단지성의 실현은 쉬운 일은 아니다. 참여할 수 있는 사람의 규모도 작을 수밖에 없고, 사람들의 수많은 연설들에서 집단지성의 결론을 추출해내는 것도 간단치 않기 때문이다. 뒤에서 살펴보겠지만, 스마트 소셜과 빅 데이터가 플랫폼이 되는 정치의 미래에서는 이런 어려움은 해소될 수 있다. 인간의 말이 아니라 '데이터'를 통한 집단지성이 가능해질 것이기 때문이다.

정치의 미래와 관련해 우리는 또 아리스토텔레스의 '공존과 책임의 정치'에 관심을 기울일 필요가 있다. 아리스토텔레스의 정치학은 한 마디로 '혼합정'으로 표현할 수 있다. 우리는 앞에서 고대 아테네에 잠시 모습을 보였던 정치의 원형을 살펴보았다. 그건 자신의 힘으로 무장해 발언권을 확보한 개인들, 즉 광범위한 중산층의 출현과 함께 나타났다가 권력이 하층시민에 과도하게 쏠리는 민주정의 급진화로 아테네가 민중제국주의로 치달으면서 사라져갔다. 아리스토텔레스는 아테네의 쇠락을 경험하면서 그것이 특정 계층의 권력 독점 때문이었다고 보고 계층 간의 공존과 균형을 통한 공화, 즉 혼합정체가 바람직하다고 생각했다. 그는 솔론과 클레이스테네스의 아테네 황금기를 떠올렸다. 계층 간의 균형에 의해 지배가 없는 상태, 즉 부자와 빈자, 왕이나 귀족, 중산층, 하층 중 어느 한 집단도 자신의 사익을 추구하기 위해 정치를 지배하지 않는 혼합정체를 제시했다.

아리스토텔레스는 『정치학』에서 "다수자가 공동의 이익을 위하여 통치할 경우, 정부는 모든 정체에 공통된 명칭인 '정체' 또는 '혼합정체'라고 불린다"[6]라고 말했다. 그는 이어서 "왕정이 왜곡된 것이 참주정체, 귀족정체가 왜곡된 것이 과두정체, 혼합정체가 왜곡된 것이 민주정체다. 참주정체는 독재자의 이익을 추구하는 1인 지배 정체고, 과두정체는 부자들의 이익을 추구하며, 민주정체는 빈민의 이익을 추구하고, 그 어느 정체도 시민 전체의 이익을 추구하지 않기 때문이다"라고 말했다.

이것이 아리스토텔레스의 유명한 정체 구분이다. 시민 전체의 이익, 즉 공익을 추구하는 정체를 왕정(1인 지배), 귀족정체(소수 지배), 혼합정체(다수 지배)로 나눴고, 공동체 전체의 이익이 아닌 사익이나 특정 집단의 이익을 추구하는 정체를 참주정체(1인 지배), 과두정체(소수 지배), 민주정체(다수 지배)로 분류했다. 아리스토텔레스가 현실에서 가장 바람직한 정체로 본 것은 이 중 '다수자가 공동의 이익을 위해 통치'하는 혼합정체였다. 우리는 표현상의 오해를 피하기 위해 아리스토텔레스의 구분 중 나쁜 의미의 민주정을 '폭민정'으로(폴리비오스가 그렇게 분류했다), 그리고 좋은 의미인 혼합정체를 '민주공화정'으로 이해하는 것이 좋겠다.

어쨌든 혼란에 빠진 폴리스의 현실을 보며 아리스토텔레스는 다수가 공동체 전체의 이익을 추구하는 공존과 책임의 혼합정체를 최선의 정체로 제시했다. 그는 『정치학』에서 이렇게 말했다.

"정체는 더 잘 혼합될수록 그만큼 오래 존속된다. 귀족정체를 구성하려는 사람들도 흔히 실수를 하는데, 부자들에게 너무 많은 권력을 줄 뿐만 아니라 민중을 기만하려 하는 것이다. 그러나 허울뿐인 혜택으로부터는 시간이 지나면 언젠가는 진정한 재앙이 생겨나기 마련이다. 부자들의 탐욕은 민중의 탐욕보다 정체에 더 파괴적이기 때문이다."[7]

공존의 정치, 특정 집단이 공동체를 좌지우지하지 못하는 정치는 얼핏 보면 효율성이 떨어지는 정치라고 생각할 수도 있다. 그러나 효율성만을 강조하는 것은 '인간의 일'인 정치와는 맞지 않는다. 오히려 부작용만 커질 수 있다. 인간의 본성이 100% 효율적이고 이성적인 것은 아니기 때문이다. 인간에게는 비효율적이고 비이성적인 부분이 있으며, 그것을 포함한 전체가 인간의 실제 모습이다. 효율성만이 아닌 공존과 책임의 정치는 우리가 뒤에서 살펴볼 정치의 미래, 스마트 소셜 정치의 모습과 맞닿아 있다.

마키아벨리
현실적인 인간관, 정치관과 시민참여 공화주의

마키아벨리는 도덕이라는 위선적인 가면을 벗겨내고 인류에게 '정치적 현실주의'라는 생각을 최초로 제시해준 정치철학자이다. 이상만 이야기하거나 듣기 좋은 공자님 말씀만 한 철학자가 아니라 솔직했던 철학자였다. 그는 정치를 도덕과 종교에서 분리해 '날것'으로 우리에게 보여주었다. 정치는 개인의 도덕과는 다르며, 정치 자체의 독자적인 논리와 문법이 있다고 마키아벨리는 생각했다.

마키아벨리(1469~1527)는 피렌체(영어로는 플로렌스)에서 법률가의 아들로 태어났다. 프랑스가 1494년에 이탈리아를 침입하면서, 메디치 가문의 집권이 끝나고 새로운 친 프랑스 공화국이 수립됐다. 마키아벨리는 이때부터 1512년 스페인이 프랑스를 몰아내면서 메디치 가문이 재집권했을 때까지 고위 공직을 맡아 활동했다. 공직에서 축출된 후 마키

마키아벨리

아벨리는 가난 속에서 공직에 복귀하기 위해 노력했지만 결국 실패했고, 불우한 환경 속에서 『군주론』과 『로마사 논고』(리비우스의 로마사 강론)를 썼다.

　마키아벨리는 왜 그토록 현실적인 정치관을 주장해서 일각에서 목적을 달성하기 위해서는 수단을 가리지 않는 '악의 교사'라는 악명을 얻었을까? 그의 사상을 정확히 파악하기 위해서는 그가 살았던 당시의 이탈리아 현실을 이해해야 한다. 당시 마키아벨리의 조국 이탈리아는 주변 강대국들의 각축장이자 희생양이었다. 자치국들의 무능 속에서 프랑스와 스페인이라는 외세의 침략과 살육이 계속된 '상시 전쟁 상태'였다. 세계사적으로 중세의 봉건질서가 무너지고 근대국가라는 새로운 정치적 존재가 부상하고 있었지만, 이탈리아는 외세와 결탁한 귀족 가문들의 파벌싸움으로 인해 주변 강대국들의 전쟁터로 전락해 있었다. 이런 비참한 정치 환경 속에서 통일된 이탈리아 국가를 건설해 공동체의 안정과 평화를 만들어야 한다는 생각에서 나온 것이 마키아벨리의 현실적인 정치관이었다.

　정치의 미래와 관련해 우리는 마키아벨리의 생각에서 우선 현실적인 인간관과 정치관에 주목할 필요가 있다. 마키아벨리는 인간이라는 존재를 어떻게 보았을까? 그는 『군주론』에서 이렇게 말했다.

　"인간이란 은혜를 모르고 변덕스러우며 위선적인 데다 기만에 능하며 위험을 피하려고 하고 이익에 눈이 어둡습니다. (…) 인간은 두려움을 불러일으키는 자보다 사랑을 베푸는 자를 해칠 때에 덜 주저합니다. 왜냐하면 사랑이란 일종의 감사의 관계에 의해 유지되는데, 인간은 악하기 때문에 자신의 이익을 취할 기회가 생기면 언제나 그 감사의 상호 관계를 팽개쳐버리기 때문입니다. 그러나 두려움은 항상 효과적인 처벌에 대한 공포로써 유지되며, 실패하는 경우가 결코 없습니다."[8]

마키아벨리는 『로마사 논고』에서는 이렇게 표현하기도 했다. "모든 인간은 사악하고, 따라서 자유로운 기회가 주어지면 언제나 자신들의 사악한 정신에 따라 행동하려 한다."[9] 냉정하기 그지없는 인간관이다.

이런 인간관에서 그의 정치관도 나왔다. 마키아벨리는 정치란 '최선'도 '차선'도 아닌 '차악'을 택하는 것이라고 생각했다. 두 개의 악 중에서 차악을 선택하는 것이다. 얼마나 현실주의적인 생각인가? 처절했던 조국의 비극적 경험에서 나온 생각이었을 게다. 정치는 고통스럽고 불편한 것을 경감하는 문제이지 그것을 제거하는 것이 아니라는 게 마키아벨리의 생각이었다. 그는 『군주론』에서 이렇게 말했다. "지혜는 다양한 위험을 평가하는 방법을 알고, 따라야 할 올바른 대안으로 가장 해악이 적은 대안을 선택하게 합니다."[10]

마키아벨리는 정치를 도덕에서 분리한 뒤 정직하게 직접 마주보아야 현실을 개선해나갈 수 있다고 보았다. 여기서 그의 인상적인 '선과 악의 패러독스'가 나온다. 마키아벨리는 『군주론』에서 이렇게 말했다.

"현명한 군주는 자신의 신민들의 결속과 충성을 유지할 수 있다면, 잔인하다는 비난을 받을 것을 걱정해서는 안 됩니다. 왜냐하면 너무 자비롭기 때문에 무질서를 방치해서 그 결과 많은 사람이 죽거나 약탈당하게 하는 군주보다 소수의 몇몇을 시범적으로 처벌함으로써 기강을 바로잡는 군주가 실제로는 훨씬 더 자비로운 셈이 될 것이기 때문입니다. 전자는 공동체 전체에 해를 끼치는 데에 반해 군주가 명령한 처형은 단지 특정한 개인들만을 해치는 데에 불과할 뿐입니다.”[11]

인간 개인 차원에서의 잔인함(악)이 정치에서는 거꾸로 인자함(선)이 될 수도 있고, 반대로 개인적인 인자함(선)이 정치에서는 오히려 잔인함(악)을 낳을 수 있다고 그는 생각했다. 개인적으로 유순하고 도덕적인 군주가 내전이나 외세의 침략을 막지 못해 살육과 약탈이 난무하는 무질서를 가져오는 것보다, 개인적으로 무자비하고 비도덕적인 군주가 공동체의 안정을 유지해주는 것이 더 낫다는 것이다. 잔인하다고 생각되었지만 로마냐 지방에 질서를 회복시켰던 체사레 보르자를 그가 높게 평가한 것도 이 때문이었다. 마키아벨리의 생각을 보고 있노라면 현실적인 인간관을 가졌던 고대 그리스 아테네인들이 떠오른다. 마키아벨리는 완벽한 인간이나 완벽한 지도자, 완벽한 정치 공동체란 존재할 수 없다고 생각했다.

정치의 미래와 관련해 우리는 또 공화주의에 대한 마키아벨리의 생각에 주목해볼 필요가 있다. 마키아벨리는 『로마사 논고』에서 로마식 공화주의를 자신의 조국 피렌체가 겪고 있는 어려움을 해결할 수 있는 해법으로 제시했다. 피렌체가 시민참여를 기반으로 하는 공화주의적 혼합정체를 건설해 자유를 지키고 공익을 추구하면서 공동체의 안전과 번영을 이루어가야 한다고 역설한 것이다.

『군주론』과 『로마사 논고』는 사실 같은 사람이 썼나 싶을 정도로 많이 다르다. 이렇게 이해하면 되겠다. 마키아벨리는 군주를 위해서는 어떻게 신민을 다스려야 하는지를 『군주론』에 담았고, 공화국의 시민과 지도자를 위해서는 어떻게 공화국을 운영해야 하는지를 『로마사 논고』에 담았다. 통치자가 누구냐에 따라 그에게 맞는 최선의 방법을 처방해준 것이다.

두 책은 그 방향은 달랐지만, 현실주의적인 인간관과 정치관을 기반으로 했다는 점은 동일하다. 마키아벨리는 현실적인 이유로 공화주의를 역설했다. 즉 공화주의가 공동체의 갈등을 관리하고 구성원들의 힘을 모아 외세의 침략을 막고 자유와 안정, 번영을 만들어낼 수 있는 가장 현실적인 방법이라고 본 것이다. 이를 위해 그는 특히 시민의 참여를 강조했다. 평민을 배제하고 귀족들만이 통치하는 공화정보다, 귀족과 평민이 긴장관계 속에서 갈등하며 역동적인 균형을 이루는 공화정이 공동체를 강하게 만들고 외세의 침략을 막아낼 수 있다고 마키아벨리는 생각했다. 귀족이 중심이 되어 지배한 베네치아(영어로는 베니스)와 고대 스파르타가 허약한 공화정이었던 데 반해, 귀족과 평민이 갈등하면서 동태적인 균형을 이루었던 고대 로마는 대중에 기반을 둔 공정하고 강한 공화정으로 번영할 수 있었다고 그는 해석했다. 시민이 참여하는 공동체여야 그 구성원 전체의 힘을 모을 수 있고, 외세 침략 같은 위기상황이 닥쳐도 그 힘을 바탕으로 이겨낼 수 있기 때문이다.

마키아벨리는 『로마사 논고』에서 "로마의 내분은 유해하지 않았다"며 이렇게 말했다. "귀족과 평민 간의 내분을 비난하는 자들은 로마를 자유롭게 만든 일차적 원인을 비난하고 그러한 내분이 초래한 좋은 결과보다는 그것들로부터 유래하는 분란과 소동만을 고려하는 것처럼 내게 보인다. 그들은 모든 공화국에는 두 개의 대립된 파벌, 곧 평민의 파벌과 부자의 파벌이 있다는 점 그리고 로마가 자유를 향유할 수 있도록 제정된 모든 법률은 그들의 불화에서 비롯된 것이라는 점을 깨닫지 못하고 있다."[12]

마키아벨리는 고전주의적인 공화주의와는 달리 갈등이 공동체에 미치는 긍정적인 역할을 인정했다. 하지만 갈등에도 좋은 것과 나쁜 것이 있다. 귀족과 평민의 계급 간 갈등은 공동체를 강하게 만들어주는 좋은 갈등인 반면, 가문 등의 파벌 간 갈등은 공동체에 도움이 안 되는 나쁜 갈등이라고 생각했다.

살펴본 대로 마키아벨리의 현실주의적인 인간관과 정치관, 그리고 시민참여 기반의 건강한 공화주의는 정치의 미래를 고민하고 있는 우리에게 시사해주는 바가 크다. 마키아벨리가 조국 피렌체가 걸어가야 할 길로 '평민에 기반을 둔 건강한 공화정'을 제시했듯이, 대한민국 공동체의 가장 바람직한 정치 모습은 '시민참여에 기반한 건강하고 공정한 민주공화정'에 있다. 마키아벨리의 핵심 개념들을 빌려 표현한다면, 앞으로 대한민국은 소셜 스마트와 유비쿼터스, 빅 데이터 시대의 도래라는 '포르투나fortuna(객관적 환경, 기회, 운명)'를 맞아 시민과 정치인이 '비르투virtu(주체적 역량, 결단력)'를 발휘해 시민참여에 기반한 공화주의를 통해 공동체의 안정과 자유, 공존, 번영을 만들어가야 한다.

그 과정에서 우리가 잊지 말아야 할 것은 마키아벨리의 현실적인 인간관과 정치관이다. 뒤에서 살펴보겠지만 우리 인간은 완벽한 존재가 아니다. 선한 마음 한구석에 악함도 존재하는, 또 사익을 추구하지만 마음 한편에 공익과 공존을 생각하는 그런 약한 존재이다. 견제와 균형이 필요한 존재라는 의미다. 따라서 인간의 일인 정치도 완벽한 모습이기는 힘들다. 우리 공동체가 대중 참여에 기반한 공화의 길을 걷기 시작한다 하더라도, 우리는 여전히 다양한 문제에 부딪칠 것이다. 그때도 지금처럼 "새로운 정치도 막상 보니 똑같네"라는 정치혐오와 회피의 태도를 계속 갖는다면 현실 개선을 통한 정치발전을 만들어낼 수 없다. 정치란 최선이 아닌 차선, 그도 아니라면 차악을 택하는 것이라 생각하고 현실에서 한 걸음씩 전진해나가는 것이 현명한 생각이다.

홉스
'개인'의 발견과 증강개인

홉스는 '개인의 자연권'이라는 혁명적인 생각을 기초로 공동체 구성의 원리를 새롭게 제시한 정치철학자이다. 『리바이어던』이라는 정치철학의 고전을 쓴 그는 그 '리바이어던' 때문에 가끔 '전체주의의 시조'라는 평가를 받기도 한다. 하지만 오히려 홉스는 '자립적인 개인'이라는 생각을 인류에게 선물한 '자유주의 사상의 시조'라고 할 수 있다.

홉스(1588~1679)는 가난한 영국 국교회 목사의 아들로 태어나 옥스퍼드대학에서 공부했다. 평생을 귀족의 가정교사와 비서로 지냈다. 유럽의 종교전쟁과 영국 내전이라는 혼란스러웠던 정치적 격변기를 살았던 홉스. 그의 철학을 이해하기 위해서는 당시 영국의 상황을 함께 보아야 한다. 개인들에게는 공포 그 자체였던 영국의 내전시기를 겪으면서 홉스는 기존의 사상이 정치사회의 문제를 전혀 해결해주지 못한다고 생

각했다. 당시 시대를 지배했던 양대 사상은 기
독교와 고전적 공화주의였다. 그러나 기독교에
서 말하는 '신의 은총'과 고전적 공화주의가 말
하는 '순수한 자연' 모두 내전이라는 정치적 무
질서에 속수무책이었고 당시 개인들이 느끼고
있던 '죽음에 대한 공포'를 설명해주지 못했다.
이에 홉스는 기독교와 고전적 공화주의라는 기
존 사상을 완전히 뒤집고 개인의 자유와 평등이
라는 자연권 사상에서 출발하는 새로운 정치 공

홉스

동체 이론을 정립해냈다. 그는 '개인'과 '국가'(리바이어던)라는 개념을 제
시해 인류가 근대로 넘어가는 토대를 제공해주었다.

정치의 미래와 관련해 우리는 홉스의 개인과 자유의 사상에 주목할
필요가 있다. 개인과 자유는 그에 의해 비로소 인류 앞에 등장했다. 특
히 우리가 지금 맞이하고 있는 새로운 정치 플랫폼에서 그 개인과 자유
는 명목상이 아닌 실질적으로 실현될 가능성을 보이고 있다.

인간은 공동체와는 관계없이 그 자체로 존엄한 존재이며, 개인이 먼
저이고 개인 다음에 공동체가 존재한다고 홉스는 생각했다. 이는 그때
까지 인류의 생각을 지배해왔던 고전주의와 완전히 다른 것이었다. 플
라톤, 아리스토텔레스 등의 고전주의는 인간이라는 존재는 공동체 속
에서 완성될 수 있다고 보았다. 인간이 본성적으로by nature 정치적이고
사회적이라는 의미이다. 그리고 그 공동체는 자연을 닮은 유기체적 존
재라고 생각했다. 유기체인 인간은 머리, 손, 발이 각자 자신의 본분을

다하면서 위계적으로 기능해야 생존할 수 있다. 이와 마찬가지로 정치 공동체도 왕, 귀족, 농민 등이 그렇게 위계적으로 구성되고 움직여야 생존하고 번영할 수 있다고 생각했다. 이런 고전주의의 틀에서는 공동체 밖에서 독립적으로 자유롭고 평등하게 존재하는 인간 개인은 상상할 수 없다.

그러나 홉스의 생각은 근본적으로 달랐다. 이 부분이 홉스 철학의 진가이다. 인간은 국가 같은 정치 공동체로부터 독립적인 존재이며, 공동체와 관계없이 그 자체만으로 가치가 있고 완성될 수 있는 존재이다. 홉스는 한 걸음 더 나아가 국가 자체도 인간이 안전이라는 자신의 필요 때문에 평등한 상황에서 이성적으로 만든 '인공물'이라고 생각했다. 당시로서는 혁명적인 발상이었다. 개인이 존재론적으로 공동체에 선행하며, 그 개인이 자신의 필요 때문에 이성을 통해 국가를 만든 것이라는 생각. 이는 인류 사상사에서 개인주의와 자유주의라는 소중한 생각의 등장을 알리는 신호탄이었다.

이렇듯 홉스의 사상에서 '인간 개인'은 비로소 '독립'했다. 홉스 이전의 아리스토텔레스 같은 고전적 공화주의에서 인간은 자연적으로 미리 정해져 있는 목적에 의해 공동체를 구성해 살 수밖에 없는 존재였다. 그러나 홉스에게 인간은 이제 더 이상 자연적으로 정치적인 동물이 아니었다. 인간은 자연 상태에서 고독하고 평등한 개인으로 존재했고, 단지 죽음에 대한 공포를 해결하려는 자기보존 본능에 의해 자신의 권리로 계약을 통해 공동체를 만들었다. 인간이 본성적으로 공동체에서 사는 게 아니라, 본성적으로 자유롭고 평등한 인간이 필요에 의해 국가를 만든 것이라는 생각이다. 두 생각은 완전히 다르다.

홉스는 『리바이어던』에서 "자연은 인간이 육체적, 정신적 능력의 측면에서 평등하도록 창조했다"[13]고 말했다. 인간이 평등하지 않다는 위계적 유기체론과는 달리 이처럼 홉스는 인간이 자연적으로 평등하다고 전제한다. 그런데 이런 "능력의 평등에서 희망의 평등이 생긴다".[14] 모두 평등하다고 생각하니 동일한 수준의 기대와 희망을 품고 목적을 설정해 이루려 노력한다. 하지만 자연에서 재화는 희소성을 갖기 때문에 결국 인간은 자연 상태에서 무자비한 경쟁에 돌입하고 상대를 죽음으로까지 몰아갈 수 있게 된다. 이것이 그의 유명한 표현인 '만인에 대한 만인의 전쟁the war of all against all'이다. 인간이 모두 평등하다 보니 오히려 평등이 불가능해지고 생존까지 위협받게 된다는 의미다.

"인간은 그들 모두를 위압하는 공통의 권력이 존재하지 않는 곳에서는 전쟁 상태에 들어가게 된다는 것이다. 이 전쟁은 만인에 대한 만인의 전쟁이다."[15]

여기에서 인간 삶의 비참함에 대한 홉스의 유명한 표현인 '고독하고, 가난하고, 험악하고, 잔인하고, 그리고 짧다'가 나온다. "전쟁 상태에서 벌어지는 모든 일은 만인이 만인에 대해 적敵인 상태, 즉 자기 자신의 힘과 노력 이외에는 어떠한 안전대책도 존재하지 않는 상태에서도 똑같이 발생할 수 있다. (…) 토지의 경작이나, 해상무역, 편리한 건물, 무거운 물건을 운반하는 기계, 지표地表에 대한 지식, 시간의 계산도 없고, 예술이나 학문도 없으며, 사회도 없다. 끊임없는 공포와 생사의 갈림길에서 인간의 삶은 고독하고, 가난하고, 험악하고, 잔인하고, 그리고 짧다."[16]

이에 인간은 최고의 악인 죽음을 피하고 최고의 선인 평화를 얻기 위해 자연 상태를 떠나 시민사회를 건설한다. 자신의 권리를 포기하고 국가를 만들어 권리를 넘기는 것이다. 홉스는 '리바이어던'에 대한 다음의 묘사를 통해 근대국가의 본질을 제시했다.

"기예에 의해 코먼웰스 혹은 국가State, 라틴어로는 키위타스(키비타스Civitas)라고 불리는 저 위대한 리바이어던Leviathan이 창조되는데, 이것이 바로 인공인간artificial man이다. 자연인을 보호하고 방어할 목적으로 만들어졌기 때문에 자연인보다 몸집이 더 크고 힘이 더 세다. 이 인공인간에게 있는 '주권'은 인공 '혼'으로서 전신에 생명과 운동을 부여한다. '각부 장관들'과 사법 및 행정 '관리들'은 인공 '관절'이다. '상벌'은 모든 관절과 사지를 주권자와 연결시켜 그 의무의 수행을 위해 움직이도록 하는 것이므로 자연인의 신체에서 '신경'이 하는 것과 똑같은 일을 한다. 구성원 개개인 모두의 '부'와 '재산'은 그의 '체력'이다. '인민의 복지'와 '인민의 안전'은 그의 '업무'이다. (…) '소요'는 '병'이다. 그리고 '내란'은 '죽음'이다."[17]

그는 이 리바이어던의 '재료'와 '제조자'는 모두 '인간'이라고 명확히 말했다. 하지만 홉스는 이렇게 만들어진 주권은 취소 불가능하고, 절대적이며, 나눌 수 없다고 생각했다. 로크와 달리 한번 만들어진 주권자의 권력은 제한할 수 없다고 본 홉스. 이 부분 때문에 그는 전제주의적이라는 비판을 받곤 했다.

그러나 홉스는 인류에게 개인과 자유라는 선물을 가져다준 혁명적인 철학자이다. 공동체 중심의 사상과 개인이 공동체를 만들었다는 사상은 본질적으로 다르다. 21세기인 현대 한국사회에도 여전히 공동체를 개인보다 우선하는 것으로 간주하는 생각이 남아 있는 것이 현실이다. 한국에서는 아직도 홉스의 자유주의와 개인주의 혁명이 완성되지 못했다는 의미다. 개인은 공동체를 구성하는 부품이라는 공동체 중심의 유기체적 사상과 개인 중심의 공동체 사상은 다르다. 공동체, 공익은 당연히 중요하다. 하지만 그 출발점은 개인이어야 한다. 출발점 자체가 공동체라면, 우리 인간에게 그런 공동체가 무슨 의미가 있겠는가? 그건 공동체와 공익을 빙자한 지배자의 통치 편의를 위한 이데올로기에 불과하다. 개인이 먼저이고, 그 개인들이 견제와 균형을 통해 스스로 공익과 공존의 길을 걷는 것이 바람직한 공동체의 모습인 것이다. 그런 점에서 2012년 말의 18대 대통령 선거전에서 박근혜 후보의 '국민이 행복한 나라', 문재인 후보의 '사람이 먼저다'라는 구호가 등장했던 것은 의미가 있었다. 강해지고 있는 개인의 존재와 개인의 소중함을 정치권이 수용한 결과이기 때문이다.

홉스가 인류에게 선물해주었던 개인과 자유라는 개념은 그동안 사회구조와 커뮤니케이션상의 제약 때문에 현실정치에서 제대로 실현되지 못해왔지만, 이제 소셜 스마트라는 정치의 미래를 맞이해 비로소 만개를 준비하고 있다. 한국에서도 지금까지는 미진했던, 진정한 자유주의와 개인주의가 완성될 수 있는 여건이 갖춰지고 있다.

로크
신탁 개념과 소셜 신탁, 관심 이전, 상시책임 정치

존 로크(1632~1704)는 '정치적 절대주의'에 대항하는 근대 자유주의적 입헌주의의 기초를 제시한 철학자이다. 로크는 영국의 좋은 가문에서 태어나 옥스퍼드대학에서 의학을 공부했고, 명예혁명을 이끈 반反 카톨릭-반 왕당파인 휘그당의 대표적인 이론가로 활약했다. 그의 대표작은 『통치론Two Treatises of Government』(1689)이다. 로크는 홉스의 이론을 토대로 자신만의 제한정부, 정부의 책임성, 법의 지배, 사적 재산권 등 자유주의 이론을 만들어냈다. 지금을 사는 우리에게는 익숙한 개념들이지만, 당시로서는 혁명적인 주장들이었다. 로크의 사상은 실제로 영국의 명예혁명(1688), 미국의 독립선언(1776), 프랑스 대혁명(1789) 등 인류의 정치발전 역사에 지대한 영향을 미쳤다. 특히 영국은 명예혁명을 통해 전제군주제가 무너지고 의회가 정치의 중심으로 자리 잡았다. 로크의 생

각이 인류의 자유 신장에 기여한 정도는
참으로 크다.

로크

정치의 미래와 관련해 우리는 로크의
'신탁이론'에 주목할 필요가 있다. 우선
로크의 사상을 정리해보자. 그는 자연
상태를 설정한 뒤 인간이 자유롭고 평등
하고 독립적이라고 말한다.Men being, as has
been faid, by nature, all free, equal and independent...[18] "인간은 완전한 자유와 자연법상
의 모든 권리 및 특권을 간섭받지 않고 누릴 수 있는 자격을 다른 어떤
사람 또는 세계의 많은 사람들과 더불어 평등하게 가지고 태어났다."[19]

"인간은 비슷한 재능을 부여받았고 모두 하나의 자연공동체를 공유
하므로, 인간들 사이에서는 서로를 죽일 수 있는 권한을 부여하는 이른
바 어떠한 복종관계도 상정될 수 없다."[20]

"모든 사람은 자신의 인신person에 대해서는 소유권을 가지고 있다. 이
것에 관해서는 그 사람 자신을 제외한 어느 누구도 권리를 가지고 있지
않다."[21]

여기까지는 함께 자연권과 사회계약론을 주장한 홉스와 입장이 비슷
하다. 물론 다소 차이는 있다. 자연 상태에서의 인간을 홉스는 비참하
게 보았지만 로크는 웬만큼 살 만한 상태로 보았다. 그렇긴 하지만 소
유권 등의 갈등을 해결하고 더 잘 살기 위해서 인간이 사회계약을 한다
는 것이 로크의 생각이었다. 즉 홉스는 '만인의 만인에 대한 전쟁'을 해
결하기 위해, 로크는 '불편함inconveniencies'을 해소하기 위해 사회계약을

한다고 본 것이다.

　그러나 정부(국가) 부분으로 들어가면 로크는 홉스와 결정적인 차이를 보인다. 홉스에 따르면 사회계약이 성립된 이후에는 그 주권자가 왕이건 누구건 국민은 그에게 무조건 복종해야 한다. 주권자가 아무리 큰 문제를 갖고 있다 하더라도 국민의 반란은 허용되지 않는다. 비참한 전쟁을 방지하고 어떻게 하면 평화와 안전을 확보할 수 있을지를 고민했던 홉스의 개인적인 경험에서 나온 이론이었다. 자유롭고 평등한 인간 개념에서 출발했지만 끝에서는 권위주의적인 국가관, 절대주의적인 주권이론으로 귀결된 셈이다.

　그러나 로크는 달랐다. 정부는 시민을 위해 만들어진 존재이다. 그런데 그런 정부가 거꾸로 시민을 핍박한다면 시민들은 그 정부를 바꿀 수 있어야 한다. 영국 명예혁명과 프랑스 대혁명이라는 인류의 획기적인 정치발전을 이론적으로 뒷받침해준 혁명적인 생각이 바로 이 부분이다. 여기서 로크의 '신탁trust' 개념이 나온다. 정부는 단순한 수탁자(신탁관리자trustee)이다. 따라서 만약 정부가 자신의 책임을 다하지 않는다면 주권을 갖고 있는 시민이 신탁을 철회하고 권력을 되찾아올 수 있다. 주권은 당연히 자연권을 갖는 개인들에게 속한다. 국가라는 제도는 필수 불가결하지만, 그럼에도 불구하고 국가의 권력은 제한되어야 한다고 그는 생각했다.

　"입법권은 일정한 목적을 위해서만 활동할 수 있는 단지 신탁된 권력이므로 입법부가 그들에게 맡겨진 신탁에 반해서 행동하는 것이 발견될 때 입법부를 폐지하거나 변경할 수 있는 최고의 권력은 여전히 인민에게 있다. 왜냐하면 모든 권력은 그러한 목적에 의해서 제한되는 일정한 목적을 달성하기 위해 신탁으로 부여되는 것이기 때문에, 권력이 그 목적을 명백히 소홀히 하거나 위반하면 신탁은 필연적으로 철회되며, 그 권력은 그것을 내준 자들의 손에 되돌아가기 때문이다."²²

이를 위해 로크는 정부를 만드는 2단계 이론을 내놓았다. 1단계는 협약compact를 통해 자연 상태natural state에서 공동체community를 만드는 것이다. 인간은 자연권 그 자체가 아니라 그 하위개념인 자연법의 집행권을 공동체에 양도한다. 정부로 이어지는 중간단계이다. 2단계는 신탁을 통해 공동체를 실제로 법을 집행할 공식적인 기구인 정부government로 만드는 것이다. 2단계가 협약이 아니라 신탁이라는 것이 중요하다. 2단계도 협약이라면 그건 개인을 위한 정부를 만드는 것이 아니라 홉스의 이론처럼 자기 마음대로 통치할 수 있는 전제군주를 만드는 셈이 되기 때문이다.

만일 군주와 시민 사이에 신탁 위반 여부와 관련해 분쟁이 일어나면 어떻게 해결할 것인가. 로크는 이 경우의 적절한 심판관은 '전체로서의 인민'이라고 말했다. "원래 의도한 신탁의 범위가 어디까지인가를 적절히 판단할 사람으로 전체 인민(최초에 그에게 그러한 신탁을 부여한) 이외에 달리 누가 있겠는가?"²³

이를 통해 로크는 개인은 양도할 수 없는 자연권을 갖는 존재이며, 정부는 단지 개인으로부터 신탁을 통해 공공선을 증진시키기 위한 권한을 위임받은 존재에 불과한 것으로, 만약 자신의 책임을 다하지 않을 경우 언제든지 신탁 철회를 통해 정부를 바꿀 수 있다는 혁명적인 주장을 했다. 당시의 전제군주와 왕당파가 볼 때는 도저히 용납할 수 없는 반역의 사상이었을 것이다.

이는 17세기에 나왔지만 21세기인 지금 보아도 손색이 없는 민주주의 이론이다. 특히 주권자인 개인이 언제든지 책임을 다하지 않는 정부를 바꿀 수 있다는 생각은 현재의 민주정에서도 실질적으로는 실현되지 못하고 있는 이상적인 모습이다. 우리는 여전히 선거 때만 권리를 행사할 뿐이며, 평소에는 정치에서 소외되어 정부와 정치인을 견제하고 바꿀 수 없으니 말이다.

그러나 정치의 미래에서는 달라질 수 있다. 우리는 뒤에서 이 로크의 생각이 스마트 소셜 정치 플랫폼의 등장과 함께 '어텐션attention(관심) 정치'를 매개로 하는 정책의 변화와 정부의 변화를 통해 비로소 온전히 실현될 수 있을 것임을 볼 것이다. 17세기 로크의 신탁 개념은 정치의 미래에 '소셜 신탁' 개념을 통해 정부와 정치인이 시민에게 상시적으로 책임을 지는 '상시책임의 정치'로 진화할 것이다.

루소 I
일반의지와 소셜 의지

장 자크 루소는 인간의 자유와 인민주권, 참여민주주의를 강조한 철학자이다. 특히 자유는 평등 없이 존재할 수 없다는 평등주의적 자유를 주장했다. 그는 1762년 쓴 『사회계약론』에서 이렇게 말했다. "모든 입법체계의 목적이 되어야 할 만인의 최대의 행복은 정확히 무엇으로 성립되었는가를 찾아보면, 우리는 그것이 '자유'와 '평등'이라는 두 개의 주요한 대상으로 귀착된다는 사실을 발견할 것이다. 자유, 왜냐하면 모든 개인적 예속은 그만큼 국가라는 정치체의 힘을 약화시키기 때문이고 평등, 왜냐하면 이것 없이는 자유가 존속할 수 없기 때문이다."[24]

루소(1712~1778)는 제네바에서 시계공의 아들로 태어나 프랑스에서 활동했다. 16세 때 제네바를 떠나 유럽을 떠돌며 방랑했다. 바랑 부인을 만나 그녀의 도움으로 샹베리 샤르메트 계곡의 집에 4~5년을 머물

며 독학을 시작, 방대한 분야의 책들을 섭렵했
다. 그는 체계보다는 영감과 열정, 에너지가 넘
치는 사상가였다. 프랑스 대혁명의 전야를 살며
『인간 불평등 기원론』, 『사회계약론』 등을 써 혁
명을 이론적으로 뒷받침했다. 훗날 프랑스 대혁
명 지도자들에게 추앙받으며 프랑스 국가영웅
들을 위한 묘지인 팡테옹Pantheon(모든 이들을 위한
신전)에 묻힌 것도 그 때문이다.

루소

정치의 미래와 관련해 우리는 루소의 사상에
서 '일반의지the general will'에 주목할 필요가 있다. 우선 인간과 공동체에
대한 그의 생각부터 살펴보자. 루소는 자연 상태의 인간을 선하다고 보
았다. 앞에서 본 마키아벨리나 홉스와 다르다. 또 그는 인간을 고립되
어 있고 고독하다고 보았다. 이는 아리스토텔레스와 다르다. 그의 『사
회계약론』은 이렇게 시작한다. 인상적인, 루소의 유명한 표현이다.

"인간은 본래 자유인으로 태어났다. 그런데 그는 어디서나 쇠사슬에
묶여 있다."[25] 자연은 인간을 자유롭고 행복하게 만들었지만 문명과 사
회, 정치가 인간을 타락시키고 비참하게 만들었다고 루소는 생각했다.

『사회계약론』의 첫 부분에서도 볼 수 있듯이, 루소는 무엇보다 인간
의 자유를 중요하게 생각했다. 루소는 이렇게도 말했다. "인간이 자유
를 포기하는 것은 곧 인간의 자격, 인간의 권리 나아가서는 그 의무까
지도 포기하는 것이다."[26]

따라서 어떻게든 인간이 자유의 반대인 노예의 예속 상태에 빠지는

것은 막아야 한다. 이를 위해 루소는 일반의지와 법의 개념을 내놓는다. 루소는 법이란 일반의지의 선언이라고 생각했다. 그리고 인간 개개인이 다른 사람들에게 예속되지 않을 수 있는 방법은 법, 즉 일반의지에 복종하는 것이라고 주장했다. 시민이 자신의 자유를 지키기 위해서는 일반의지에 전적으로 복종하는 방법밖에 없다는 의미다. 그래야 법이 자신을 타인의 공격으로부터 지켜줄 테니까. 물론 루소는 이 일반의지가 시민 개개인의 의사와 일치한다고 전제했다. 풀어서 얘기하면 인간이 자신의 자유를 지키려면 '선하면서 완전한' 일반의지의 권위를 인정하고 그에 전적으로 복종해야 한다는 것이다. 누구보다 개인의 자유를 중요하게 생각했던 루소가 의도한 것은 아니었겠지만, 이는 전체의 이익이 개인의 이익보다 우선한다는 전체주의 사상에 악용될 수 있는 애매한 부분이다.

루소가 정치를 어떻게 파악했는지를 좀 더 자세히 살펴보자. 루소는 자연적으로 자유롭고 평등한 개인들이 사회계약을 통해 정치 권위체를 만든다고 말한다. 그리고 개인들은 자신의 모든 권리를 공동체에 총체적으로 양도total alienation한다. "구성원 각자가 전체 공동체에 모든 권리와 함께 자신을 전적으로 양도하는 것"[27]이다.

그런데 개인이 자신의 권리를 공동체에 총체적으로 양도한다면, 이는 개인의 자유와 주권을 강조한 루소의 생각과는 어긋나는 것이 아닌가? 이 문제에 대해 루소는 개인이 자발적으로 전체와 결합함으로써 결합 이전처럼 계속 자유롭다고 주장한다. 즉 개인은 홉스와는 달리 자유를 잃어버리지 않으며, 자유로운 상태에서 일반의지를 매개로 정치적 권위체를 만든다. 그리고 그 속에서 '자유로우면서 복종하고, 복종하면서도 자유로운' 존재가 된다. 이 부분은 사실 루소의 화려하지만 모호한 수사rhetoric라고 볼 수 있다. 앞에서 본 홉스나 로크처럼 논리적이고 명료한 영국의 철학자들과는 다른 루소의 특징이기도 하다. 루소는 이를 이렇게 표현했다.

"각자는 자신을 전체에 양도함으로써 결국 아무에게도 양도하지 않는다. 그리고 구성원은 누구나 남에게 양도하는 자신에 대한 권리와 동일한 권리를 남에 대해 획득하는 것이므로, 결국 사람은 자기가 상실한 모든 것과 동일한 대가를 얻게 되고 자기가 소유하는 것을 보존하기에 더 큰 힘을 얻는다."[28]

여기서 루소의 일반의지는 모든 사람의 단순한 의지의 합the will of all과는 다른 개념이다. 전자는 공익을, 후자는 사익을 추구하는 개별 의지들의 합을 의미한다. 개별 의지들이 예컨대 블랙박스 같은 곳에 들어가 섞이면서 공동체 구성원 서로에 해를 끼치는 부분 등이 제거되고 개인과 공동체의 이익이 통합된 일반의지가 새롭게 만들어져 도출된다는 논리다.

"우리는 각자 자신의 신체와 모든 능력을 공동의 것으로 만들어 전체 의사('일반의지'로 번역하는 것이 더 좋겠다-필자 주)의 최고 감독 하에 둔다. 그리고 우리는 각 성원을 전체와 불가분의 부분으로서 한 몸으로 받아들인다."[29]

그럼 만일 이 일반의지에 동의하지 않는 개인이 생기면 어떻게 해야 하나? 루소는 구성원들이 이 일반의지에 복종하도록 강제되어야 한다고 생각했다. "사회계약은 유명무실한 것이 되지 않기 위해서, 전체의사(일반의지—필자 주)에 복종하기를 거부하는 자는 누구를 막론하고 전 단체에 의해 그것을 따르도록 강요되어야 한다는 약속을 암암리에 내 포하고 있다. (…) 이것은 개인이 자유롭게 되도록 강요한다는 것 이외에 다른 의미가 없다."[30]

'개인이 자유롭게 되도록 강요한다.' 참으로 묘한 표현이다. 개인의 의사와는 관계없이 '훌륭한 누군가'가 그 개인의 '진정한 행복'을 위해 자신이 생각하는 '올바른 것'을 강제해주어야 한다는 생각. 전체주의적인 요소를 내포하고 있는 것이 사실이다.

이제 정치의 미래에 등장할 '소셜 의지'를 이야기할 차례다. 루소의 생각을 정리해보면서 우리는 수사적으로 화려한 그의 주장 속에서 몇몇 애매모호한 부분이 있음을 알게 됐다. 특히 일반의지가 형성되는 과정이 추상적이고 불분명해 오해와 악용의 소지가 컸다. 그런 추상적인 일반의지에 개인들이 복종하도록 강제되어야 한다는 주장도 납득하기 힘들었다. 이렇듯 루소가 살던 시대에, 그리고 지금까지도 공익을 의미하는 일반의지 개념은 멋지긴 하지만 실현될 수는 없는 추상적인 관념으로 존재해왔다.

그러나 스마트 소셜와 유비쿼터스, 빅 데이터 시대의 도래는 우리에게 루소의 일반의지와는 다른 차원의 소셜 의지의 등장을 가능케 해줄 것이다. 이는 루소의 일반의지나 플라톤의 '철학자 왕'처럼 특정인이나 소수 지배그룹의 판단에 의존하는 것이 아니다. 루소나 플라톤이 그린 이상은 그들의 의도와는 관계없이 개인들의 참여가 차단된 상황에서 소수에 의해 왜곡되고 악용될 수 있는 개념이다. 그러나 뒤에서 살펴볼 정치의 미래의 소셜 의지는 다르다. 수많은 개인들이 인터넷을 중심으로 하는 새로운 정치 플랫폼에 참여해 자신의 생각을 표출함으로써 만들어지는 소셜 의지는 실시간으로 시민 전체의 의사와 공익을 반영하는 목소리가 될 수 있다. 기술의 발달은 앞으로 소셜 네트워크상의 시민 개개인의 목소리를 빅 데이터의 형태로 취합한 뒤 지수화해 적절히 디스플레이할 수 있게 해줄 것이다. 그것이 소셜 의지다. 그때 남는 문제는 공동체가 그것을 어떻게 정치제도로 만들어 실무적으로 반영할 것인지 합의할 수 있느냐이다.

빅 데이터를 통해 디스플레이되는 소셜 의지를 특정인이나 집단이 왜곡해 악용하려 시도할 가능성도 물론 있을 것이다. 사익과 탐욕, 지배를 추구하는 일부 개인이나 조직이 그 데이터를 조작하고 왜곡해 자신에게 유리하게 활용하려 시도할지도 모른다. 그런 시도가 성공한다면 공동체는 매우 큰 혼란에 빠질 것이다. 그러나 새로운 정치 플랫폼은 공개와 참여의 방향으로 계속 진화할 것이고, 그곳에 참여하는 증강개인들과 그 오픈 플랫폼 자체의 힘은 일부의 악용 시도를 막으려 할 것이다. 물론 왜곡을 시도하는 것도, 그것을 막는 것도 인간의 몫이고 공동체의 몫이다. 분명한 것은 정치의 미래에는 공동체 구성원 모두가 참여해 만드는 '공익의 방향', 즉 소셜 의지가 데이터와 지수의 형태로 등장하리라는 사실이다.

루소 Ⅱ
참여민주주의와 '데이터 기반 민주정치'

정치의 미래와 관련해 우리가 루소의 사상에서 주목할 또 하나의 부분은 '참여민주주의'에 대한 생각이다. 루소는 『사회계약론』에서 이렇게 말했다.

"주권은 양도될 수 없다는 같은 이유에서 대표될 수도 없다. 그것은 본질적으로 전체 의사(일반의지-필자 주)로써 성립된 것인데, 이 의사는 대표될 수 없는 것이다. (…) 따라서 대의원은 국민의 대표자도 아니고 될 수도 없는 것이다. 그들은 국민의 심부름꾼에 불과하며 어떤 것도 결정적으로 매듭지을 수 없다. 국민이 직접 인정하지 않은 법은 무효다. 그것은 법이 아니다."[31] 여기에 이어 루소의 유명한 말이 나온다.

"영국 국민은 자유롭다고 생각하고 있는데 그들은 크게 착각하고 있다. 그들이 자유로운 것은 오직 의회의 대의원을 선출할 때뿐이며 일단 선출이 끝나면 그들은 노예가 되고 아무것도 아닌 존재가 된다."[32]

대의민주주의의 한계를 지적한 부분이고, 참여민주주의를 강력히 주장한 내용이다. 루소는 인민주권, 즉 국민이 스스로 통치해야 한다는 점을 강조했다. 그는 국민이 오류를 범할 수도 있다고 인정했지만, 그래도 전제정치를 막을 수 있는 유일한 안전판은 인민주권이라 믿었다. 참여민주주의에 대한 루소의 생각은 우리가 앞에서 살펴보았던 고대 아테네와 로마의 정치의 원형을 떠올리게 한다. 실제로 루소는 구성원들이 사익보다 공익을 중시하면서 공동체의 일에 참여하는 고대 정치 공동체의 이상에 매료되어 있었다.

사실 루소는 참여민주주의에 대해 급진적인 주장을 펼쳤지만, 한편에선 그 실현에 대해 비관적이었다. 『사회계약론』 3부 4장 '민주정치에 관하여'에서 루소는 민주주의가 아주 작은 국가에서나 가능하다고 말했다. 당시의 현실을 감안한다면 충분히 그렇게 생각했을 만하다.

"첫째, 국가는 아주 작아서 국민이 쉽게 모일 수 있고 각 시민은 다른 모든 시민을 쉽게 알 수 있어야 할 것이다. 둘째, 생활양식이 극히 단순해서 사건들의 빈번한 발생과 까다로운 논란거리를 예방할 수 있어야 하고, 국민의 지위와 재산이 상당한 정도로 평등해야 한다. 그렇지 않으면 국민의 권리와 법의 권위와의 균형은 오래 존속하지 않을 것이다."[33]

루소는 또 이런 비관적인 말도 했다. "엄밀한 의미에서 따진다면, 진정한 민주정치는 이제까지 존재하지 않았고 앞으로도 존재하지 않을 것이다. 다수가 지배하고 소수가 지배를 받는다는 것은 자연의 이치에 어긋나는 일이다. 공공의 일을 처리하기 위해 국민이 끊임없이 집합해 있어야 한다는 것은 상상할 수 없다."[34]

직접민주주의가 좋기는 하지만 그 실현 가능성은 매우 낮다는 이런 루소의 생각은 18세기 당시의 유럽, 그리고 지금까지의 정치 현실에서 타당한 것이었다. 공동체 구성원들이 직접 참여해 번갈아 지배한다는 민주주의의 이상은 아테네 같은 소규모 폴리스에서나 가능한 일이지 않은가. 구성원들이 쉽게 모일 수 있어야 하고, 나아가 상시적으로 모여 있어야 하는데, 그게 공동체의 규모가 커진 이후에 가능키나 한 이야기인가. 구성원들이 서로를 쉽게 알 수 있어야 하고 상당히 평등해야 한다는 것도 쉬운 일이 아니다. 인류의 문명이 발달하고 공동체의 규모가 커지면서 커뮤니케이션 수단의 한계와 정치 참여의 고비용 구조가 직접민주주의를 불가능하게 만들었다.

그러나 정치의 미래는 루소가 생각한 직접민주주의의 걸림돌을 제거해줄 것이다. 스마트 기기로 무장하고 소셜 네트워크로 연결된 국민들은 공간과 시간적 제한을 무력화시키고 쉽게 모일 수 있으며, 나아가 사실상 상시적으로 모여 있을 수 있게 될 것이다. 커뮤니케이션 비용이 제로로 수렴되고 자신을 노출하려는 새로운 인간형이 등장하면서 서로를 알기도 쉬워진다. 누구나 자신의 생각과 주장을 소셜 네트워크를 통해 손쉽게 세상에 널리 알릴 수도 있다. 게다가 증강되고 있는 개인의 힘은 공동체의 분위기를 자유와 평등 쪽으로 이끌어간다. 루소를 비관적으로 만들었던 걸림돌들이 사라질 것이라는 얘기다. 궁극적으로는 빅 데이터에 기반한 소셜 의지의 정치, 즉 9장에서 살펴볼 '데이터 기반 민주정치data-act-based democratic politics'의 등장으로 인간의 참여민주주의는 완성될 것이다.

루소는 직접민주주의가 실현되는 '진정한 공화국'은 모든 구성원들이 공동체의 일을 논의하는 데 직접 참여할 수 있어야 가능하다고 생각했다. 모든 구성원이 피지배자가 아니라 주인인 공동체는 인간에게 가능한 것일까. 루소가 꿈꿨던 그런 공동체가 새로운 정치 플랫폼의 등장으로 어렴풋이 우리에게 모습을 드러내고 있다.

---

1 한국은행 경제통계시스템, http://ecos.bok.or.kr/

2 송원형, '서울의 아들 세대, 아버지 세대보다 비관적', 조선일보, 2013.7. 30.

3 아리스토텔레스, 『정치학』, 1281a39, 천병의 역, 도서출판 숲, 2009, 162쪽

4 아리스토텔레스, 『정치학』, 1282b14, 천병의 역, 도서출판 숲, 2009, 165쪽

5 Josiah Ober, 『The Athenian Revolution: essay on ancient greek democracy and political theory』, princeton university press, 1999, 156쪽

6 아리스토텔레스, 『정치학』, 1279a32, 천병의 역, 도서출판 숲, 2009, 236쪽

7 아리스토텔레스, 『정치학』, 1297a6, 천병의 역, 도서출판 숲, 2009, 236쪽

8 니콜로 마키아벨리, 『군주론』, 강정인·김경희 역, 까치, 2008, 114쪽

9 니콜로 마키아벨리, 『로마사 논고』, 강정인·안선재 역, 한길사, 2003, 84쪽

10 니콜로 마키아벨리, 『군주론』, 강정인·김경희 역, 151쪽, 까치, 2008

11 니콜로 마키아벨리, 『군주론』, 강정인·김경희 역, 까치, 2008, 112~113쪽

12 니콜로 마키아벨리, 『로마사 논고』, 강정인·안선재 역, 한길사, 2003, 86쪽

13 토마스 홉스, 『리바이어던』, 진석용 역, 나남, 2008. 168쪽

14 토마스 홉스, 『리바이어던』, 진석용 역, 나남, 2008. 169쪽

15 토마스 홉스, 『리바이어던』, 진석용 역, 나남, 2008. 171쪽

16 토마스 홉스, 『리바이어던』, 진석용 역, 나남, 2008. 172쪽

17 토마스 홉스, 『리바이어던』, 진석용 역, 나남, 2008. 22쪽

18 John Locke, 『Two Treatises of Government』, The works of John Locke, Volume IV, Routledge/Thoemmes Press, 394쪽, 8장 95절

19 존 로크, 『통치론』, 강정인·문지영 역, 까치, 2007. 83쪽

20 존 로크, 『통치론』, 강정인·문지영 역, 까치, 2007. 13쪽

21 존 로크, 『통치론』, 강정인·문지영 역, 까치, 2007. 35쪽

22 존 로크, 『통치론』, 강정인·문지영 역, 까치, 2007. 143쪽

23 존 로크, 『통치론』, 강정인·문지영 역, 까치, 2007. 228쪽

24 장 자크 루소, 『사회계약론』, 이환 역, 서울대출판부, 2007, 69쪽

25 장 자크 루소, 『사회계약론』, 이환 역, 서울대출판부, 2007, 5쪽

26 장 자크 루소, 『사회계약론』, 이환 역, 서울대출판부, 2007, 12쪽

27 장 자크 루소, 『사회계약론』, 이환 역, 서울대출판부, 2007, 20쪽

28 장 자크 루소, 『사회계약론』, 이환 역, 서울대출판부, 2007, 20쪽

29 장 자크 루소, 『사회계약론』, 이환 역, 서울대출판부, 2007, 20~21쪽

30 장 자크 루소, 『사회계약론』, 이환 역, 서울대출판부, 2007, 25쪽

31 장 자크 루소, 『사회계약론』, 이환 역, 서울대출판부, 2007, 123쪽

32 장 자크 루소, 『사회계약론』, 이환 역, 서울대출판부, 2007, 123쪽

33 장 자크 루소, 『사회계약론』, 이환 역, 서울대출판부, 2007, 89쪽

34 장 자크 루소, 『사회계약론』, 이환 역, 서울대출판부, 2007, 88쪽

— Athens

— Rome

— Community

Aristoteles

— Politics

Machiavelli

— Social

— Participation

Rousseau

— Smart

— Freedom

Social network

— Future

05
인간의 미래,
유권자의 미래

스마트 기기, 소셜, 인공지능으로 무장한
증강인류의 등장

과학자이자 철학자인 레이 커즈와일은 대규모 컴퓨터 시스템이 인공지능으로 발전할 것으로 본다. 그는 『특이점이 온다』에서 인간이 "뇌와 컴퓨터를 직접 접속시킬 수도 있다"[1]며 이렇게 말했다. "비생물학적 지능이 뇌에 기반을 구축하기 시작하면(컴퓨터화 된 신경이식물 삽입 같은 작업은 이미 시작되었다) 뇌 속의 기계지능은 매년 두 배 이상 강력해지며 기하급수적으로 성장할 것이다."[2]

구글의 공동설립자 래리 페이지는 이 커즈와일의 열정적인 추종자다. 페이지도 비슷한 말을 했다. "구글은 인공두뇌가 될 것입니다. (…) 뭔가 궁금해하는 것이 있을 때 자동으로 답변이 나오는 기기를 몸에 지니거나, 몸 안에 심을 수도 있을 겁니다."[3]

커즈와일이나 페이지 모두 허황된 몽상가가 아니다. 커즈와일은

2012년 말 자신의 평생 과업인 '사람 수준의 인공지능'을 개발하기 위해 충분한 데이터와 자원이 있는 구글에 임원으로 합류했다. 물론 그들의 말을 도무지 믿지 못하겠다는 사람도 있을 것이다. 하지만 변화는 대개 생각보다 빠르게 찾아온다. 지금으로부터 그리 멀지 않은 1995년에 클리퍼드 스톨은 〈뉴스위크〉에 이렇게 썼다. "몽상가들은 미래를 내다본다. 거기에는 통신시설을 이용해 재택근무하는 근로자들과 자료를 공유하는 도서관, 멀티미디어를 갖춘 교실이 있다. 몽상가들은 또한 화상 주민회의, 가상 커뮤니티를 이야기한다. 상업과 사업은 사무실과 쇼핑몰에서 네트워크와 모뎀으로 이동할 것이다. (…) 모두 허튼소리다."[4] 미래의 변화를 과소평가하기가 얼마나 쉬운지 잘 보여주는 사례다. 이미 최근 10여 년 사이에 우리 인간에게 커다란 변화가 일어났다. 그 변화에 가속도가 붙고 있다. 도대체 지금 인간에게는 무슨 일이 일어나고 있는 것인가.

이제 공동체의 구성원, 정치 시스템의 유권자인 '인간'에 대해 생각해볼 차례이다. 인간에게 '지식'이란 무엇인가. 미래에 '인간의 지식'은 어떻게 모습이 바뀔 것인가. 요즘 자주 생각해보는 주제다. 불과 몇 년 전까지만 해도 한 개인이 갖고 있는 지식이 무엇인지는 명확했다. 스스로 학습해 암기하거나 이해하고 있는 정보와 지혜. 그것에 더해 상황이 허락하는 한도에서 참고할 수 있는 책에 담긴 내용들. 개인이 가질 수 있는 지식의 양은 분명한 '한계'가 있었고, 노력과 능력에 따라 '불평등'했다.

그런데 이런 지식의 정의는 스마트 기기의 대중화와 유비쿼터스 컴퓨팅, 소셜 인터넷의 등장으로 본질적으로 바뀌고 있다. 굳이 암기하지 않아도 된다. 필요하면 즉시 스마트폰으로 검색해 알아볼 수 있는 시대다. 페이스북이나 카카오톡의 친구들에게, 나아가 트위터 같은 다중의 지인, 팬들에게 바로 물어볼 수도 있다. '세상'이 '내 능력'의 일부가 된 것이다. 레이 커즈와일이나 래리 페이지의 말처럼, 머지않아 똑똑한 인공지능도 나의 일부가 되어 도와줄 것이다.

인공지능의 미래와 관련해 레이 커즈와일은 이렇게 말했다. "게리 카스파로프와 IBM의 딥 블루 사이에 있었던 인간 대 기계 체스 경기를 생각해보라. 컴퓨터를 세계 체스 챔피언과 대결시키는 계획이 처음 제안된 1992년에는 즉각 무시되었다. 그러나 컴퓨터 파워가 매년 두 배씩 강해지면서 딥 블루 슈퍼컴퓨터는 겨우 5년 뒤에 카스파로프를 패배시킬 수 있었다. 오늘날 우리는 10달러도 안 되는 가격에 아이폰에 탑재할 챔피언 수준의 인공지능 체스 게임을 구매할 수 있다."[5]

필요한 정보와 자료는 스마트 기기와 검색, 인공지능에게 맡기면 된다. 모든 정보를, 도서관을 호주머니 속에 넣고 세상을 돌아다닌다. 언제 어디서나 무엇이든 필요한 정보를 얻을 수 있는 세상. 알고 있는 정보와 자료의 양보다 그 정보의 질을 판단하고 선택하는 지혜와 판단력이 중요해지는 시대이다. 개인이 가질 수 있는 지식의 양의 한계가 사라지고 상당한 수준으로 평등해지는 세상이 오고 있다는 의미다.

이는 스마트 기기와 소셜 네트워크, 인공지능으로 무장한 '증강인류'가 등장하고 있음을 의미한다. 에릭 슈미트 구글 회장이 예전에 언급했던 증강인류는 스마트폰과 모바일 인프라를 통해 인터넷의 방대한 정보를 마치 머릿속에 있는 것처럼 활용해 예전에는 불가능했던 일을 쉽게 처리할 수 있는 새로운 인간의 모습이다. 여기에 인공지능이 더해질 것이다. 슈미트가 이야기했던 것보다 훨씬 범위가 넓은 새로운 인류의 모습이다. 미디어는 언제나 인류에게 커다란 변화를 가져다주었다. 책 (인쇄매체), 라디오, TV, 컴퓨터, 인터넷… 하지만 이번의 변화는 과거와는 질적으로 다르다. 스마트 기기는 수많은 앱을 통해 마치 SF영화에 나왔던 만능장비가 된다. 유비쿼터스는 개인을 시간과 공간의 제약에서 해방시켜주었다. 인터넷이라는 '구름 속'에 필요한 데이터를 저장해 놓고 언제든지 꺼내 쓸 수 있는 클라우드 컴퓨팅도 가세하면서 우리 인간을 스마트한 인류로 만들어주고 있다. 앞으로 인공지능이 가져올 증강효과는 더 클 것이다.

사실상 무한에 가까운 지식에 접속하며 시간과 공간의 제약에서 해방되어 스마트 기기와 인공지능을 활용해 자신의 목소리를 내고 세계와 소통하는 증강인류의 등장. 인간의 역사가 시작된 이래 지금처럼 일반 개인이 충분한 정보에 접근하고 전 세계에 자신의 목소리를 낼 수 있는 힘을 가졌던 적은 없었다. 인류의 대다수, 심지어 가난한 개발도상국 국민들조차, 25년 전의 미국 대통령보다 더 우수한 이동전화 시스템을 이용할 수 있고, 인터넷에 접속하면 15년 전의 미국 대통령보다 더 많은 지식을 얻을 수 있다.[6]

이것이야말로 홉스가 공동체에 앞선 개인을 발견한 이후 아직까지 제대로 실현되지 못했던 '진정한 개인혁명'이 완성되어가는 모습이다. 우리는 여기서 2,000여 년 전 아테네와 로마에서 자신이 번 돈으로 갑옷과 방패, 창을 구입해 중무장하며 자립했던, 그래서 자신의 목소리를

내고 공동체에 공헌하며 참여와 공유, 공존, 공익이라는 정치의 원형을
만들어냈던 인류의 모습을 보고 있다. 새로운 증강인류가 만들어갈 인
간 삶의 미래, 정치의 미래는 어떤 모습일까.

실시간에 익숙해지는 상시접속 인간

스마트 기기와 소셜 네트워크, 인공지능으로 무장할 증강인류의 등장에 날개를 달아주는 것이 있다. 유비쿼터스, 무선 인터넷 인프라의 확충으로 만들어지고 있는 '상시접속 사회'의 도래가 그것이다. 올웨이즈온, 언제 어디서나 항상 인터넷에 접속해 정보를 주고받고 세상과 소통할 수 있는 세상이다. 인류는 이제 실시간realtime에 익숙해진 상시접속always on 인간이 되고 있다. 과거 SF영화 속에서나 보았던 모습이 무선인터넷과 스마트 기기의 등장으로 어느 순간 우리 눈앞에 현실로 펼쳐지기 시작한 것이다.

영화 〈터미네이터〉 속의 한 장면처럼 눈앞에 정보를 띄워주는 미래형 콘택트렌즈. 머지않아 우리 상시접속 인류가 일상에서 사용할 장비이다. PC도 아니고 스마트폰도 아닌, 눈에 착용한 렌즈를 통해 정보를 검색하고 이메일을 읽고 게임과 내비게이션을 이용하며 혈당수치도 실시간으로 확인할 수 있는 세상이 곧 올 것이다. 이처럼 손쉽게 언제 어디서나 무엇이든 필요한 데이터를 얻고 소통할 수 있는 세상의 도래는 개인의 삶은 물론 정치 분야에서도 많은 가능성을 열어줄 변화의 시작이다.

무선 인터넷 인프라가 구축된 상황에서 이 상시접속 시대로 들어가는 문을 처음 열어준 것은 애플의 아이폰이었다. 수많은 앱을 통해 아이폰은 007 제임스 본드의 특수장비처럼, 원하는 기능은 무엇이든 제공해주는 만능기기로 우리 곁에 등장했다. 앱만 추가하면 내비게이션, 악기, 녹음기, 바코드 스캐너, 저격수를 위한 탄도계산기 등 그 어떤 기기로도 변신할 수 있는 스마트폰이 '올인원all-in-one 혁명의 시대'를 만들며 우리를 상시접속 사회로 이끌었다.[7] 이미 인류는 스마트폰 없는 일상은 상상할 수도 없을 정도로 상시접속에 빠져 있다.

이제 인류는 스크린을 가진 모든 하드웨어를 통해 세상과 소통하기 시작했다. 자동차, TV, 안경, 손목시계 등 다양한 곳에서 인터넷이 연결된 스크린을 갖게 된다. 인터넷은 이 기기들을 한데 묶어서 정보를 교류시킬 것이다. 이런 상시접속 세상이 인간과 커뮤니케이션, 정치를 어떻게 변화시킬 것인가. 흥미롭고 중요한 화두이다. 삶의 모습, 사회적 상호작용, 정치 과정 등 모든 것이 변할 것이다.

물론 상시접속 인류의 등장에 장밋빛 미래만 있는 것은 아니다. 개인으로서의 인간은 그 어느 시대보다 더 똑똑해지고 스마트해지며 강한 힘을 가질 수 있는 기회를 얻겠지만, 이를 제대로 활용하지 못한다면 오히려 정보 과부하로 집중력과 사고력이 저하되는 부작용에 직면할 수 있다. 상시접속과 스마트폰, 소셜 네트워크에 중독되어 시간을 빼앗기고, 자기 자신을 잃어버릴 수도 있다. 게다가 내가 소통한 흔적은 인터넷 세상에 기록으로 남는다. 내가 한순간의 실수로 한 말이나 행동이 영원히 사이버 세상에 남아 나를 괴롭힐 수도 있다. 내 흔적을 지울 수 없는 시대, 프라이버시가 사라져가는 시대이다.

사람들이 시도 때도 없이 곳곳에서 휴대전화나 차량 블랙박스로, 그리고 나중에는 무인비행체인 소형 드론drone으로 사진과 동영상을 찍고 녹음해 실시간으로 인터넷에 올릴 것이다. 이미 페이스북, 트위터, 포스퀘어, 옐프 같은 소셜 네트워크에는 사용자들의 일상을 담은 정보들이 끊임없이 올라오고 있다. 파이너는 이를 다음과 같이 표현했다. "우리는 할머니들이 테라스에 앉아서 거리를 구경하다가 조금만 이상한 일이 생기면 경찰을 부르는 작은 유럽 도시의 시대로 돌아가고 있습니다. 한때 세상은 그랬었고, 앞으로도 사람들은 그런 세상에 익숙해질 것입니다."[8]

우리는 항상 접속해 있으면서 실시간에 익숙해진 상시접속 인류로 살기 시작했다. 그것은 개인의 삶의 모습은 물론 유권자나 정치인으로서의 인간, 그리고 정치 과정에 커다란 변화를 가져올 것이다.

인간의 원형과 관계지향 인간

스마트 기기와 소셜 네트워크로 실시간에 익숙해진 상시접속 인간은 '관계지향 인류'로 다시 태어난다. 타인과의 관계에서 행복과 만족, 보람을 얻는 소셜 시대 인간의 모습이다.

'인간의 원형'은 관계지향이었다. 제러미 리프킨은 『공감의 시대』에서 이렇게 말했다. "유대감이 우리의 기본적 본성이 아니라면, 고립이나 왕따를 그렇게 두려워할 이유가 없다. 기피인물이 되고 무리에서 떨어져나가는 것은 곧 비인칭적 인간이 되는 것이며 다른 사람과 연견을 맺는 인간이길 포기하는 것이다. 반면에 공감은 우리가 다른 사람의 삶의 일부가 되어 의미 있는 경험을 공유할 수 있게 해주는 심리적 수단이다."[9]

오래전 인류가 소규모로 집단을 이루고 살았던 시절을 떠올려보면 이해가 쉽다. 촌락 공동체, 예컨대 고대국가로 통합되기 전의 한반도나 그리스의 폴리스 같은 작은 공동체. 그곳에서 인간은 타인과 직접 교류하고 소통하며 지냈으리라. 소규모 공동체이니 구성원들은 서로에 대해 잘 알았고 경청하고 공감했으며 때로는 갈등하고 대립하며 생활했을 것이다. 자신을 드러낼 기회가 많았고 이웃의 반응과 격려 속에서 행복을 얻곤 했을 것이다. 인간에게 세상은 '작은 마을small town'이었다.

  하지만 인류의 역사가 진행되면서 인간의 삶의 모습도 바뀌어갔다. 농업과 상업의 발달로 부가 축적되기 시작했고 이런 사회경제적 변화는 공동체의 대규모화로 이어졌다. 공동체의 규모가 커지면서 작은 마을의 특징은 사라지기 시작했다. 산업혁명은 도시를 만들어냈고, 인류는 개인이 아닌 대중으로 살아가게 됐다. 정치와 사회에서 소외된 채 군중 속에서 고독을 느끼는 대중으로서의 삶. 그 속에서 인류가 자신을 노출하고 타인의 목소리를 경청하고 공감하며 행복과 만족을 느끼기란 쉽지 않았다.

  그러나 소셜 네트워크와 스마트 기기의 출현으로 인류는 다시 소통과 공감, 친교의 작은 마을 속 구성원으로 돌아갈 수 있는 길을 발견했다. 공동체의 압도적인 힘에 눌려 소외되었던 개인이 오래전 인간의 원형의 삶을 다시 추구할 수 있게 됐다.

자기 드러내기와 경청, 공감, 그리고 유사성에 끌리는 인간

인간의 원형인 관계지향 인류는 소셜 네트워크에서 그 특징이 두드러지게 드러난다. 클라라 샤이는 『페이스북 시대』에서 "소셜 네트워크 사이트는 자기표현, 사람 간의 연결, 인간의 소속감에 대한 욕구에 호소한다"고 말했다.[10] 자기 드러내기와 경청, 공감, 유사성에 끌리는 존재는 관계지향 인류의 특징이다.

소셜 네트워크와 스마트 기기는 인간에게 세상을 향해 '말할 수 있는 힘'을 부여했다. '수동적인 대중'에서 '능동적인 개인'으로의 변화이다. 자신의 능력이나 노력에 따라서는 평범한 개인도 수천 명, 수만 명에게 자신의 주장을 이야기할 수 있고, 그 주장은 리트윗 같은 소셜 네트워크의 망을 타고 수십만 명, 수백만 명에게 도달할 수 있다. 말하기를 통해 자신의 존재를 확인하는 것이다.

이는 자기 드러내기와 연결된다. 인간은 생각을 말하는 것에서 한 걸음 더 나아가 고백을 하면서 자신을 노출하면 세상의 어텐션(관심)을 받을 확률이 높아진다는 사실을 자연스럽게 체득하고 있다. 스타와 정치인들은 과거의 신비주의 전략에서 탈피해 TV 토크쇼에 나와 자신을 노출하며 인기를 얻는다. 2012년 말 한국의 대통령 선거전에서 박근혜, 문재인, 안철수 후보 모두가 앞 다퉈 TV 토크쇼에 나와 사생활 드러내기 경쟁을 벌인 이유도 여기에 있다. 개인도 자신의 정보력과 유머 감각을 보여주고, 소소한 일상을 노출하면서 "우리는 서로 비슷하다"는 유사성을 드러낸다. 그럴수록 소셜 네트워크에서 친구와 팬이 늘어난다. 그리고 그들과 사적인 노출을 통해 서로 공감하며 친밀감과 행복감을 느낀다. 유승호는 『당신은 소셜한가』에서 "이렇게 자기 노출을 할 경우, 사람들이 그를 좋아할 수밖에 없고 주위 사람들이 좋아해주니 신뢰감도 얻고 행복할 수밖에 없다"고 관계지향 인류의 특징을 설명했다.[11]

새로운 인류는 공감의 중요성도 자연스럽게 익힌다. 소셜 네트워크에서 공감은 쉽게 실행할 수 있도록 만들어져 있다. 트위터의 'RT(리트윗)'와 페이스북의 '좋아요(like)' 버튼을 누르기만 하면 나는 손쉽게 친구에게 공감을 표현할 수 있다. 나는 내 생각에 공감을 표시해준 사람에게 고마움을 느끼고, 온라인상에서 그를 찾아가 나 역시 'RT'와 '좋아요' 버튼을 누른다. 내가 타인의 공감을 받지 못하면 실망하고 좌절한다는 걸 절실히 느끼니, 그만큼 타인의 말을 경청하는 것이 중요하다는 사실도 실감한다. 자연스럽게 경청의 중요성을 체득한다. 이렇게 인류는 사생활 보호보다는 자기 노출을 선택하고, 일상에서 타인의 말을 경청하고 공감하는 것이 자연스러운 인간의 원형, 관계지향 인간으로 다시 바꿔어가고 있다.

애덤 스미스와 탐욕과 지배가 아닌 연민과 공존의 인간

인류는 소셜 미디어를 통해 자연스럽게 경청과 공감의 중요성을 배우고 있다. 예전에 비해 우리에게 협력, 공유, 공존이라는 단어가 자연스럽게 다가오는 배경에도 소셜 네트워크가 존재한다. 인간은 독점과 지배, 탐욕의 존재인가, 아니면 공유와 공존, 연민의 존재인가? 인간 개개인의 마음속에는 독점과 공유, 지배와 공존을 향한 상반된 욕구가 함께 자리 잡고 있다. 누구나 탐욕과 연민이라는 감정을 동시에 갖고 살아간다. 개인의 내부에서 연민이 탐욕을 제어하지 못하거나, 사회의 제도가 개개인의 탐욕을 견제하지 못할 경우 본질적으로 약한 인간은 탐욕과 독점, 지배 쪽으로 휩쓸리곤 한다. 반대로 개인의 마음속 연민이 탐욕을 제어하거나, 사회의 제도가 개인의 탐욕을 견제할 경우 그는 연민과 공유, 공존의 길을 걷는다. 물론 개인과 사회의 행복을 위해서는 공유, 공존, 연민의 길이 바람직한 방향이다.

우리는 현실에서 공유와 공존, 연민의 개인을 목격하고 안심했다가도, 지독한 독점과 지배, 탐욕의 개인을 보고 절망하곤 한다. 그래서 의문이 든다. 인간이 정말 협력, 공유, 공존이라는 가치를 지향할 수 있는 존재인가. 세계경제를 불황의 늪에 빠뜨린 2008년 글로벌 금융위기도 금융기관 종사자들의 탐욕이 만들어낸 재앙이지 않았던가. 혹시 지금 우리가 살아가고 있는 자본주의 경제체제 자체가 탐욕과 독점, 경쟁을 기본원리로 움직이는 것은 아닌가?

이런 의문과 관련해 우리는 고전경제학의 창시자 애덤 스미스(1723~1790)로 잠시 돌아가볼 필요가 있다. 애덤 스미스는 '보이지 않는 손invisible hand'과 '자유방임laissez-faire'을 주장해 '탐욕의 자본주의'의 길을 열어준 인물로 오해를 받기도 한다. 그러나 그가 생각한 자본주의는 그런 모습이 아니었다. 그는 '동감sympathy(공감, 연민)'이라는 인간의 본성을 기반으로 하는 '따뜻한 자본주의'를 생각한 사람이었다.

애덤 스미스는 『국부론』(1776)에서 개인의 이기심에 따른 경제활동이 그의 이득을 증대시킬 뿐만 아니라, '보이지 않는 손'에 의해 사회 전체의 이익과 진보도 가져온다고 주장했다. 그런데 사실 애덤 스미스는 『국부론』을 쓴 고전경제학자이기 이전에 그 17년 전 『도덕감정론』(1759)을 쓴 도덕철학자였다. 『도덕감정론』을 처음 접한 것은 1988년 대학원을 다닐 때 수강했던 '정치철학 원전강독' 시간이었다. 그때까지만 해도 이기심과 자유방임의 자본주의를 이야기한 줄만 알았던 애덤 스미스가 오히려 동감이라는 인간 본성을 더 중요시했다는 사실을 처음 접하고 놀랐던 기억이 난다.

"인간이 아무리 이기적인selfish 존재라 하더라도, 그 천성principles에는 분명히 이와 상반되는 몇 가지가 존재한다. 이 천성으로 인하여 인간은 타인의 운명에 관심을 가지게 되며, 단지 그것을 바라보는 즐거움밖에는 아무것도 얻을 수 없다고 하더라도 타인의 행복을 필요로 한다. 연민pity과 동정심compassion이 이런 종류의 천성에 속한다. 이것은 타인의 고통을 보거나 또는 그것을 아주 생생하게 느낄 때 우리가 느끼는 종류의 감정이다."[12]

애덤 스미스의 『도덕감정론』은 이렇게 시작한다. 그가 영국 글래스고 대학에서 도덕철학을 가르치면서 쓴 이 책의 키워드가 동감이다. 그는 인간이 단순히 이기적인 존재인 것만은 아니며, 타인의 감정과 행위에 관심을 갖고 그것에 동감하려는 존재라고 생각했다. 요즘 소셜 네트워크에서 많이 볼 수 있는 우리들의 모습과도 비슷하다.

애덤 스미스의 생각을 조금 더 살펴보자. 동감은 타인의 감정을 자기 마음에 비추어보고 그와 같은 감정이 자신에게도 생기도록 하려는 인간의 본성을 의미한다. 애덤 스미스는 이 동감이라는 인간의 본성이 사회의 질서를 지키고 번영을 만들어낸다고 보았다. 어떻게 동감이 사회의 질서와 번영으로 연결되는가.

인간은 사회생활을 하면서 자연스럽게 타인이 어떤 상황에서 기뻐하고 슬퍼하며 분노하는지 인식하게 된다. 내가 상대와 처지를 바꿔서 생각해보고, 그의 감정에 공감하면 상대는 자신의 감정이나 행동이 다른 사람에게 인정을 받은 것을 기쁘게 생각한다. 나 역시 상대와 공감할 수 있다는 사실에 기뻐진다. 반대로 내가 상대의 감정에 공감하지 않으면 상대방은 불쾌해하고, 나 자신도 불쾌해진다.

"어떤 사건의 이해 당사자가 그에 대한 우리의 동감에 기뻐하고 동감의 결여에 마음이 상하는 것처럼, 우리 또한 그에 대하여 동감할 수 있을 때 기뻐하고 동감할 수 없을 때에는 마음이 상하게 된다."[13]

인간은 이렇듯 타인의 인정을 받기 원하는 존재이기 때문에, 자신의 감정이나 행동을 타인이 인정해줄 수 있는 것으로 맞추려 한다. 그렇다면 그 타인은 누구인가? 행동의 기준이 되는 타인은 부모님처럼 나를 무조건 좋아하는 사람도, 반대로 나를 싫어하는 사람도 아닌, 나와 이해관계가 없는 '공평무사한 방관자impartial spectator(공평한 관찰자)'이다. 그가 인정해줄 수 있는 내용이 내 행동의 기준이 된다.

"우리는 스스로 자기 자신의 성격과 행동에 대한 공평무사한 방관자가 되어야만 한다. 우리는 우리의 성격과 행동을 다른 사람들의 눈으로 보려고 노력하거나, 혹은 다른 사람들이 보듯이 보려고 노력해야만 한다. 그러한 관점에서 볼 때 그것들이 우리가 희망한 대로 보인다면, 우리는 행복하고 만족해한다."[14]

애덤 스미스는 이 공평무사한 방관자를 기준으로 사람을 분류했다. 마음속의 공평무사한 방관자의 판단을 따르는 사람은 지혜로운 사람이며, 이에 따르지 않고 대중의 평가나 자신만의 이기심을 따르는 사람은 연약한 사람이다. 그런데 애덤 스미스는 우리 인간은 자신의 내부에 지혜로움과 연약함을 모두 가지고 있는 존재라고 보았다. 그 역할이 다를 뿐이다. 즉 지혜로움은 사회를 질서 있게 만들고, 연약함은 사회를 번영으로 이끄는 역할을 한다. 특히 연약함은 단순한 악덕이 아니라, 보이지 않는 손에 의해 번영이라는 사회의 목표 실현에 기여한다. 그런데 이 보이지 않는 손이 제대로 기능하려면, 연약함은 방임되어서는 안 되고 현명함에 의해 제어되어야 한다.[15]

이처럼 경제학의 아버지 애덤 스미스는 처음부터 자신의 마음속에 있는 공평무사한 방관자의 인정을 받아야 한다는 전제조건 속에서 자신의 경제적 이익을 추구하는 개인을 상정했다. 그가 생각한 자본주의는 본질적으로 탐욕과 독점을 기본원리로 움직이는 경제체제가 아니었다는 얘기다. 그가 『국부론』에서 개인의 이기심에 근거한 경제적 행동이 사회 전체의 이익을 가져온다고 말했지만, 그때의 개인은 사회에서 분리된 고립적인 존재가 아니라 타인에 대해 동감하고 타인에게 동감받는 것을 추구하는 사회적 존재로서의 개인을 의미했던 것이다.[16] 앞에서 살펴본, 소셜 네트워크 시대에 다시 등장하고 있는 관계지향 인류와 비슷한 개인의 모습이지 않은가.

인간 개인은 탐욕과 연민을 함께 갖고 있으며, 공동체의 통합과 지속 가능한 발전을 위해서는 연민이 탐욕을 제어해야 하는 존재이다. 그런데 지금의 소셜 네트워크 시대가 우리 인간을 연민과 공감에 친숙하게 만들어주고 있다.

이와 관련해 레이철 보츠먼은 『위 제너레이션』에서 협업이라는 용어가 이제 경제학자, 철학자, 비즈니스 분석가, 마케터, 기업가들이 입에 달고 사는 유행어가 되었다고 말했다. 공유, 물물교환, 대여, 바꿔쓰기 같은 새로운 소비습관, 즉 '협동소비'를 다루는 기사도 증가하고 있다.

남는 방과 여행자를 연결해주는 에어비앤비Airbnb.com, 자동차 공유 서비스인 집카, 필요없는 물건을 기증할 수 있는 프리사이클과 리유즈잇 등이 대표적인 사례들이다. 인류는 소셜 네트워크로 연결을 경험하면서 공동체와 환경, 비용의 중요성을 다시 인식하기 시작했다. 이에 따라 과거의 소비지상주의에서 공유하고 모이고 개방하고 협력하는 소비방식으로 이동하고 있다.

"협동소비는 과학기술과 온라인 소셜 네트워크에 기반을 두고 있다. 이런 상호작용은 나누는 것을 즐거워하고 제2의 천성으로 여기는 인간의 습성을 발견하게 함으로써, 협력이 꼭 개인주의를 훼손하는 것만은 아니라는 걸 체감하게 해준다."[17] 또한 위키피디아 같은 크라우드 소싱의 성공사례들도 사람들이 지나치게 개인주의적인 '나' 중심의 사고에서 힘 있고 역동적인 '우리' 중심의 사고로 이동하고 있음을 보여주고 있다.[18]

찰스 리드비터는 『집단지성이란 무엇인가』에서 "위키피디아는 우리에게 '공유하는 것이 많아지면 더 부유해진다'는 교훈을 던진다. 위키피디아는 세계 전역으로 지식을 운반할 뿐 아니라 참여와 책임과 공유의 습관을 가르친다. 위키피디아의 기반은 집산주의에 대한 고지식한 확신이 아니라 책임 있는 개인들의 협업활동이다"[19]라고 말했다. 인간은 앞으로도 계속 탐욕, 독점, 지배의 모습과 연민, 공유, 공존, 협업의 모습을 함께 보이며 살아갈 것이다. 그러나 분명한 것은 소셜 네트워크 시대가 우리 인간을 애덤 스미스가 중요하게 생각했던 연민과 공감, 즉 후자 쪽에 친숙하게 만들어주고 있다는 사실이다.

참여하고 연대하는 민주주의적 인간

지난 2011년 초 중동을 휩쓴 아랍의 봄. 견고하게만 보였던 이집트 무바라크 대통령을 쓰러뜨린 시위대의 한 시민은 자신의 트위터에 그들의 소셜 네트워크를 통한 정치 참여와 연대를 이렇게 표현했다. "페이스북은 시위 일정을 계획하는 데, 트위터는 조직화하는 데, 유튜브는 세상에 알리는 데 이용한다."[20]

민주는 참여다. 노예나 소외된 손님客이 아닌 공동체의 주인이 되기 위해서는 참여가 필수이다. 민주와 참여는 인간의 원형이기도 하다. 원시사회 연구의 선구자인 루이스 헨리 모건은 『고대사회』라는 책에서 민주에 대해 이렇게 말했다. "국가는 존재하지 않았다. 씨족, 부족 및 종족을 조직하고 있는 원칙이 민주적이기 때문에 그들의 조직은 본질적으로 민주적이었다. (…) 조직단위로서의 씨족이 민주적인 것과 같이 씨족으로 구성된 부족, 부족으로 구성된 종족 및 종족의 연합이나 결합으로 성립된 씨족사회도 필연적으로 민주적이었다."[21] 모건은 '씨족회의'에 대해 이렇게 설명한다. "씨족회의는 야만시대의 씨족제도로부터 문명시대까지의 아시아, 유럽 및 아메리카에 있어서의 고대사회의 두드러진 특징이었다. 이것은 씨족, 종족 및 연합체에 대한 최고의 권력이었을 뿐만 아니라 통치기관이었다. 보통의 사건은 추장이 처리하지만, 전체적인 이해관계의 문제는 회의의 결정에 맡겨졌다. (…) 이것은 모든 성년의 남녀 동족이 제출된 모든 문제에 대하여 발언권을 가지고 있었기 때문에, 일종의 민주적인 회의였다. 그것은 자기의 세습추장과 일반추장을 선정하거나 파면시키고 신앙의 수호자를 선출하며 동족의 살해자를 사면하거나 복수하고, 다른 사람을 씨족에 입양시키거나 하였다."[22]

하지만 고대 아테네에서 정치의 원형이 사라진 이후 인류는 참여하지 못하는 존재로 살아왔다. 전제군주의 시대에는 참여가 원천봉쇄됐고, 근대 민주주의가 보급된 이후 정치 참여가 다시 시작됐지만 실질적으로는 한계가 존재했다. 개인은 투표가 끝나면 다음 투표 때까지는 무력한 손님이었고, 정치는 소수의 전유물이었다.

스마트 소셜 시대에 들어서면서 인류는 다시 오래전처럼 참여에 친숙해지기 시작했다. 참여는 일상의 삶에서부터 시작됐고 자연스럽게 경제와 정치 쪽으로 확대되었다. 인터넷을 통해 개인은 자신의 관심attention과 선호, 불만, 평가, 생각을 표현한다. 블로그나 인터넷 게시판, 유튜브 등에 제품을 구매한 뒤 상품평을 올리고 서비스를 이용한 뒤 평가를 내린다. 타인이 올린 의견에 대해 공감 버튼을 누르거나 댓글을

다는 행동으로 자신의 관심을 표시하기도 한다. 이런 참여를 통해 인터넷에 구축된 평범한 개인들의 평판 시스템은 기업과 정부, 권력을 긴장시켰고, 개인은 자기가 내는 '목소리의 힘'을 스스로 실감하기 시작했다.

개인은 '검색'을 통한 참여로도 자신의 힘을 보여주었다. 자료가 사실상 무한히 존재하는 인터넷 세상에서 검색되지 않는다는 것은 존재하지 않는다는 것과 같은 의미이다. 개인은 검색을 통해 자신의 관심을 표현했고 그 관심들이 모여 인터넷 세상을 움직였다.

개인은 또 같은 생각을 하는 사람들과 연대할 수 있는 소셜 네트워크를 통해 기존 권력에 심대한 타격을 입힐 수 있고, 새로운 권력을 직접 만들 수도 있다는 사실을 깨달았다. 권력자가 아닌 평범한 개인이 공동체 전체에서 자신과 비슷한 생각을 하는 다른 구성원들을 찾아 힘을 규합한다는 것은 전제군주 시대는 물론, 매스미디어 시대에서도 불가능한 일이었다. 그러나 인터넷에서는 특정 주제에 대해 같은 생각을 하는 구성원들을 찾아 연대하는 것이 손쉬워졌고 비용도 거의 들지 않게 됐다.

인터넷에서 글이나 사진, 동영상을 올리고 댓글을 달며 좋아요 버튼을 누르는 보통 사람들. 그리고 기업의 횡포에 맞서 소셜 네트워크에서 자신의 목소리를 내고 동조자들을 규합하는 소비자들. 아랍의 봄의 경우처럼 세계 곳곳에서 독재와 불의에 저항하거나 정치현안에 자신의 목소리를 내면서, 온라인과 오프라인을 통해 정치에 참여하고 다른 이들과 연대해 공동체의 모습을 변화시키고 있는 시민들. 고대 씨족사회, 부족사회, 아테네 시대 이후 사라졌던 '참여하고 연대하는 민주주의적 인간'이 기술의 발달과 함께 다시 모습을 드러내고 있다.

인터넷상에서 자유를 체득하는
자유주의적 인간

자유는 인간의 원형에서 자연스러운 모습이었다. 모건은 『고대사회』에서 이러쿼이 씨족에 대해 이렇게 말했다. "모든 이러쿼이 씨족원은 개인적으로 자유로웠고, 상호 간의 자유를 방어해야 할 의무를 지고 있었다. 그들은 특권과 개인적인 권리에 있어서 평등하였고, 세습추장이나 일반추장이라 하더라도 우월권을 주장할 수 없었으며, 혈연의 유대에 의하여 함께 맺어진 동포였다. 자유, 평등 및 우애는 결코 공식화된 것은 아니었지만, 씨족의 근본 원칙이었다."[23]

하지만 씨족사회가 해체되고 공동체의 규모가 커지면서 개인의 자유는 모습을 감췄다. 그 자유가 다시 인류에게 당연한 권리가 된 것은 그리 오래된 일이 아니다. 인류사에서 노예제도가 언제 사라졌는지를 생각해보면 알 수 있다. 그런 의미에서 인류의 역사는 개인이 자유를 다시 쟁취하기 위한 역사였다고도 표현할 수 있다.

자유의 개념은 영국의 정치철학자인 이사야 벌린(1909~1997)의 분류를 통해 잘 이해할 수 있다. 그는 자유를 '소극적 자유negative liberty'와 '적극적 자유positive liberty'로 나눠 설명했다. 소극적 자유는 타인에게 간섭받지 않을 수 있는 자유를, 적극적 자유는 자신이 스스로 결정해 참여하며 얻는 자유를 의미한다. 우리에게는 남의 부당한 간섭을 받지 않을 수 있는 자유도 소중하고, 직접 참여하며 만들어가는 자유도 중요하다.

그런데 자유는 개인의 삶은 물론이고 사회 시스템에도 결정적인 중요성을 갖는다. 자유가 존재하지 않는 사회는 구조적으로 취약해지고 공동체 통합이 불가능해져 결국 붕괴할 수밖에 없기 때문이다. 우리는 이를 역사에서 확인할 수 있다. 인류사에서 커다란 획을 그은 1789년의 프랑스 대혁명은 소중한 다른 가치인 평등과 민주주의를 인류에게 선물했다. 하지만 당시 프랑스에는 자유가 존재하지 않았다. 자유와 자치의 경험이 없는 사회 시스템에서는 평등과 민주주의도 자리 잡을 수 없었다. 혁명은 봉건질서를 무너뜨리는 데는 성공했지만, 기존의 군주독재를 대신해 등장한 것은 인민독재였다. 그리고 인민독재는 결국 나폴레옹의 출현을 불러왔다.

여기서 우리는 프랑스의 정치학자 알렉시스 드 토크빌(1805~1859)의 생각에 주목할 필요가 있다. 그는 『미국의 민주주의』와 『앙시앵 레짐과 프랑스 혁명』이라는 책을 통해 자유와 자치의 중요성을 이야기했다. 토크빌은 프랑스 혁명의 한계를 자유와 자치의 부재에서 찾았다. 자유가 존재하지 않는 사회에서 추구하는 평등은 독재정치로 귀결될 수 있다는 것이다.

토크빌은 미국에서 답을 찾았다. 당시 미국은 매우 특이한 정치 공동체였다. 봉건적 질서로 꽉 짜여 있던 유럽과는 달리, 이주자들이 도착한 미국이라는 땅에는 공고한 정치 시스템이 존재하지 않았다. 그들은 중앙정부의 부재 속에서 스스로 '타운town'을 만들고 운영해야 했다. 지금도 이름이 남아 있는 '타운홀 미팅Town hall meeting'을 통해 이주자들은 모두 모여 토론과 투표를 통해 치안과 세금, 공무원 선출 등 마을의 이슈들을 논의하고 결정했다. 시민들을 대신해 결정해주거나 결정을 강제할 독재자는 존재하지 않았다. 앞에서 살펴본 이사야 벌린의 적극적 자유가 미국사회에 뿌리내릴 수 있었던 역사적 배경이다. 이것이 프랑스와 미국의 결정적인 차이였다. 자유가 부재했던 프랑스와는 달리, 미국에는 시민들이 직접 정치에 참여해 논의하고 결정하며 체득한 적극적 자유가 존재했고 그것이 미국의 민주주의를 만들었다.[24]

마키아벨리는 『로마사 논고』에서 자유가 공동체의 번영을 가져온다며 이렇게 말했다. "왜 인민들 사이에 자유로운 정부에 대한 애착심이 생기는지를 알아내기란 아주 쉬운 일이다. 경험이 말해주듯이 도시들은 오직 자유로운 상태에서만 영토나 부의 증대를 이룩하기 때문이다. 사실상 아테네가 페이시스트라토스의 참주정으로부터 해방된 이후 100년 동안 거대한 번영에 도달하는 과정을 고찰해보면 참으로 놀라움을 금할 수 없다. 그러나 무엇보다도 놀라운 것은 로마가 왕의 속박으로부터 해방된 후 커다란 번영에 이르게 된 과정이다."[25]

그 자유를 향한 인류의 여정에서 스마트 소셜 시대의 도래가 갖는 의

미는 크다. 지금 인류는 사이버상에서 실질적인 힘을 갖고 참여하면서 자유라는 소중한 가치를 체득하고 있다. 한국을 포함한 지구상의 모든 나라는 과거로부터 쌓여온 공고한 사회정치적 구조가 존재한다. 어느 나라도 건국 초의 미국처럼 될 수는 없다는 의미다. 하지만 인터넷은 인간에게 자유를 위한 '새로운 차원의 공간'을 제공해주고 있다. 기존의 권력들이 사회 시스템에 켜켜이 쌓여 있으면서 자유를 제약하고 있는 그런 공간과는 다르다. 인터넷이라는 새로운 공간은 우리가 그곳에서 실질적인 권력을 갖고 정치 과정에 참여해 자신의 목소리를 낼 수 있도록 해주고 있다. 인류는 지금 타인의 간섭에서의 자유라는 소극적 자유에서 한발 더 나아가 참여와 주장을 하는 적극적 자유를 인터넷이라는 공간을 통해 생활 속에서 배우며 체득하고 있다. 자유를 학습하고 체험하는 인터넷 공간을 통해 인간은 자유주의적인 인간으로 거듭나고 있다.

연결과 공유에서 행복을 느끼는
공화주의적 인간

인간은 언제 행복을 느끼는가. 개인에 따라 다르지만, 또한 시대에 따라서도 다르다. 노예제 나 폭압적인 전제군주제 시대의 사람이라면 무엇보다 자유가 가장 중요한 행복의 조건이었을 것이다. 간섭받지 않는 자유를 갈망했던 인류는 산업화로 시민사회의 힘이 커지자 개인의 자유를 확보하기 위해 국가의 역할을 제한하는 길을 택했다. 사적 영역과 시장을 최대한 보호하기 위해 공공영역을 축소시키는 야경국가는 그렇게 등장했다. 국가나 타인으로부터 간섭을 받지 않는 자유를 의미하는, 이사야 벌린이 말한 소극적 자유의 확보가 중요했던 시대였다. 소극적 자유가 시급한 문제였고, 그것이면 행복했다.

그러나 시간이 흐르면서 인류는 또 다른 장애물을 만난다. 공공영역이 축소되고 개인의 사적 영역이 강조되는 가운데 도래한 대중사회의 부작용이다. 광장에서 벗어나 자신의 은밀한 공간으로 들어간 개인들. 소극적인 자유는 확보할 수 있었지만 개인의 자유가 지나치게 강조되면서 인간은 고립되고 파편화되어갔다. 바쁘게 돌아가는 산업사회, 일방향으로 콘텐츠와 광고를 쏟아내는 매스미디어 속에서 고립감을 느낀 개인에게는 다시 해결책이 필요해졌다. 그 해결책의 방향은 오래전 공동체 속에서 다른 사람들과 연결하고 소통하면서 공유, 공존했던 인류의 모습, '공화주의적 인간'이었다.

레이철 보츠먼은 『위 제너레이션』에서 "사람들이 채팅방과 사회 포럼에서 만나고 음악과 책과 동영상을 인터넷에 올리고, 다른 나라 사람들과 자신의 생각과 일상을 나누게 되면서 공유와 협업은 쌍방향 전화통화 못지않게 현대인의 제2의 천성이 되었다"[26]고 말했다. 그리고 사회에서 고립되기 쉬운 주변인들도 소셜 네트워크를 통해 공통의 관심사를 나누고 교류할 집단을 찾을 수 있게 됐다.

소셜 네트워크와 모바일 인프라의 확산 속에서 개인은 과거에는 상상할 수 없을 정도로 쉽게, 사실상 제로의 비용으로 타인과 연결하고 소통할 수 있게 됐다. 공동체 속의 인간관계에서 수동적인 객체가 아닌 참여하는 주체의 길로 들어서고 있다. 그리고 연결과 소통, 공존이 주는 기쁨과 행복감을 다시 알아가고 있다. 공화주의적 인간이 다시 등장하고 있는 것이다.

1 레이 커즈와일, 『특이점이 온다』, 김영사, 263쪽
2 레이 커즈와일, 『특이점이 온다』, 김영사, 51쪽
3 스티븐 레비, 『인 더 플렉스』, 위민복 역, 에이콘, 2012, 102쪽
4 레이철 보츠먼·루 로저스, 『위 제너레이션』, 이은진 역, 모멘텀, 276쪽
5 피터 다이어맨디스·스티븐 코틀러, 『어번던스』, 권오열 역, 와이즈베리, 2012, 116쪽
6 피터 다이어맨디스·스티븐 코틀러, 『어번던스』, 권오열 역, 와이즈베리, 2012, 335쪽
7 브라이언 첸, 『올웨이즈 온』, 김태훈 역, 예인, 2012. 6쪽
8 브라이언 첸, 『올웨이즈 온』, 김태훈 역, 예인, 2012. 215쪽
9 제러미 리프킨, 『공감의 시대』, 이경남 역, 민음사, 29~30쪽
10 클라라 샤이, 『페이스북 시대』, 전성민 역, 한빛미디어, 2010, 37쪽
11 유승호, 『당신은 소셜한가』, 삼성경제연구소, 2012, 71쪽
12 애덤 스미스, 『도덕감정론』, 박세일 역, 비봉출판사, 2009, 3쪽
13 애덤 스미스, 『도덕감정론』, 박세일 역, 비봉출판사, 2009, 17쪽
14 애덤 스미스, 『도덕감정론』, 박세일 역, 비봉출판사, 2009, 217쪽
15 도메 다쿠오, 『지금 애덤 스미스를 다시 읽는다』, 우경봉 역, 동아시아, 2010, 105쪽
16 도메 다쿠오, 『지금 애덤 스미스를 다시 읽는다』, 우경봉 역, 동아시아, 2010, 248쪽
17 레이철 보츠먼·루 로저스 저, 『위 제너레이션』, 이은진 역, 모멘텀, 2011, 17쪽
18 레이철 보츠먼·루 로저스 저, 『위 제너레이션』, 이은진 역, 모멘텀, 2011, 89쪽
19 찰스 리드비터, 『집단지성이란 무엇인가』, 이순희 역, 21세기북스, 2009, 61쪽
20 피터 다이어맨디스·스티븐 코틀러, 『어번던스』, 권오열 역, 와이즈베리, 2012, 343쪽
21 루이스 헨리 모건, 『고대사회』, 최달곤·정동호 역, 문화문고, 2005, 87쪽
22 루이스 헨리 모건, 『고대사회』, 최달곤·정동호 역, 문화문고, 2005, 105쪽
23 루이스 헨리 모건, 『고대사회』, 최달곤·정동호 역, 문화문고, 2005, 106쪽
24 김경희, 『공화주의』, 책세상, 2009, 68~70쪽 참조
25 니콜로 마키아벨리, 『로마사 논고』, 강정인·안선재 역, 한길사, 2003, 272쪽
26 레이철 보츠먼·루 로저스 저, 『위 제너레이션』, 이은진 역, 모멘텀, 2011, 83,85쪽

- Athens

- Rome

- Community

 Aristoteles

- Politics

 Machiavelli

- Social

- Participation

 Rousseau

- Smart

- Freedom

 Social network

- Future

06
정치 커뮤니케이션의
미래

소통의 원형과 미래:
연결된 소집단, 단절된 대중, 연결된 대집단

우리 정치에서 '소통의 부재'는 해묵은 숙제다. 정치는 본래 소통, 즉 커뮤니케이션이 핵심이다. 갈등과 통합, 쇠락과 번영 같은 공동체의 모든 문제는 구성원들 간의 소통의 문제에서 출발하기 때문이다.

인류에게는 오래전 사라진 '소통의 원형'이 존재했다. 아테네 폴리스 같은 고대사회에서 인류가 소통했던 모습인 '연결된 소집단'이 그것이다. 현대 매스미디어 시대의 '단절된 대중'과 반대되는 모습이다. 그리 크지 않은 규모의 공동체에서 개인은 다른 구성원들에 대해 알 수 있었고 다양한 문제에 대해 불만과 호감을 표시하며 양방향으로 커뮤니케이션했다. 정치 문제에 대해서도 개인은 각자 자신의 목소리를 냈고, 공동체도 그것을 당연하게 여겼다. 물론 이런 활발한 양방향 커뮤니케이션이 항상 평온한 것만은 아니었다. 때로는 갈등을 증폭시키기도 했다. 하지만 양방향 소통의 강점은 구성원들이 소외되지 않는다는 것이었고, 이것이 공동체의 건강함을 담보해주었다. 설사 자신의 불만이 해결되지 못하더라도 그 불만을 분출할 수 있는 통로는 존재했기 때문이다. 이런 소통의 원형은 공동체의 규모가 작고 그 구성원 개개인이 자유로우며 어느 정도 평등하다는 조건하에서 가능했다.

그러나 인류문명의 발달과 함께 소통의 원형은 사라졌다. 공동체의 규모가 커졌고 사회경제적 불평등이 증대되면서 활발했던 양방향 소통은 더 이상 찾아보기 힘들어졌다. 여기에 '미디어의 변화'도 소통의 원형의 소멸을 가속화시켰다. 미디어는 항상 인류의 커뮤니케이션 모습을 좌우해왔다. 구텐베르크의 인쇄혁명에 이은 라디오와 TV의 출현은 매스미디어 시대를 열면서 '소통의 일방향화'를 강화시켰다. 개인은 일방적으로 정보를 받는 객체로 전락했고, 정보를 발신하고 자신의 목소리를 낼 수 있는 주체는 많은 비용이 드는 대중매체를 움직일 수 있는 소수에 국한됐다. 규모가 커진 정치 공동체 속에서 평범한 개인은 무기력하게 소외됐다.

이제 소셜 인터넷이라는 미디어의 등장이 소통의 모습을 또다시 바꿔가고 있다. 약화되는 대중매체, 그리고 부상하는 인터넷과 소셜 네트워크. 오래전의 소통의 원형이 새로운 미디어 테크놀로지 위에서 다시 그 모습을 드러내기 시작했다. 고대의 '연결된 소집단'이 '단절된 대중'을 거쳐 이제 '연결된 대집단'으로 변화하고 있는 것이다. 이런 소통 모습의 변화가 정치 커뮤니케이션의 모습도 바꾸고 있다.

어텐션 정치:
이제 '관심'이 권력이다

가수 싸이는 2012년 유튜브를 통해 순식간에 벼락스타가 됐다. 한국에서 누군가가 이렇게 빨리 세계적인 명성을 얻은 것은 유례가 없는 일이었다. 소셜 네트워크의 '어텐션attention(관심)'이라는 로직이 작동한 결과다. 2012년 7월. 싸이가 발표한 '강남 스타일'이란 뮤직 비디오가 유튜브에 올려졌고, 반복적인 리듬과 신나는 춤, 촌스러우면서도 코믹한 내용이 소셜 네트워크를 타고 전 세계 사람들의 '관심'을 차지하면서 빠르게 퍼져나갔다. 불과 2개월 만인 9월 25일 유튜브 조회 수 2억 7,000만 건을 넘겼고, 같은 달 미국 빌보드 차트 2위에 올라 7주 연속 2위를 기록했다. 싸이에게 미국이나 영국, 태국 등 세계 각국에서 그를 위해 일하는 유명 에이전트나 대형 음반회사가 있는 것도 아니었다. 오직 유튜브라는 소셜 네트워크의 힘 때문이었다. 병역 문제로 군 재입대까지 할 정도로 추락했던 싸이는 시인 바이런 경의 말처럼 '눈을 떠보니 하루아침에 유명'해졌고, 한국의 평범한 가수에서 오바마 미국 대통령, 할리우드 여배우 제시카 알바 등과 어울리는 월드스타가 됐다.

스마트 소셜 시대의 새로운 소통의 문법은 어텐션이다. 싸이의 예에서도 볼 수 있듯이 이 새로운 소통의 구조에는 팬과 스타, 소비자와 기업, 유권자와 정치인 사이에 중개자의 존재가 필요하지 않다. 정보가 부족하고 참여할 수단을 갖지 못했던 팬이나 소비자, 유권자에게 기준을 제시해주고 권력을 행사하던 중개자들과 게이트 키퍼gatekeeper, 아젠다 세터agendasetter들. 그들을 뛰어넘어 이제 개인이 소셜 네트워크를 통해 직접 명성과 권력의 게임에 참여할 수 있게 됐다. 어텐션을 매개로 권력이 개인에게로 넘어가고 있는 것이다.

이렇듯 어텐션은 커뮤니케이션의 핵심 키워드가 됐다. 정치의 미래에서도 유권자들은 자신의 가장 중요한 희소자원인 어텐션을 매개로 커뮤니케이션할 것이다. 소셜 네트워크의 어텐션이라는 로직은 실시간으로 작동하는 직접민주주의이다. 토머스 데이븐포트는 『관심의 경제학』에서 관심을 이렇게 정의했다. "관심이란 '어떤 개별 정보에 집중된 정신적 관여'이다. 사람들은 다양한 정보들을 지각하게 되는데, 이 가운데 특정 정보에 대해 유의하게 되고, 그에 따라 행동을 할 것인지 말 것인지 결정한다."[1] 그는 이런 관심이 인터넷 시대에서 가장 중요한 희소자원이라고 말한다. "이 새로운 경제사회에서는 자본과 노동력, 정보와 지식 등 모든 것이 충분하다. (…) 부족한 것은 바로 사람의 관심이다."[2]

기업이나 정치인, 정당에게는 이제 시민들의 어텐션을 획득하고 경영하는 일이 무엇보다 중요해질 것이다. 어텐션을 잘 다룰 수 있어야 한다. 그러기 위해서는 시민의 이성은 물론 감성에 호소해 감동을 일으켜야 한다. 그렇다고 거짓이나 편법으로 단지 '관심을 끌어보려' 해서는 안 된다. 진실이 드러나는 순간 '안티 어텐션'에 의해 최악의 결과를 경험하게 될 것이기 때문이다.

소셜 네트워크라는 플랫폼은 이 어텐션 정치에서 중요한 역할을 한다. 소셜 네트워크라는 소통의 장에서 유권자들은 손쉽게 자신의 어텐션을 표현한다. 글이나 동영상으로 자신의 생각을 발신할 수도 있고, 그게 번거로울 때는 페이스북의 좋아요 버튼처럼 간편하게 클릭 한 번으로 자신의 호감을 보여줄 수도 있다. 소셜 네트워크는 이런 '관심 표현'의 효과를 극대화시켜준다. 내가 올린 의견이나 내가 좋아요 버튼 클릭으로 표현한 공감은 나와 연결된 '친구들'에게 실시간으로 보이면서 인터넷 망을 타고 빠르게 확산된다.

정치인이나 정당의 입장에서는 소셜 네트워크를 오가는 이런 개개인의 어텐션이 가장 소중한 자원이 된다. 그가 얻는 어텐션의 총합이 곧 그의 정치적 힘이 되기 때문이다. 정치인은 유권자들의 어텐션을 획득하기 위해 노심초사하고, 이를 위해 유권자 '개인의 관심'을 파악하고 이해하려 노력한다. 시청률 순위처럼 정치인 순위가 그가 획득한 유권자의 어텐션을 기준으로 공표되는 날이 올 수도 있다.

스마트 소셜 시대는 '공동체의 관심'도 추출할 수 있게 된다. 과거라면 개인이 카페나 술자리에서 말한 뒤 연기처럼 사라져버렸을 소소한 불만이나 욕구들. 그 생각들이 이제는 하나하나 소셜 네트워크에 기록으로 남는다. 그리고 그렇게 축적된 유권자들의 의견과 생각은 빅 데이터 분석을 통해 모습을 드러낸다. 그 영향으로 정치에서 이념 같은 거대담론의 중요성은 점점 감소하고, 그 자리를 일상의 삶과 관련된 문제들이 차지할 것이다. '일상의 정치', '마이크로 정치'의 시대가 열리는 것이다.

정치인과 정당이 유권자들의 어텐션을 파악하고 그 의미를 이해해 획득하려 노력해야 하는 새로운 정치 커뮤니케이션 구조는 자연 유권자 개개인의 힘과 영향력을 증폭시켜준다. 게다가 "유튜브Youtube에서는 당신도You too 명성을 얻을 수 있다"는 말처럼, 소셜 네트워크에서는 누구나 자신이 직접 명성과 권력을 얻을 수 있는 기회를 가질 수 있게 된다. 과거에는 높았던 정치라는 세계의 담장이 낮아지고, 정치인과 유권자의 경계가 사라질 수 있다는 의미다. 어텐션 정치, 이제 관심이 권력인 시대다.

롱테일 정치:
개인, '트리비얼 매니'에서 '바이탈 매니'로

인터넷의 롱테일 정치가 유권자 개인을 '많지만 하찮은 존재the Trivial Many'에서 '많으면서 중요한 존재the Vital Many'로 변화시키고 있다. 이탈리아의 경제학자이자 사회학자인 빌프레도 파레토(1848~1923)는 인구의 약 20%가 부의 80%를 소유한다는 소득분배에 관한 '파레토의 법칙'을 정립했다. '중요한 소수의 법칙the Law of the Vital Few'이라고도 한다. 백화점 고객의 20%가 매출의 80%를 올려주고, 내가 일하는 시간의 20%가 80%의 일을 처리하는 등 파레토의 '80/20 법칙'은 경제와 사회의 많은 모습을 적절히 설명해왔다. 중요한 것은 항상 소수이니 그 소수에 집중하라는 의미다. 정치도 마찬가지였다. 중요한 소수가 정치의 80%, 아니 99%를 담당하고 권력을 누려온 것이 현실이었다.

그런데 인터넷과 디지털 시대가 등장하면서 이와는 다른 '롱테일 법칙'이 등장했다. 오프라인 시대의 문법으로는 설명이 불가능한 법칙이다. 크리스 앤더슨은 2004년 자신이 편집장으로 있던 〈와이어드〉에 '롱테일' 기사를 썼고, 2006년 『롱테일 경제학』이라는 책을 냈다. 인터넷 서점 아마존의 매출을 분석해보니, 일 년 가야 몇 권 안 팔리는 매출액 하위 80%의 '소외받는 책'들의 매출 합계가 잘 팔리는 상위 20% 베스트셀러들의 매출 합계보다 많았다. 역 파레토의 법칙이다. 매출 그래프를 그려보니, 덩치 큰 공룡이 긴 꼬리를 늘어뜨린 채 아마존의 밀림에서 걸어 나온 것이 보였다. 아마존은 보더스나 반즈앤노블 같은 메이저 오프라인 서점들과는 달리 많지만 하찮은 존재였던 긴 꼬리 부분으로 전체 매출의 절반 정도를 올리며 최고의 서점이라는 성공신화를 써갔다. 많지만 하찮은 존재들이 소수의 중요한 존재들을 이긴 것이다. 이것이 가능할 수 있었던 것은 인터넷과 디지털 플랫폼의 등장으로 재고관리와 유통비용이 극적으로 낮아졌기 때문이었다.

"문화의 바다를 자세히 살펴보면 두드러지게 드러나는 것은 수면 위로 솟아오른 인기 있는 섬들이다. 하지만 그 섬들은 바다 밑에 자리한 거대한 산맥의 끄트머리일 뿐이다. 유통비용이 떨어지면 이것은 바다의 수면이 낮아지는 것과 같다. 그러면 이전에는 드러나지 않았던 것들이 갑자기 수면 위로 부상하게 된다. 지금까지 물속에 있던 영역은 지금 물 위에 나와 있는 작은 영역보다 훨씬 크다. 우리가 지금 보고 있는 롱테일 법칙은 이전에는 수면 위로 꼭대기만 드러나 있던 거대한 산맥의 전체를 보여주는 것이다."[3]

인터넷은 경제에서 그랬던 것처럼 정치에서도 롱테일의 부활을 가져다주었다. 지금까지 정치에서 소외됐던 많지만 하찮은 존재들을 광장으로 이끌었다. 소수의 중요한 존재들에 밀려 힘없이 소외되었던 개인들이 인터넷을 통해 정치의 중심으로 들어가게 된 것이다. 바로 '롱테일 정치'이다. 스마트 소셜 시대의 정치 플랫폼에서 개인은 더 이상 많지만 하찮은 존재들이 아니다. '많으면서 중요한 존재들'이 되고 있다. 정당이나 몇몇 이익단체들, 언론 기관들이 독점해오던 정치의 의제 설정 권한은 이미 상당 부분 시민 개개인에게로 넘어갔다. 이제는 거꾸로 개인이 제기한 의제를 언론과 정당이 앞 다퉈 적극적으로 수용하는 모습도 자주 볼 수 있다. 과거에는 상상도 못했던 일이다.

경제에서 인터넷과 디지털이 유통과 재고관리 등 수요와 공급을 이어주는 비용을 대폭 낮춰주면서 과거에는 존재감이 미미했던 제품들이 중요해졌듯이, 정치도 소셜 네트워크라는 새로운 정치 커뮤니케이션 플랫폼이 개인의 의견 표출과 연대, 세력 규합에 드는 비용을 제로 수준으로 낮춰줌에 따라 과거에는 존재감이 미미했던 평범한 개인들을 중요한 존재로 만들어주고 있다. 그동안 정치의 바다 속에서 잠자고 있던 개인이라는 섬의 밑 부분이 바다의 수면이 낮아지면서 자신의 거대한 모습을 드러내기 시작했다.

웹2.0과 웹스퀘어드의 정치:
참여, 공유, 개방의 정치 문법

2013년 6월 19일 박근혜 정부는 정보 공개 건수를 대폭 늘이겠다는 '정부 3.0' 비전을 발표했다. 2012년의 31만 건에서 2014년 이후 연간 1억건 이상으로 확대하겠다는 내용이었다. 정부 1.0이 정부 주도의 계획, 2.0이 관과 민의 소통 차원이었다면, 3.0은 국가가 보유한 방대한 정보 데이터를 국민에게 개방하고 공유함으로써 개개인의 삶의 질을 획기적으로 높이는 서비스 시대를 열겠다는 것이 정부의 설명이었다. 특히 국민생활에 밀접한 교통, 민원 등 생활정보와 대규모 사업정보를 제공하겠다는 계획이다.[4] 의미 있는 공공정보가 실제로 공동체 전체에 개방될지는 좀 더 지켜보아야겠지만, 그동안 정보 공개를 꺼려온 정부가 웹2.0 정치에 맞는 결정을 한 것만은 사실이다. 계속 정부 관련 정보를 틀어쥐고 있으면 그게 곧 권력인데, 그걸 개방키로 한 것은 그런 결정을 내릴 수밖에 없는 시대가 왔기 때문이기도 할 것이다.

웹2.0은 참여, 공유, 개방을 의미한다. 팀 오라일리가 구글, 아마존, 이베이 같은 성공한 인터넷 기업의 특징을 '집단지성의 활용', '플랫폼으로서의 웹' 등으로 정리하며 2004년 처음 사용한 이후 웹2.0은 새로운 시대를 묘사하는 키워드로 자리를 잡았다. 이는 정치의 세계에도 영향을 미쳤다. 개인들이 참여하고 공유하는 개방된 웹2.0 정치라는 정치의 새로운 문법이 등장한 것이다. 오라일리는 2009년에는 스마트폰으로 언제나 인터넷에 접속할 수 있고 소셜 네트워크가 부상하는 시대를 '웹스퀘어드(Web²)'라고 표현하기도 했다.

웹2.0 정치, 웹스퀘어드 정치에서는 스마트 기기와 소셜 네트워크, 유비쿼터스 컴퓨팅으로 무장한 개인들이 기존의 무거운 정치 주제는 물론이고 자신의 일상생활과 직접 관련된 작은 문제들에 대해서도 적극적으로 목소리를 낸다. 인터넷을 통한 참여와 공유를 통해 문제를 제기하고 해결책을 함께 강구해간다. 정치 참여의 비용이 극적으로 낮아진 플랫폼에서 개인들은 부담감 없이 자신의 생각을 말하고 다른 이들과 인터넷상에서 연대한다. 그의 지위나 재산은 그리 중요하지 않다. 내용이 사실이고 타인의 어텐션(관심)과 공감을 얻을 수 있는 것이라면 '공동체의 의제'로 만들 수 있다. 글이나 사진은 물론이고 누구나 자신의 스마트폰으로 영상을 찍어 집에서 컴퓨터로 손쉽게 정치 동영상도 만들어 올릴 수 있다. 그 콘텐츠가 유튜브나 포털, 소셜 네트워크에 올라가면 순식간에 수많은 사람들에게 전달될 수도 있다. 그런 개개인의 생각들이 인터넷에서 평가받고 관심을 모으며 유권자들의 선택을 좌우한다. 정치가 참여하고 공유하는 시민 개인의 손으로 넘어가고 있는 것이다.

웹2.0 정치, 웹스퀘어드 정치는 선거전략도 바꿔놓았다. 차량을 대절하고 참가비를 줘가며 엄청난 돈을 들여 유세장에 수십만 명의 유권자를 동원해 세를 과시하던 대통령 선거전략은 이미 역사 속으로 사라졌다. 그 대신 인터넷을 통한 어텐션 획득이 가장 중요한 선거전략이 됐다. 참여하고 공유하는 개인들에게 개방된 멍석을 깔아줘 그곳에서 자발적으로 후보자 지지 활동을 벌이도록 유도하는 것이 가장 중요하고 효과적인 선거운동 방법이 됐다. 기업의 마케팅 전략 변화가 걸어간 길과 비슷한 경로다. 5장에서 보았듯이 개인과 유권자의 생각과 행동 모습이 바뀌었기 때문에 발생한 변화이다. 정치인이나 정당의 소셜 네트워크 계정, 블로그, 홈페이지도 웹1.0 시대의 일방적인 정보 제공과 지지 호소 기능을 하는 데서 벗어나 웹2.0 정치에 걸맞게 시민들이 참여하고 교류할 수 있는 플랫폼으로 기능하는 것이 중요해졌다. 웹2.0 정치, 웹스퀘어드 정치에서는 그래야 새롭게 바뀐 유권자들의 어텐션을 얻을 수 있고, 권력을 얻을 수 있다.

검색의 정치:
검색과 권력, 한국과 미국의 대통령 선거

2012년 12월 19일은 한국의 제18대 대통령 선거일이었다. 그 전날인 18일, 나는 '검색의 정치'가 대선의 승패를 어떻게 보고 있는지 궁금했다. 구글에서 두 후보를 검색해 나오는 웹페이지 수의 비율을 계산해보았다. 새누리당 박근혜 후보가 52.6%, 민주통합당 문재인 후보가 47.3%였다. 선거 전날 검색의 정치는 박근혜 후보의 승리를 말해주고 있었다. 다음 날 선거가 실시됐고 개표 결과가 나왔다. 박근혜 후보가 51.6%, 문재인 후보가 48.0%였다. 대선 전날 구글이 실제 득표율과 비슷한 수치로 선거 결과를 맞춘 것이다. 특정 검색어의 기간별 검색량을 분석해주는 서비스인 '구글트렌드'의 분석 결과도 선거 전날 박근혜 52.5%, 문재인 47.5%였다. 대표적인 선거 여론조사인 지상파방송 3사의 출구조사가 박근혜 50.1%, 문재인 48.9%였으니, 출구조사보다 검색의 정치가 더 정확했던 셈이다.

한국의 대선뿐만이 아니다. 2012년 11월 6일의 미국 대선에서도 구글은 정확했다. 미국 대선 투표일 전날 구글에서 민주당과 공화당 두 후보를 검색해 나온 웹페이지 수의 비율은 버락 오바마 51.1%, 미트 롬니 48.8%였다. 실제 개표 결과는 오바마 51.07%, 롬니 47.21%. 대부분의 사람들이 인터넷을 사용하는 세상에서 검색이 국민들의 어텐션(관심), 즉 권력의 향배를 유의미하게 보여주고 있는 검색의 정치의 모습이다.

인터넷 세상에서 검색은 곧 권력을 의미한다. 검색을 하는 개인, 검색을 당하는 대상, 검색회사 모두 그렇다. 개인은 자신의 어텐션(관심)에 의해 인터넷에서 검색을 한다. 검색을 당한 대상은 사람들의 어텐션을 매개로 자신의 분야에서 권력을 갖는다. 정치인, 연예인은 물론 기업, 상점 등 공동체 구성원 모두가 인터넷 시대에서 그렇게 권력을 획득한다. 많은 사람들로부터 인터넷 시대의 희소자원인 어텐션을 얻는다는 것은 그 분야에서 커다란 가치를 만들어낼 수 있음을 의미한다. 수많은 사이트와 콘텐츠, 정치인과 연예인, 기업이 존재하는 인터넷 세상에서 그가 사람들에게 선택을 받았다는 것. 새로운 세상에서는 그게 권력이고 힘이다. 인기도 부도 정치권력도 그 어텐션에서 나온다.

검색을 당하는 사람에게 권력을 부여한 개인들. 그들은 자신이 보유한 어텐션이라는 자원을 무기로 또 다른 권력을 행사한다. 검색이라는 능동적이고 적극적인 행위를 통해 자신의 힘을 보여준다. 그리고 검색회사들. 구글은 검색시장의 주도권을 잡으면서 인터넷 세상 전체를 장악했다. 한국의 네이버도 마찬가지다. 소셜 네트워크의 등장으로 상황은 다소 변하고 있지만 검색은 여전히 인터넷 세상의 중심이다.

'검색의 경제'에서 기업이나 상점은 자신의 웹사이트나 제품이 인터넷에 있는 수많은 다른 경쟁자들보다 상위에 잘 검색될 수 있도록 노력한다. 검색엔진 마케팅이다. 오늘날의 구글을 만들어준 구글의 '페이지 랭크'는 네티즌들의 검색, 즉 투표 결과를 세련되게 측정해 검색 결과를 보여주는 구조다. 기업과 상점들은 그 투표를 통한 구글 검색 결과에 조금이라도 더 잘 노출이 되기 위해 전략을 짠다. '검색의 정치'도 마찬가지이다. 정치인과 정당도 '검색엔진 정치'를 해야 하는 시대다. 누군가가 인터넷에 무언가를 올리면 그 순간부터 검색엔진의 타깃이 된다. 검색을 전략적으로 잘 당해 인터넷 세상에서 널리 알려지면 그게 곧 정치인과 정당의 권력이 되는 세상이다. 검색을 당한다는 것은 시민들의 어텐션을 얻는다는 것을 의미하고, 그 어텐션이 정치인과 정당에게 권력을 가져다준다.

소셜 정치와 올웨이즈 온 정치:
리얼타임, 속도, 공감 정치의 시대

소셜네트워크 정치와 올웨이즈 온(상시접속) 정치가 인류의 정치 커뮤니케이션 모습을 바꿔놓고 있다. 정치는 이제 리얼타임, 속도, 공감 정치의 시대로 들어가고 있다.

소셜 시대를 맞아 시민들은 소셜 네트워크를 통해 실시간으로 세상의 소식을 접하고 친구들과 대화하며 자신의 생각을 표현한다. 억울한 일을 당하면 그 내용을 인터넷에 올리기도 한다. 다른 사람들의 공감을 받을 경우 그의 주장은 빠른 속도로 소셜 망을 타고 공동체 전체에 퍼지며 위력을 발휘한다. 개인은 과거 대중매체 시대에는 느끼지 못했던, 소셜 네트워크를 통해 흐르는 자신의 힘을 실감한다. 이 같은 소셜 네트워크의 힘은 올웨이즈 온 시대와 결합해 그 파급력을 배가시킨다. 스마트 기기의 보급과 무선인터넷 인프라의 확산으로 사람들은 스마트폰이나 스마트패드를 들고 다니며 언제 어디서나 인터넷에 접속해 자신의 목소리를 내는 것에 익숙해지고 있는 것이다.

10년 쯤 전에 호텔에 투숙했는데 객실이 지저분했다면, 당신은 아마도 1층 프론트데스크에 가서 불평을 했을 것이다. 호텔 본사로 전화를 걸거나 편지를 보냈을 수도 있다. 당신의 불만을 들은 호텔은 나름의 조치를 취했겠지만 그건 리얼타임이나 신속함과는 거리가 멀었을 것이다. 아예 무시를 당했을 수도 있다. 호텔과 당신의 커뮤니케이션은 1대 1이고 사적어서 사회에 대한 파급효과가 미미했기 때문이다. 당신이 할 수 있는 것이라곤 나중에 술자리에서 친구들에게 그 호텔을 이용하지 말라고 이야기하는 것밖에 없었다.

그러나 그런 일이 소셜 네트워크 시대인 지금 발생했다면, 상황은 다르게 전개된다. 당신은 트위터나 페이스북, 유튜브, 블로그, 여행정보 사이트 등에 그 호텔의 비위생적인 객실에 대한 리뷰를 리얼타임으로 올릴 수 있다. 당신이 노트북이나 스마트폰에서 엔터키나 글 올리기 버튼을 누른 순간 그 리뷰는 곧바로 누구나 볼 수 있는 것이 된다. 호텔이 대응에 나서기도 전에, 아니 아예 리뷰가 올라간 것도 모르고 있는 상황에서, 많은 사람들이 누구인지도 모르는 사람인 당신이 올린 글을 보고 그 호텔을 평가하고 구매를 취소할 수도 있다. 게다가 그 리뷰는 인터넷에서 지워지지 않고 영원히 남아 호텔을 괴롭힐 수도 있다. 소셜 시대를 맞아 개인의 목소리가 즉각적이고 대중적이며 영구적인 영향력을 갖게 된 것이다.[5]

이 같은 소셜과 올웨이즈 온 시대, 리얼타임과 속도, 공감의 시대에 기업이나 정치인이 어떻게 대처해야 하는지를 잘 보여주는 사례가 있다. 리츠칼튼 호텔에 한 신혼부부가 투숙을 했다. 예산 때문에 평범한 객실을 예약했던 그들은 막상 주차장이 내려다보이는 방에 들어와 보곤 실망이 컸다. 신부는 즉시 그 실망감을 트위터에 글로 올렸다. 그런데 마침 호텔의 매니저가 소셜 시대를 잘 이해하고 있는 사람이었다. 매니저는 모니터링 도구를 통해 리얼타임으로 상황을 파악했고, 방으로 올라가 신혼여행의 기대를 깨뜨린 것에 대해 사과하고 최소의 비용으로 객실을 업그레이드해주었다. 이 상황에 대해 리츠칼튼의 부루스 히멜스타인 부사장은 "소셜 미디어를 통해 우리는 손님이 객실에 있는 동안의 문제에 대해 파악할 수 있었습니다. 이때까지는 아직 문제 해결을 위해 무언가 해볼 수 있습니다"라고 말했다.[6] 기업이나 정치인에게는 힘들고 피곤해진 시대이기도 하지만, 속도와 공감으로 커뮤니케이션을 할 수 있다면 사람들에게 큰 감동을 줄 수 있고, 그 감동 역시 소셜 네트워크를 통해 빛의 속도로 공동체 전체에 퍼져나갈 수 있는 시대이기도 하다.

과거 시민은 정치인이나 정당과 면담이나 편지, 전화로 커뮤니케이션을 했다. 정치인에게 유리한 소통구조였다. 정치가 개인을 무시해도 개인은 그에 맞설 수단을 갖고 있지 못했다. 하지만 소셜과 상시접속 시대의 도래로 정치 커뮤니케이션의 모습은 크게 바뀌었다. 미디어와 테크놀로지의 발달이 개인을 '정치의 변방'에서 '정치의 중심'으로 이끌었다. 요즘 시민들은 면담이나 편지, 전화보다 트위터나 페이스북, 유튜브, 블로그를 택한다. 정치인에게 불만이 있으면 리얼타임으로 인터넷에 올린다. 지저분한 호텔에 대한 불만이나 실망감이 담긴 리뷰처럼, 개인의 생각이 담긴 '정치 리뷰'도 즉시 온 세상으로 퍼져나간다. 그리고 기업들이 그랬듯이, 정치인과 정당도 이제 리얼타임, 속도, 공감 정치의 시대 속으로 빨려들어가고 있다. 증강개인들의 이야기와 목소리를 경청하고 리얼타임으로, 빠른 속도로 반응하면서 그들의 공감을 얻는 것이 정치인과 정당의 생존을 좌우하는 시대로 들어가고 있다.

1 토머스 데이븐포트·존 벡, 『관심의 경제학』, 김병조 등 역, 21세기북스, 2006, 43쪽
2 토머스 데이븐포트·존 벡, 『관심의 경제학』, 김병조 등 역, 21세기북스, 2006, 18쪽
3 크리스 앤더슨, 『롱테일 경제학』, 이호준 등 역, 랜덤하우스, 2006, 69쪽
4 황태운, '국가정보 年1억 건 공개', 동아일보, 2013. 6. 20.
5 제이 베어 등 저, 『실시간 혁명』, 이영래 역, 더숲, 2011, 13~15쪽 참고
6 쉘린 리, 『오픈 리더십』, 정지훈 역, 한국경제신문, 2011, 190쪽

— Athens

— Rome

— Community

 Aristoteles

— Politics

 Machiavelli

— Social

— Participation

 Rousseau

— Smart

— Freedom

 Social network

— Future

07
정치 과정과
정당의 미래

정치 플랫폼 변화의 4단계와
대규모의 개방된 플랫폼

정치 커뮤니케이션은 인간과 인간, 인간과 정치의 소통방식이다. 정치 커뮤니케이션의 변화는 정치 플랫폼의 변화를 가져온다. 우리가 공동체와 관계를 맺고 정치행위를 하는 기본 틀의 변화이다. 인간의 정치적 삶을 규정하는 정치 플랫폼은 크게 보면 네 단계를 거쳐왔다.

첫 번째는 고대의 '소규모의 개방된small-open' 정치 플랫폼이다. 인간이 그리 크지 않은 규모의 공동체를 이루고 생활했던 시기의 정치 모습이다. 고대의 씨족 공동체는 물론 앞에서 본 고대 아테네와 로마가 전형적인 예이다. 특히 아테네와 로마의 경우 경제적으로 자립해 스스로 무장하고 공동체에 공헌했던, 비교적 자유롭고 평등한 시민들이 참여와 공존을 통해 사회를 꾸려갔던 정치 플랫폼이었다. 공동체의 규모가 크지 않았기에 기술적으로 이 같은 정치 커뮤니케이션이 가능했다. 아테네의 경우 아직 인권과 자유에 대한 인식 부족으로 노예와 여성의 참여를 배제했다는 시대적 한계는 있었지만, 당시의 시민들은 참여 속에서 서로 견제하며 공존했다. 다소 시끌시끌했지만 시민 개개인이 공동체 정치로부터 소외되지 않았던 정치의 원형의 플랫폼이었다.

두 번째는 '대규모의 폐쇄적인large-closed' 정치 플랫폼이다. 인류 사회의 생산력 증대는 공동체의 규모를 확대시켰고 경제적 부의 집중도 이루어졌다. 다른 지역은 물론 고대 아테네와 로마에서도 느슨했던 평등 구조가 무너지면서 정치 시스템이 소수의 지배층만이 참여하는 폐쇄적인 모습으로 바뀌어갔다. 커뮤니케이션의 기술적 측면에서도 새로 등장한 대규모 공동체 시스템에 모든 구성원이 원활히 참여하는 것은 불가능했다. 그 결과 일반 구성원 개개인은 공동체의 일에서 소외되었고, 구성원들의 견제의 부재 속에서 폐쇄적, 독단적으로 운영된 정치는 독점과 탐욕을 추구하기 쉬운 구조로 흘러갔다. 결국 공동체는 소통이 부족한 가운데 구성원들의 불만이 쌓여갔고, 그 불만이 임계치를 넘어 폭발할 경우 폭력적으로 전복되는 모습을 반복했다. 다수인 공동체 구성원 개인들과 소수인 지배층 모두가 불행해지기 쉬운 정치 플랫폼이었다.

세 번째는 '대규모의 반半 개방된large-semi open' 정치 플랫폼이다. 홉스, 로크, 루소 등의 사상가와 현실의 정치혁명을 통해 정립된 근대 대의민주제를 기반으로 만들어졌다. 문명의 발달과 함께 인류사회에는 인권과 주권재민의식이 자라기 시작했고, 영국의 명예혁명, 프랑스 대혁명, 미국 독립전쟁 등 몇 차례의 정치혁명을 거치면서 근대 의회민주주의가 자리 잡았다. 선거권이 확대되면서 정치 시스템은 개방의 방향으로 나아갔지만, 본질적으로는 여전히 소수가 지배하는 구조였다. 루소가 말한 '선거 때만 자유로운' 유권자 개인의 현실은 시간이 흘러도 바뀌지 않았다. 커뮤니케이션 기술도 출판에서 라디오, TV 등으로 발전해갔지만 규모가 커진 공동체를 '새로운 차원의 소통구조'로 묶어주기에는 부족했다.

네 번째는 '대규모의 개방된large-open' 정치 플랫폼이다. 소셜 네트워크와 스마트 기기, 유비쿼터스 컴퓨팅의 등장과 함께 지금 도래하고 있는 플랫폼이다. 대의민주제의 등장으로도 완전히 탈피하지 못했던 닫힌 정치 시스템은 이제 새롭게 등장하고 있는 미디어와 테크놀로지로 인해 근본적인 변화를 맞이하고 있다. 지금까지 넓은 지역과 많은 인구는 공동체 모든 구성원의 참여를 가로막는 걸림돌이었다. 그러나 새로운 커뮤니케이션의 기술이 등장하면서 참여를 원하는 개인들에게 걸림돌은 사라져가고 있다. 개방과 참여, 공유를 특징으로 하는 스마트 소셜 시대의 도래가 인류에게 새로운 정치 플랫폼을 가져다주고 있는 것이다. 대규모의 개방된 정치 플랫폼이 우리 앞에 어떤 모습으로 등장할 것인지 살펴보자.

소셜 정치 플랫폼,
소셜 신탁과 상시책임의 정치

시민들이 피부로 느끼는 현대정치의 가장 큰 문제는 정치인과 정당의 '무책임'이다. 대규모의 개방된 플랫폼에서 이루어질 미래 정치의 가장 중요한 특징은 '소셜 신탁social trust'을 통해 '상시책임always-responsible의 정치'가 가능해질 것이라는 점이다. 오래전의 전제군주정은 물론이고 현대 선진국들의 민주정조차, 국민에게 제대로 책임을 지지 않는 시스템이라는 점은 동일하다. 국민은 선거 때만 주인 대접을 받을 뿐이고, 평소에는 소외당하는 손님에 불과하다. 정부와 여당, 야당을 포함하는 공동체의 정치 시스템은 선거 때만 책임지는 시늉을 할 뿐이다. 정치가 그렇게 무책임의 상징이 된 건 정치인 개인의 품성의 문제라기보다는 정치 플랫폼의 문제다. 무책임의 정치가 얼마든지 가능한 무견제, 불균형의 구조 속에서 정치인 개인이 선의로 '책임의 정치'를 실천하기를 기대한다는 것은 의미가 없다. 하지만 이제 소셜 네트워크와 스마트 기기, 유비쿼터스의 등장으로 개인은 힘을 갖게 되었고, 책임의 정치를 자신들의 힘으로 만들어낼 수 있는 가능성을 열어가고 있다. 정치의 미래에 소셜 인터넷과 스마트 기기로 무장한 개인들은 '새로운 차원의 권력(7부 4장에서 자세히 살펴볼 것이다)'을 형성하면서 정치인과 정당에게 상시책임을 강제할 것이다.

소셜 스마트 시대의 상시책임 정치는 이론적인 측면에서 소셜 신탁으로 정의할 수 있다. 우리가 앞에서 보았듯이 존 로크는 『통치론』에서 정부를 단순한 수탁자(신탁관리자)로 간주했다. 만일 정부가 자신의 책임을 다하지 않는다면 주권자인 국민은 언제든지 그 신탁을 철회할 수 있다고 생각했다. 하지만 로크의 신탁이론은 현실정치에서는 잘 작동하지 못했다. 이론적으로는 단순한 신탁 관리인, 대리인에 불과한 정치인들이 현실에서 막상 선거로 선출되기만 하면 임기 내내 주권자인 국민을 제쳐놓고 주인 행세를 해온 것이다. 현재의 한국정치에서도 4년이나 5년 만에 시행되는 정기적인 선거 때 외에는 국민이 신탁을 철회할 수 있는 마땅한 수단이 없다.

그러나 스마트 소셜 정치 플랫폼에서 국민은 이론적으로 정치인, 정당과 소셜 신탁 계약을 맺는다. 그리고 정치인과 정당이 자신의 책임을 다하지 않을 경우 그 신탁계약을 파기할 수 있는 힘, 즉 '수단'을 보유하게 될 것이다. 이는 국민의 신탁계약 철회의사를 하나의 '지수index'로 측정해 보여줄 수 있는 기술 발전과, 실제로 철회를 실현해낼 수 있는 국민 개개인의 힘의 증강으로 가능해질 것이다. 머지않은 미래에 빅 데이터 분석을 통해 공동체 구성원 전체의 어텐션(관심)의 내용과 그 변화를 실시간으로 측정해 일종의 지수로 표시할 수 있게 될 것이며, 이를 어떻게 상시책임의 정치로 제도화해 정책의 수립과 변경, 정부의 구성과 교체의 기준으로 활용할 것인지 공동체 구성원들이 합의하는 문제만 남게 될 것이다. 물론 몇몇 공동체는 상시책임 정치의 제도화에 대한 합의에 실패할지도 모른다. 그곳에서는 지수의 적용 방식을 둘러싸고 커다란 갈등이 발생할 수도 있다. 어쨌든 정치의 미래에서는 로크의 신탁이론이 상시적으로 기능할 수 있는 수단이 확보될 것이며, 국민 개개인이 공동체 정치와 진정한 의미의 신탁계약을 맺을 수 있는 여건이 마련될 것이다.

단기 신탁계약과 실시간 관심 이전

정치의 미래에서 정치 과정은 이론적으로 어떤 모습으로 나타날까. 공동체의 구성원들이 소셜 네트워크와 스마트 기기, 인공지능, 유비쿼터스 컴퓨팅 등으로 정치 커뮤니케이션을 하는 스마트 소셜 정치 플랫폼이 형성된 이후 국민은 정부와 신탁계약을 맺는다. 그 계약은 '단기'이다. 과거처럼 4년이나 5년의 주기적인 선거에 자신의 운명을 맡긴 뒤 속수무책으로 소외되는 것이 아니다. 국민은 수탁자인 정부, 정치인과 이 같은 단기 신탁계약을 맺고 공공선을 증진시키기 위한 권한을 위임한다. 물론 국민은 정부나 정치인이 자신의 책임을 다하지 않을 경우 언제든지 신탁계약을 철회할 수 있다.

구체적인 철회 시점은 사안에 따라 다를 것이다. 그것은 공동체 구성원들의 '어텐션 이전attention shift(관심 이전)'의 정도에 좌우될 것이다. 구성원 개개인의 어텐션은 실시간으로 움직이며, 이는 스마트 소셜 정치 플랫폼상에서 측정 가능해질 것이다. 그런 공동체 전체의 어텐션 현황은 공개된다. 정부와 정치인은 물론 구성원 개개인도 인지할 수 있게 된다. 정부와 정치인의 구체적인 정책계획, 시행 과정, 결과, 비리 등의 정치 문제는 국민의 관심 이전을 통해 실시간으로 피드백 받고 평가받으며 진행된다. 정부와 정치인이 공공선 증진이라는 자신의 책임을 잘 수행할 경우 그의 권한과 권력은 증대되고, 반대의 경우 감소한다. 그 권한과 권력의 원천은 스마트 소셜 정치 플랫폼상에서 디스플레이(표현)되는 국민의 '어텐션 지수'이다.

특정 정부와 정치인이 자신의 책임을 다하지 않을 경우 어텐션 지수를 매개로 그의 권력이 감소하기 시작하고, 임계치를 넘어서는 순간 그 정부와 정치인은 변동 과정에 돌입한다. 어텐션 지수에 따라 정책 변경, 정책 폐기 및 재수립, 정부와 정치인의 교체로 귀결된다. 국민의 어텐션 지수를 어떻게 현실정치에 적용할지에 대한 '상시책임 정치의 제도화'에 합의한 공동체에서는 정치의 변동 과정이 순조롭고 부드럽게 진행될 것이다. 그 과정이 혼란스러울까 걱정될 수도 있겠지만, 제도화에 합의한 공동체에서는 형성되는 집단지성과 그 집단지성을 포착해 표시해줄 빅 데이터 정치가 공동체를 '역동적인 안정'으로 이끌어갈 것이다. 그러나 제도화 합의에 실패한 공동체는 온 오프라인상에서 갈등이 격화되고 쇠락의 길로 들어설 것이다.

새로운 권력 개념의 등장,
집단지성과 소셜 의지

2013년 6월 19일 한국의 박근혜 정부는 '정부 3.0' 비전을 발표했다. 앞으로 고비용 사업이나 주요 국정 과제를 실행하기 전에 온라인 투표로 국민의 의견을 듣겠다는 내용이 담겼다. 프랑스의 사례를 벤치마킹한 것이다. 프랑스는 대규모 국책사업을 진행할 경우 사전에 6개월간 여론 수렴 과정을 거친다. 이와 관련해 안전행정부는 "쇠고기[1] 파동이나 4대강 사업처럼 논란이 된 사안에 대해 공론화를 위한 인터넷 투표를 할 수 있다. 정보를 개방, 공유, 소통, 협력함으로써 정부와 국민은 더 가까워질 것"이라고 말했다.[2]

정치가 국민의 의견을 상시적으로 경청하겠다는 변화된 모습을 보이기 시작했다. 이는 정치가 증강된 국민 개개인의 힘을 더 이상 무시하기 힘들어졌고, 정부가 이를 현명하게 수용했기 때문으로 보인다. 지금까지 정치는 국민의 목소리를 선거 때만 들어왔다. 평소에도 듣는다고는 했지만 그건 정치적 수사에 불과했다. 물론 정부의 발표가 실제로 의미 있는 실천으로 이어질지는 더 두고 보아야 할 것이다. 실제로 실천에 나선다면 그 시작은 논란이 큰 대형 국책사업에 대한 의견 경청이 될 것이다. 그리고 점차 그 대상이 규모가 작은 정책까지 확대될 것이다. 그 방법은 초기에는 인터넷 투표, 그리고 궁극적으로는 빅 데이터 분석이 될 것이다.

정치에서는 지금 새로운 차원, 새로운 모습의 '권력 개념'이 등장하고 있다. 이와 관련한 정치의 미래를 이해하기 위해 우리는 먼저 집단지성과 루소의 일반의지에 대해 살펴볼 필요가 있다. 미국의 곤충학자 윌리엄 모턴 휠러는 1910년 『개미』에서 집단지성Collective Intelligence을 이야기했다. 개미는 한 마리 한 마리로는 미미한 존재이지만 협업을 통해 거대한 개미집을 만드는 등 집단으로는 높은 지능체계를 형성한다고 그는 설명했다. 이후 제임스 서로위키가 『대중의 지혜』에서 특정 조건에서 집단은 집단 내부의 가장 우수한 개체보다 지능적이라고 주장했다.

1907년 영국의 과학자 프랜시스 골튼은 매년 열리는 영국 서부의 가축가금류 품평회장을 방문했다. 그는 원래 플라톤처럼 극소수의 사람들만이 사회를 발전시키는 데 필요한 자질을 갖고 있다고 믿었던 사람이었다. 그는 그곳에서 우연히 소의 무게를 알아맞히는 대회를 목격했다. 살찐 소 한 마리가 무대 위에 올려 있었고, 많은 사람들이 그 소가 도살되어 손질된 상태의 무게를 맞추는 내기를 하고 있었다. 참가자는 800명에 달했고 그들의 직업과 지식수준은 천차만별이었다. 그는 평균 유권자들의 무능력함을 밝혀내고 싶었다. 그래서 내기가 끝나자 진행자에게 티켓을 모두 받아 통계를 내보았다. 판독이 어려운 13장을 제외한 787개의 티켓의 평균값을 계산했다. 군중은 1,197파운드가 될 것이라고 예측했다. 실제로 소의 무게를 측정하자 1,198파운드가 나왔다. 골튼은 "내기 참가자들의 평균 추정치가 소의 무게와 거의 같다면 유권자들은 정치 문제에 대해 투표할 때도 올바른 판단을 내릴 것이다"라고 말했다.

제임스 서로위키는 『대중의 지혜』에서 이 같은 내용의 골튼 이야기를 소개하며 답은 천재가 아닌 대중의 손에 있다고 강조했다. "어떤 상황에서 집단은 놀랄 만큼 똑똑하며, 때로는 집단 가운데 가장 똑똑한 사람보다 더 현명한 판단을 내린다. 따라서 특별히 지적 능력이 뛰어난 사람들이 집단을 지배해야 할 이유가 없다. 심지어 구성원 대부분이 특별히 박식하거나 합리적이지 않더라도 집단적으로는 옳은 결정을 내릴 수 있다."[3] 서로위키는 "우리의 불완전한 판단을 적절한 방법으로 합치면 '집단의 지적 능력collective intelligence'은 놀라운 결과를 만들어낼 때가 많다. 집단의 지적 능력이란 집단을 하나의 개체로 볼 때 그 집단이 갖고 있는 지적 능력을 의미한다. 그것은 최종적으로 한 가지 결과를 내놓기 때문에 개별적 지능의 합과는 다르다"[4]고 말했다.

위키피디아와 리눅스는 집단지성을 가장 잘 보여주는 사례다. 옵션 거래인이었던 지미 웨일스는 2001년 완전히 개방적이고 분산적인 방식으로 지식을 창조하기 위해 위키피디아를 만들었다. 대부분 지식 공유를 위해 자발적으로 참여한 일반인들이 만들고 있는 위키피디아 사전 항목은 2001년 1월 31개에서 2002년 1월 1만 7,307개, 2006년 1월 100만 개, 그리고 2013년 6월 현재 420만 개(영문 콘텐츠 기준) 이상으로 늘어났다. 비전문가들이 참여해 만든 백과사전이라는 점 때문에 신뢰성에 의문을 제기하는 시각도 있지만, 〈네이처〉는 검토 결과 위키피디아와 브리태니커의 정확도가 비슷하다는 결론을 내리기도 했다. 특히 위키피디아는 오류의 수정 과정이 매우 신속하게 진행되는 것으로 알려져 있다. 한 연구자는 위키피디아에서 2003년 5월에 발생한 고의적인 파괴행위 일체가 몇 초 만에 바로잡아진 것을 발견하기도 했다.[5] 앞에서 살펴본 고대 아테네 민회가 자신의 판단 오류를 집단적으로 신속히 수정했던 사례(1부 6장의 내용 참고)를 떠오르게 하는 부분이다.

이 집단지성은 정치의 미래에서 중요한 역할을 담당할 것이다. 스마트 소셜 정치 플랫폼이 곧 시민의 집단지성이다. 우리는 집단지성의 개념을 이미 4부 2장의 아리스토텔레스에서 찾아본 바 있다. 아리스토텔레스는 『정치학』에서 "다수자는 비록 그중 한 명 한 명은 훌륭한 사람이 아니더라도 함께 모였을 때는 개개인으로서가 아니라 전체로서 소수자인 가장 훌륭한 사람들보다 더 훌륭할 수 있다"[6]고 말했다. 정치에서 집단지성이 갖는 의미를 2,000여 년 전에 이야기한 것이다.

투키디데스의 『펠로폰네소스 전쟁사』에는 당시 아테네에서 민중에게 가장 큰 영향력을 행사하고 있었던 클레온의 말이 나온다.

"건전한 상식을 가진 무식이 무절제한 영리함보다 더 도움이 되는 법입니다. 그리고 대개 평범한 사람들이 더 영리한 자들보다 국가를 더 잘 다스립니다. 영리한 자들은 법률보다 더 현명해 보이기를 원하고,

또 누가 공석公席에서 발언하면 자신들의 재주를 보여줄 더없이 좋은 기회라고 여기고 언제나 그들을 이기려 들며, 그 결과 나라에 재앙을 안겨주는 경우가 비일비재합니다. 그러나 자신의 재주에 자신이 없는 평범한 사람들은 자신들이 법률보다 더 현명하지 못하며, 남의 말을 비판하는 능력에서 훌륭한 연설가만 못하다는 것을 시인합니다. 하지만 경쟁자라기보다 공정한 심판관이기에 그들은 대개 올바른 결론에 도달합니다."[7]

평범한 대중의 집단지성이 '공정한 심판관'으로서 폴리스 정치에 자리매김하고 있었던 고대 아테네의 분위기를 알 수 있는 기록이다.

당시 아테네 폴리스 정치는 시민들의 '말speech', 즉 연설과 토론을 기반으로 한 집단지성에 의해 움직였다. 정치의 미래는 시민들의 참여가 만드는 '데이터data'에 기반하는 집단지성에 의해 움직일 것이다. 소셜 네트워크상의 주장과 댓글, 좋아요와 싫어요 같은 피드백, 온라인과 모바일 투표, 그리고 이들의 총합인 빅 데이터에 의해 집단지성이 형성되고 디스플레이되어 정치에 반영될 것이다. 기술의 발달은 규모가 커진 현대의 공동체에서도 집단지성이 발현될 수 있도록 해줄 것이다.

이 같은 스마트 소셜 정치 플랫폼에서 표출되는 집단지성을 우리는 소셜 의지라고 부를 수 있다. 앞에서 보았듯이 장 자크 루소는 『사회계약론』에서 일반의지를 이야기했다. 이는 사익의 합을 의미하는 '모든 사람의 단순한 의지의 합'과는 다른, 개인과 공동체의 이익이 통합된 것을 의미한다. 추출할 수 있고 합의할 수만 있다면 공동체의 문제 해결을 위한 만능열쇠가 될 수 있지만, '이것이 일반의지이다'라고 어떻게 누가 판단할 것인가라는 해결 불가능한 문제를 갖고 있었다. 당시로서는 실현 불가능한 개념이었던 것이다. 하지만 인류는 비로소 스마트 소셜 시대의 도래와 함께 공동체의 공익을 의미하는 소셜 의지를 파악할 수 있게 될 것이다.

빅 데이터 정치, 소셜 의지를 말하다

정치의 미래에서 소셜 의지는 '빅 데이터 정치'를 통해 모습을 드러낼 것이다. 빅 데이터는 스마트 소셜 정치 플랫폼의 또 하나의 축이다. 앞에서 본 실시간 관심 이전을 통계적으로 공동체에게 알려줄 중요한 수단으로 작동할 것이다. 빅 데이터는 공동체 구성원 모두의 생각과 마음을 파악할 수 있는 민심의 보고이기 때문이다.

빅 데이터란 말 그대로 거대한 데이터를 말한다. 인터넷에는 매일 매일 엄청난 양의 데이터가 쌓인다. 예전에는 저장할 엄두도 못했거나 저장했더라도 분석이 불가능해 방치하다 폐기했던 방대한 양의 데이터들이다. 그런데 서버 같은 데이터 저장장치의 가격이 하락하는데다 컴퓨터의 발달로 정보처리 속도가 빨라지면서 빅 데이터의 저장과 분석이 가능해졌다. 빅 데이터 분석을 통해 유의미한 정보 추출이 가능해지자

기업이 마케팅과 기획에 활용했고, 정치에서도 개인별 맞춤형 선거운동을 펼치는 데 이용하기 시작했다.

왜 빅 데이터가 경영과 경제, 나아가 정치에서까지 중요한 역할을 하게 되었는가. 그건 무엇보다 적합도의 측면에서 탁월하기 때문이다. 소비자나 유권자의 생각을 알아보거나 사회의 트렌드를 분석하기 위해 우리는 지금까지 몇 백 명 또는 몇 천 명을 대상으로 여론조사를 해왔다. 아예 소수의 전문가들만을 인터뷰하기도 했다. 하지만 빅 데이터 시대의 도래로 우리는 공동체 전체 구성원의 생각과 말에 접근해 분석할 수 있게 됐다. 일부 표본이 아닌 전체를 볼 수 있게 됐다는 의미다. 그로 인해 분석 결과의 적합도가 차원이 다르게 높아질 수 있게 됐다. 기업이라면 소비자들이 지금 어떤 생각을 하고 있는지, 어떤 신제품이 나오기를 기다리는지, 기존 제품에 대해 어떤 불만을 갖고 있는지 생생하게 알아낼 수 있다. 정치인이나 정당, 정부라면 시민들이 어떤 정책에 불만을 갖고 있는지, 지금 진정 원하는 것이 무엇인지 정확히 집어낼 수 있다. 게다가 빅 데이터는 많은 경우 포장되지 않은 인간의 진심을 보여주는 자료다. 소셜 네트워크에 올리는 글은 대개 사람들이 친구에게 말하는 솔직한 생각을 담고 있다. 거기에는 사람들의 가공되지 않은 날것 그대로의 마음이 담겨 있다. 이 빅 데이터 분석을 통해 기업과 정치인, 정당은 소비자와 유권자 개개인의 데이터를 바탕으로 그에게 가장 적합한 방식의 맞춤형 접근을 할 수 있게 됐다.

1단계 빅 데이터 정치는 이미 시작됐다. 2008년 미국 대통령 선거로 가보자. 오바마는 온라인 모금에서 5억 달러를 기록, 매케인(2억 1,000

만 달러)을 크게 앞질렀다. 웹 분석이 큰 역할을 했다. 데이터 분석을 통한 오바마의 선거운동 모습을 스티븐 레비는 『인 더 플렉스』에서 이렇게 묘사했다.

"그(구글 출신 오바마 선거팀의 댄 시로커)의 임무는 구글의 원칙을 선거운동과 결합시키는 일이었다. 행복한 사용자를 찾기 위해 끊임없이 실험을 거듭하는 구글처럼, 시로커 팀은 구글의 웹사이트 최적화 툴을 사용해 행복한 기부자를 찾는 실험을 벌였다. 전통적인 방식은 사람들의 이상주의나 정치성향을 불러일으키는 교묘하고 감성적인 연설을 통해 기부를 받아내는 것이었지만, 시로커는 여러 차례의 A/B 테스트를 통해 티셔츠나 머그잔과 같은 선물을 제공할 때 성공률이 가장 높다는 사실을 발견했다."[8]

특히 2012년 미국의 대통령 선거는 우리에게 빅 데이터가 정치 과정에서 어떤 의미를 가질 수 있을지 가늠해볼 수 있게 해주었다. 버락 오바마와 미트 롬니 양측 선거캠프의 빅 데이터를 활용한 개인별 맞춤형 선거운동은 놀라울 정도였지만, 이는 이제 정치 과정에서 일상적인 모습이 될 것이다. 두 캠프는 모두 유권자들의 다양한 개인정보를 파악해 선거운동에 활용하는 알고리즘을 개발해 활용했다. 오바마의 '보트빌더'와 롬니의 'GOP데이터센터'가 그것이다. 특히 선거 2년 전부터 빅 데이터 팀을 운영하면서 데이터를 축적한 오바마 캠프의 빅 데이터 정치는 인상적이었다. 데이터베이스에 유권자 등록 리스트와 정치헌금 기부, 총기 라이선스, 신용카드와 대출정보, 슈퍼마켓 카드 등을 통해 얻은 개인정보를 쌓아놓았다. 그리고 페이스북이나 구글플러스 같은 소셜 네트워크 사이트에서 뽑아낸 유권자들의 소유 차종과 구독하는 신문, 종교, 나아가 아기의 기저귀 브랜드까지 축적했다. 그리고 이를 통해 유권자 개개인에게 맞는 맞춤식 선거운동을 벌였다. 예컨대 '공립학교에 다니는 아이가 있고 오바마 선거 진영에 등록했으며, 유기농에 관해 트윗을 전송한 엄마'에게는 '우리가 오사마 빈 라덴을 사살했다'는 조 바이든 부통령의 메시지보다는 미셸 오바마 여사가 보내는 친환경 메시지를 제공하는 식이었다. 정치헌금 모금을 위한 디너파티에 초청할 사람을 선정하는 것에도 빅 데이터를 활용했다. 2008년 미국 대선 때는 유튜브, 트위터, 페이스북 등 소셜 네트워크 서비스SNS를 이용한 메시지 확산이 정치 과정에 중요한 역할을 했다면, 2012년 대선에서는 빅 데이터를 활용한 맞춤형 메시지 확산이 자리를 잡은 것이다.[9]

빅 데이터는 투표 독려에도 활용됐다. 오바마와 롬니 캠프는 적극적 지지자들에게 페이스북 등 소셜 네트워크상의 친구 리스트를 받아 캠프가 모은 데이터베이스와 비교, '소극적 지지자' 리스트를 만들었다. 그리고 자기 캠프의 적극적 지지자들이 이들에게 연락해 투표를 권유하도록 했다.[10] 〈뉴욕타임스〉는 2012년 10월 14일 민주당과 공화당이 2012년에만 개인정보 수집에 144억 원을 들였으며, 대선을 앞두고 오바마 대통령과 롬니 공화당 후보 진영이 각자의 지지자를 투표장으로 불러 모으기 위해 유권자의 개인생활을 뒤지고 있다고 보도하기도 했다.

빅 데이터 정치의 모습을 보면서 프라이버시 문제로 기분이 나빠질 수도 있고 '빅 브라더'를 떠올리며 두려워질 수도 있다. 실제로 많은 데이터 브로커들이 검색이나 소셜 네트워크 서비스에서 개인정보를 대량으로 모아 판매하고 있는 것이 현실이다. 특히 2013년 6월에 불거진 '미국 국가안보국NSA의 전 세계 해킹' 논란을 계기로 통화기록이나 이메일 등 개인의 데이터가 정부 또는 악의적인 집단이나 개인에 의해 악용될지도 모른다고 걱정하는 사람들이 늘고 있다. 하지만 자의든 타의든 '프라이버시가 없는 세상'이 되고 있는 것이 우리가 살고 있는 현실이다. 인터넷 세상에는 지금 이 순간에도 개인들의 흔적과 방대한 정보들이 차곡차곡 쌓이고 있다. 빅 데이터 정치는 이미 되돌릴 수 없는 정치 과정의 일부가 됐다.

빅 데이터 정치는 여기서 한 걸음 더 나아갈 것이다. 우선 빅 데이터는 인공지능 등장의 기반이 될 것이다. 엄청난 양의 데이터에서 패턴을 만드는 것이 인간의 학습 모습과 비슷하기 때문이다. 이것이 인공지능 구현을 자신의 목표라고 이야기하고 있는 구글이 '전 세계의 데이터'를 모으고 있는 이유이고, 과학자이자 발명가인 레이 커즈와일이 인공지능 개발을 위해 구글에 임원으로 합류한 이유이기도 하다. 그때 우리가 주목해야 할 '2단계 빅 데이터 정치'가 등장할 것이다. 지금은 단순히 민심 파악 수단이나 유권자별 맞춤형 선거운동의 수단으로 사용되고 있지만, 머지않은 미래에 빅 데이터는 인공지능과 결합해 소셜 의지를 디스플레이해주는 '민심의 지표'로 작동하면서 자신의 로직에 의해 움직이는 존재가 될 것이다. 우리는 공동체 전체 구성원들이 매일 매일 쌓아놓는 데이터로 시민들의 의견을 정확히 파악할 수 있고, 공동체가 현재 직면해 있는 문제의 본질을 이해해 효과적인 해결책을 찾을 수 있게 될 것이다. 또한 공동체가 미래에 맞닥뜨릴 문제를 미리 파악하고 대비할 수도 있을 것이다. 지금도 우리는 이미 시민들의 검색어라는 데이터 분석을 통해 독감의 유행 시점을 미리 예측해 대비할 수 있는 시대를 살고 있다. 구글은 특정 지역 주민들이 '기침' 같은 감기 증상을 검색하는 빈도, 즉 빅 데이터를 파악해 미국 질병통제예방센터보다 빨리 독감 유행 상황을 예측해내고 있다.

이렇게 빅 데이터는 민심, 즉 공동체의 집단지성과 소셜 의지를 보여주며 구성원들의 정치적 선택에 영향을 미치는 또 하나의 정치 주체가 될 것이다. 우리는 정치의 미래에 빅 데이터 정치를 통해 공동체 구성원 전체가 보여주는 진정한 공익의 내용을 실시간으로 볼 수 있게 될 것이다.

소셜 견제와 균형의 정치

2007년 말 대선에서 530만 표차로 압도적인 승리를 거둔 이명박 전 대통령. 그는 승리 직후인 2008년 설날 이상득, 최시중, 천신일, 류우익을 경북 경주의 한 골프장으로 초청했다. 친인척과 최측근들의 가족모임이 열린 셈이었다. 대통령의 친형인 이상득은 최시중과 '영일만 친구'이자 서울대 57학번 동기로 50년 지기知己였고, 대통령과 천신일은 고려대 경영학과 61학번 동기인 오랜 친구였다. 류우익만 대통령실장으로 내정된 공식적인 신분이었다. 〈동아일보〉에 따르면, 골프를 마치고 이런 대화가 오갔다고 한다.

최시중 역대 정권이 끝날 때는 측근들이 전부 감옥에서 제사를 지냈는데 우리도 그렇게 될지 모른다.

천신일 선배, 역대 정권과 우리는 좀 다르지 않습니까?

최시중 ….

천신일 역대 정권의 측근들은 모두 치부를 하려다가 그렇게 됐지만 선배도 그렇고 이상득 부의장도 그렇고 저도 다 재력이 있는 사람들 아닙니까? 우리가 치부할 일이 뭐 있습니까? (구속 수감되거나) 그런 일 없을 겁니다.[11]

정치란 어쩔 수 없는 것인가. 정치 그 자체가 본질적으로 부패와 독점, 지배로 치달을 수밖에 없는 것인가. 한국의 현대 정치사를 보면 역대 정권 모두 대통령은 친인척이나 측근의 구속을 피하지 못했다. 그런 역사적 사실을 너무도 잘 알았기에 최시중 전 방송통신위원장은 대선 승리 직후 가진 기쁜 모임에서 그런 '슬픈 예언'을 했을 것이다. 안타깝게도 그 예언은 맞아 들어갔다. 이상득, 최시중, 천신일, 정두언, 박영준 등 이명박 대통령의 친인척과 측근들은 이번에도 예외 없이 줄줄이 구속 수감됐다. 정말 슬펐던 건 그들의 그런 모습을 바라보아야 했던 국민들이었다.

오래전 정치사를 들추어볼 필요도 없다. 직전 정부인 이명박 정권에서도 한국정치는 '구태'를 반복하고 있었다. 평균 이상으로 똑똑하고 공부도 많이 한 데다 정권 출범 전부터 스스로 부패를 경계했던 이들조차 몇 년 지나지도 않아 줄줄이 구치소에 수감되는 정치. 국회의원들이 총선 전에 국민에게 약속했던 공약을 선거가 끝나면 아무 일도 없었다는 듯 팽개쳐버리는 정치. 오래전부터 지금까지 계속 반복되고 있는 이런 남루한 정치의 모습은 왜일까. 그것은 본질적으로 약한 인간의 한계 때문이다. 정치인 개개인의 양심에 맡겨 해결할 수 있는 문제가 아니라는 얘기다. 선하지만 동시에 탐욕을 갖고 있는 약한 존재인 인간이 만들어가는 정치. 그래서 그 정치가 제대로 서기 위해서는 공동체 차원의 구조적인 견제와 균형의 시스템이 필요하다.

정치의 미래에 실시간 관심 이전, 소셜 신탁계약, 소셜 의지, 그리고 민심의 보고인 빅 데이터가 정치 과정에서 주도적인 역할을 하는 한 축으로 기능하기 시작하면, 공동체 정치는 또 하나의 숙원을 해소할 수 있게 될 것이다. 바로 국민과 정치인 간의 '소셜 견제와 균형social checks&balances'을 통해 책임정치가 가능해지는 것이다.

여기에 인류가 참여와 평가에 익숙해지고 있는 것도 소셜 견제의 구조화로 연결될 것이다. 인터넷이 일상이 되면서 이미 인간은 특정 사건이나 글에 대해 자신의 의견을 표출하는 것을 자연스럽고 편안한 행동으로 느끼게 됐다. 인터넷의 등장 이후에 태어난 세대가 사회에 진출하면 그 특징은 더욱 가속화될 것이다. 매튜 프레이저는『소셜 네트워크 혁명』에서 1990년대 초 인터넷의 폭발적 성장기 이후에 태어난 V세대 젊은이들이 학교를 졸업하고 취직해 기업 임원으로 커나갈 날이 머지않았다고 말했다. V세대는 음악, 영화, 친구, 선생님, 상사 등 모든 것에 점수를 매기려 할 것이다. 정치도 당연히 그들의 평가와 견제의 대상이 된다.

"V세대의 뚜렷한 특징 중 하나는 평가와 순위 매기기에 대한 문화적 집착이다. 10년 전 포켓몬 플레이어를 평가하던 V세대 어린이들이 자라나 이젠 소셜 네트워킹 사이트에 로그인해 좋아하는 노래, 영화, TV 프로그램, 사진, 만화책, 셀러브리티… 모든 것을 평가하고 순위를 매긴다. V세대의 삶은 거의 모든 것에 대해 평결을 내리며 끊임없이 스스로 업데이트하는 즉각적 대중민주주의다."[12]

원래 견제와 균형은 국민의 자유와 권리를 확보하고 공동체의 안정을 유지하기 위해 국가권력을 분립시켜 서로 견제하며 균형을 이뤄가는 정치원리이다. 앞에서 살펴보았던 고대의 혼합정체론에서는 군주정, 귀족정, 민주정 간의 견제와 균형을 의미했고, 이후 몽테스키외를 거쳐 입법부, 사법부, 행정부 간의 삼권분립, 상원과 하원의 양원제, 연방정부와 주정부의 지방분권으로 미국에서 실제로 제도화됐다. 국가권력 간의 견제와 균형을 통해 국민의 자유와 권리를 담보해주는 것이 이런 지금의 1단계 견제와 균형이라면, 국가권력과 국민 간의 견제와 균형을 통해 건강한 공동체를 운영해나가는 것이 정치의 미래에 등장할 2단계 견제와 균형, 즉 '소셜 체크 앤 밸런스'라고 할 수 있다.

유권자,
미디어·이익단체·정당에서 독립하다

지금까지 유권자 개인은 정치 과정에서 '객체'였다. 기존 정치 플랫폼에서 정치의 주체는 정당과 이익단체, 그리고 매스미디어였다. 신문과 방송사는 의제 설정 기능을 담당하며 사회의 여론을 만들고 이끌었다. 거대 미디어들이 말하지 않는 이슈는 공동체 차원에서 공론에 부쳐지고 논의되기 힘들었다. 유권자는 스스로 '발신'할 수 없었고, 거대 미디어가 제공해주는 정보를 수동적으로 '소비'할 뿐이었다. 유권자의 이해를 대변하는 기능을 하는 이익단체들도 그 자신이 권력화 되어 소수가 지배했고, 이익단체에 속한 개인들은 그 단체의 권력의 수단으로 활용되는 데 그쳤다. '시민 없는 시민단체'라는 말은 정작 시민 개개인이 소외되어 있는 시민단체의 모습을 표현한 것이었다. 정당도 유권자를 주권을 가진 정치의 주체로 인정하지 않고 선거 때만 표를 받아 가면 되는 대상으로 인식했다. 이처럼 정치는 미디어, 이익단체, 그리고 정당에 의해 좌지우지되는 '닫혀 있는 프로세스'였다. 정치는 국민이 주인인 '공공의 과정'이 아니라, 소수가 주인인 '천상天上'에 존재하는 폐쇄된 과정이었다.

하지만 스마트 소셜 정치 플랫폼에서 유권자는 독립하고 있다. 자신의 힘으로 스스로 서서 정치 과정에 참여하기 시작했다. 매스미디어의 독주는 끝났고 개개인이 미디어가 되어 정보를 만들고 발신한다. 같은 이해관계를 가진 사람들을 결집해 정치 과정에서 압력을 행사하는 이익단체도 그 힘이 예전만 못해질 것이다. 굳이 이익단체를 통하지 않더라도 개인은 자신의 이해관계를 표출할 수 있고, 필요하면 언제든지 다중多衆을 동원할 수 있기 때문이다. 조직을 기반으로 직업정치인들의 활동무대가 되며 정치 과정의 중핵 역할을 해온 정당도 이미 쇠퇴하고 있다. 유권자인 국민 개개인은 이제 자신의 힘을 스스로 깨달으면서 미디어와 이익단체, 정당에서 튕겨 나와 독립하고 있다.

정치 충원,
직업정치인에서 시민으로

어떤 사람이 공동체에서 정치라는 '공공의 것(러퍼블릭)'을 담당해야 하는가. 어느 분야나 그렇듯 정치도 어떤 사람들이 일을 맡느냐가 성패를 좌우한다. 이처럼 정치 충원political recruitment은 한 공동체의 정치 과정에서 매우 중요한 부분이다. 이 정치 충원도 스마트 소셜 정치 플랫폼의 등장과 함께 크게 변화할 것이다.

정치의 미래에서 정치 충원은 기존의 직업정치인과 정치 브로커가 퇴조하고 상식을 가진 일반 시민과 각 분야 전문가들의 유입이 늘어날 것이다. 폐쇄적이고 독점적인 플랫폼에서는 정치 시스템 주변에서 이권을 쫓는 정치 브로커가 존재할 수밖에 없다. 접근이 힘든 정치의 세계와 연결해줄 브로커에 대한 수요와 공급이 있는 데다 감시도 취약하니 약한 인간들의 공동체에서 정치 브로커가 없어지기를 기대하는 것은 불가능했다. 그러나 참여와 개방의 플랫폼은 그 본질상 정치를 독점하는 계층과 정치에 소외된 일반 국민의 중간에 존재해왔던 정치 브로커의 입지를 크게 줄일 것이다.

정치의 미래에서는 직업정치인의 중요성도 크게 감소할 것이다. 플랫폼이 개방되면서 '생활에서의 정치'로 참여하는 일반인과 전문가들이 늘어날 것이기 때문이다. 직업정치인과 시민 사이의 장벽은 계속 낮아질 것이고, 결국에는 '정치인 시민', '시민 정치인'의 등장과 함께 장벽은 사라질 것이다. 물론 좋은 의미의 직업정치인에게는 공동체가 필요로 하는 역할이 일부 존재한다. 앞에서 살펴본 정치의 원형에서도 그랬다. 고대 아테네의 민주정과 로마 공화정에서도 공공의 일을 전담하는 이들이 필요했다. 하지만 정치의 대부분은 다른 직업이 있는 일반인이 돌아가며 참여해 자신의 역할을 했던 것을 우리는 기억한다. 스마트 소셜 정치 플랫폼은 앞으로 그 정치의 원형의 방향으로 나아갈 것이다.

결국 정치의 미래에서 한 공동체의 흥망성쇠는 상식을 가진 일반인들과 능력 있는 전문가들의 정치 참여와 공무 담임을 얼마나 많이 확대할 수 있느냐에 좌우될 것이다. 지금까지의 정치 플랫폼은 브로커와 직업정치인에게 충분한 이익을 제공해왔다. 그러나 개방과 공개를 특징으로 하는 새 정치 플랫폼에서 이 같은 정치의 내밀한 이익은 크게 줄어들 것이다. 공동체 정치는 새로운 시대가치, 즉 권력의 공유와 공존을 통한 공익 추구와 참여에서 느끼는 보람과 만족을 구성원들에게 제시하며 새로운 정치 충원 시스템을 구축해야 한다. 분명 시대는 인터넷의 영향으로 참여가 일상으로 받아들여지는 정치문화로 가고 있지만,

바쁜 일과와 번거로움 때문에 공공의 일을 담당하는 것을 주저하는 일반인과 전문가들은 여전히 존재할 것이다. 그들을 공동체가 설득해 참여시키지 못한다면, 그 공동체 정치는 여전히 부패와 퇴행으로 얼룩질 수밖에 없다. 다수 시민의 공무 담임을 확대할 수 있는 새로운 정치 충원 시스템을 만들 수 있느냐가 그 공동체의 건강성과 번영을 좌우할 것이다.

쇠퇴하는 정당,
소멸할 것인가 소셜 정당으로 재탄생할 것인가

최근 정치 과정에서 가장 극적인 변화는 정당의 쇠퇴이다. 이는 중간 매개물을 무력화시키는 인터넷이라는 미디어가 갖는 특성에 기인한다. 인터넷은 사회의 각 분야에서 존재하던 '매개'를 약화시키고 있다. 생산자와 소비자, 작가와 독자, 가수와 팬은 인터넷을 통해 직접 만날 수 있게 됐다. 중간에 존재하던 매개를 통하지 않아도 된다. 정치도 마찬가지다. 유권자와 정치인은 정당을 통해서보다 소셜 네트워크를 통해 더 자주 커뮤니케이션한다. 그게 더 효과적이기 때문이다. 유권자는 정당이라는 조직이 아니라 정치인 개인에 열광한다. 이미 한국정치는 그렇게 변화했다.

우리는 정당의 무력화를 2002년 한국 대선 당시 등장했던 '노사모(노무현을 사랑하는 사람들의 모임)'라는 정치인 팬클럽을 통해 목격하기 시작했다. 당시의 대선은 노무현 후보가 속한 새천년민주당이 아니라 노사모가 중심이 되어 전개됐다. 새누리당의 박근혜 후보와 민주통합당의 문재인 후보가 경쟁한 2012년 대선에서도 정당은 정치 과정의 주인공이 아니었다.

2011년의 서울시장 보궐선거는 정당의 쇠퇴를 더욱 극적으로 보여주었다. 새누리당 나경원 후보의 상대는 제1야당인 민주당이 아니라 진보 진영의 '시민후보'로 나온 박원순이었다. 민주당은 당내 경선을 거쳐 선출된 박영선 후보가 정당의 배경도 없이 출마한 박원순 후보에게 야권 단일화 경선에서 패해 사퇴하는 굴욕을 당해야 했다. 제1야당이 서울시장 선거라는 대선 다음으로 중요한 정치 이벤트에서 후보조차 내지 못한 것이다. 2012년 대선에서도 민주당은 무소속 안철수 후보와 피 말리는 경쟁을 벌이다 막판 양보를 받아 간신히 대선에 후보를 낼 수 있었다. 최근의 한국정치에서 민주당이 잇따라 곤욕을 치렀지만 정도의 차이가 있었을 뿐 새누리당(구 한나라당)도 처지는 비슷했다. 왜 시민들은 정당이라는 조직을 외면하는 것일까. 정당에 미래는 있는 것일까.

정당이란 공공이익 실현을 목표로 권력 획득을 추구하는 사람들이 모인 집단이다. 우리는 공공이익의 실현을 목표로 삼지 않고 권력 획득만 추구하는 사람들의 집단은 파당faction, 권력 획득의 목표 없이 공공이익의 실현만을 추구하는 집단은 공익단체라고 부른다.[13] 사실 정당은 역사에서 명망가 정당, 계급정당, 대중정당 등 다양한 모습을 보여왔지만, 그 본질은 바뀌지 않았다. '폐쇄성'과 '배타성'이 그것이다. 사르토리는 『현대정당론』에서 "'정당party'이란 말이 품위를 손상시키는 이미지를 가진 '파벌faction'이란 말 대신 쓰이게 된 것은 그리 오랜 일이 아니다. 그것은 정당이 반드시 파벌을 의미하거나 해악을 끼치는 것은 아닐 뿐더러 필연적으로 공익을 해치는 것도 아니라는 생각이 용인된 후의 일이다"[14]라고 말했다. 여기서 볼 수 있듯이 정당이라는 단어는 파벌보다는 덜 부정적인 의미를 담고 있기는 했지만, 동시에 파벌과 유사하게 부정적인 의미로 이해되어왔다.

대외적으로 무엇을 표방했든 정당을 움직여온 것은 소수였다. 다수 당원은 배제되거나 명부상의 존재에 불과했다. 가깝게는 한국의 정당을 보아도 쉽게 알 수 있다. 일반 당원이 의사결정 과정에 참여하기는커녕 국회의원들조차 소수의 당 지도부에 의해 소외되어왔다. 하지만 세상이 바뀌었다. 시민도, 정치 커뮤니케이션도 변화하고 있다. 정당이 예전처럼 폐쇄를 고집해서는 존립 자체가 불가능해지는 시대가 오고 있다.

새로운 정치 플랫폼의 핵심은 '개방'이다. 이제 정당은 '열린 혁신'을 거부하고 역사 속으로 사라질 것인가, 아니면 증강된 힘으로 무장한 개인의 참여를 적극 수용하고 그 속에 녹아 들어가 새로운 모습으로 재탄생할 것인가라는 선택의 기로에 서 있다. 기술의 발달은 머지않아 거리를 소멸시키고 편의성을 높여 규모가 큰 공동체에서도 누구나 정치 참여와 공무 담임을 가능케 해줄 것이다. 여기에 참여를 당연하게 여기는 소셜 시대의 문화가 더해져 정당은 더 이상 과거의 닫힌 구조를 유지할 수 없게 된다.

만약 정당이 이런 시대의 변화를 수용하지 않는다면, 개인들은 기존 정당을 건너뛰고 직접 '자신의 목소리'를 낼 것이다. 비슷한 생각을 하는 이들을 찾아 연대하고 온·오프라인상으로 그들을 동원해 정치권력을 형성할 것이다. 미디어의 발달과 커뮤니케이션 수단의 진화는 공동체 구성원들이 반드시 정당이라는 매개를 거쳐 참여하지 않아도 되는 새로운 정치 과정을 만들어주고 있다. 기존 정당들로서는 '정치 박물관'으로 사라지는 운명에 처할 것이 아니라, 열린 혁신을 통해 새로운 구조로 다시 태어나는 것이 현명한 선택이다. 그 혁신은 일회성이어서는 안 된다. 영원한 베타를 지향하는 컴퓨터 소프트웨어처럼 국민의 니즈를 끊임없이 수용해 반영하는 개방성과 지속성을 가져야 한다. '완성판'을 염두에 두지 않는 영원한 '베타판'으로 계속 혁신하는 정당만이 다가오는 오픈 정치 플랫폼에서 생존할 수 있고 자신의 존재 의미를 찾을 수 있다.

정당의 미래,
정치인 – 시민 네트워크들 간의 느슨한 연합

정당 혁신의 모습과 관련해 참고할 만한 대상이 독일의 해적당Pirate Party
이다.[15] 물론 주장하는 내용 중에 비현실적인 것이 있고 당연히 아직 완
성된 미래정당의 모습도 아니다. 하지만 우리는 그들의 당 운영 모습
을 통해 미래정당의 혁신 방향을 가늠해볼 수 있다. 해적당이 주장하는
'내용'이 아니라 그들의 '모습'에 주목해볼 필요가 있다.

해적당은 자신을 '정보화사회 정당'으로 규정하며 인터넷 저작권 완
화와 무상교육, 투명성 등을 주장하는 정당이다. 2006년 스웨덴에서
처음 생겼고, 이후 독일 등 30여 개 국가에서 만들어져 활동하고 있다.
독일 해적당은 지지율이 약 10% 정도로 기민당, 사민당 등에 이어 제
4~5 정당으로 인정받고 있다. 베를린 주의회, 자를란트 주의회 등 4개
의 지방의회에 진출했다. 독일은 지방분권이 잘되어 있어 지방의회도

중요하다. 당원들은 평균연령이 30세 정도인 인터넷 세대다. 우선 정당 운영과 관련한 그들의 생각을 살펴보자. "내 생각에 핵심은 정치 속으로 걸어 들어가 그곳에서 내용적으로 무언가를 바꾸려 하는 것이 아니라 정치 자체를 변화시키려고 노력한다는 점입니다. (…) 우리가 원하는 것은 정치가 수행되고 인식되며 결정되고 시민이 참여하는 지금의 방식 자체를 바꾸는 일입니다."[16] 해적당 관계자의 이 말처럼, 우리가 주목할 부분도 바로 그들의 내용이 아니라 그들의 '방식'이다.

해적당원은 국민을 열등하다고 생각하는 기존 정치인들을 신랄하게 비판한다. "놀랄 정도로 많은 정치인들에게서 압도적으로 나타나는 태도가 바로 자신이 국민보다 더 많이 안다는 태도입니다. 정치가들은 국민들이 복잡한 정치 문제를 건네받으면 부담스러워할 것이라고 생각합니다. 국민의 피드백이 열등하다는 식의 태도를 견지한다면 참여적 요인을 절대로 좋게 볼 수가 없지요."[17] 그들의 모습을 좀 더 자세히 보자.[18] 2012년에 열린 해적당 전당대회. 약 2,000명의 당원들이 모였다. 1년에 1회 열리는 전국집회다. 전당대회 모습은 흥미로웠다. 긴 테이블에 노트북 컴퓨터를 하나씩 놓고 앉아 인터넷에 접속한 채 연설을 듣고 환호하고 투표를 했다. (정치의 미래에서는 스마트 기기의 발달로 구글안경 같은 웨어러블 컴퓨터를 통해 전당대회에 참여하는 모습을 볼 수 있을 것이다.)

전당대회장에는 전체 당원의 10%나 되는 당원들이 당 대표를 뽑기 위해 자발적으로 모였다. 8명의 후보 연설을 포함한 모든 일정은 인터넷으로 생중계됐다. 물론 당원 가입 등 대부분의 주요 활동은 인터넷을 통해 이루어진다. 한 해적당원은 "독일 정치 엘리트들은 시민의 목소리는 듣지 않고 그들 스스로 결정을 해버린다. 해적당은 지도자나 유명한 정치가보다는 시민의 목소리를 듣는다"고 말했다. 도중에 해프닝도 있었다. 한 후보자가 나치 지지성 발언을 하자 당원들이 자리를 박차고 회의장 밖으로 나갔다. 좌도 우도 아닌 탈이념을 표방하지만 나치 같은 극우파 성향은 인정하지 않겠다는 것이 대다수 당원들의 뜻이었다.

해적당이 진출한 자를란트 주 의사당의 모습도 흥미롭다. 의원 4명 모두 20~30대의 IT회사 직원 출신이다. 해적당 의원들이 방에서 갖는 회의는 모두 인터넷을 통해 당원들이 볼 수 있도록 생중계된다. 컴퓨터와 연결된 비디오카메라가 회의 모습을 비추고 있다. 모든 당원이 참여할 수 있는 해적당만의 투명한 시스템이 있기 때문에 시간이 지나면 이를 통해 좋은 정책이 만들어질 것이라고 이들은 확신하고 있다. 미샤일 힐버러 해적당 자를란트 주 의원은 "해적당원들은 사회를 '마이크로소프트 윈도우'처럼 인터넷상의 플랫폼 개념으로 생각한다. 이를 통해 개인이 다양한 정치적 참여를 할 수 있다"고 말했다.

해적당은 당 운영을 위해 '실시간 피드백 시스템'이라는 소프트웨어를 만들었다. 당원이 의견을 이 시스템에 올리면 이에 대한 온라인 토론이 이루어지고 다수의 지지를 받으면 전당대회라는 당의 의사결정 기구에 안건으로 상정된다. 많은 사람이 정치 과정과 투표에 참여할 수 있는 구조다. 참여와 투명성을 내세워 급속히 성장한 해적당은 비현실적인 목표를 이야기하는 등 많은 한계를 가진 정당이다. 하지만 그들이 내세운 새로운 정치 패러다임은 독일에 커다란 변화를 가져오고 있다.

라이무트 졸렌회퍼 하이델베르그대학 교수는 "기존 정당들은 해적당이 아무런 정책도 없다고 비판하고 해적당 스스로도 무엇을 원하는지 모른다고 말한다. 하지만 지금 유권자들에게 그리 중요한 문제는 아닌 것 같다. 사람들은 해적당이 기존 정당과 다르기 때문에 지지한다. 기존 정당들은 이런 상황에 골머리를 썩고 있으며 어떻게 대처해야 하는지 모르고 있다"고 말했다. 해적당의 한 당원은 이렇게 말했다. "지난 20년간 투표하지 않았다는 유권자에게 이제야 투표해야 할 이유가 생겼다는 말을 듣고 기뻤다. 그동안의 투표 불참 이유는 정치인들 마음대로 결정하고 유권자들은 결정에 아무런 영향을 미칠 수 없기 때문이었다. 또 정당들이 매번 말을 바꾼다고 생각했기 때문이었다."

인터넷을 기반으로 급속히 성장하며 독일 정치에 신선한 바람을 일으키고 있는 해적당. 그들의 시도가 실패로 끝날지 아니면 독일의 주요 정치세력으로 자리 잡을지는 아직 미지수이지만 그들의 정당 운영 모습은 소셜 혁신을 고민해야 하는 기존 정당들에게 참고가 될 수 있다.

정치의 미래에서 정당은 개방과 참여를 핵심으로 하는 이 같은 열린 혁신을 통해 다수의 '정치인-시민 네트워크'가 느슨한 조직을 형성하는 모습으로 변모해갈 것이다. '정치인-시민 네트워크들 간의 느슨한 연합'이다. 예컨대 각각 시민들과 연결된 박근혜, 문재인, 박원순, 안철수, 오바마, 힐러리 등 정치인 개인 플랫폼들이 정책과 생각에 의해 서로 연결되며 네트워크를 이루는 모습이 과거의 정당조직을 대신할 것이다. 이는 소셜 네트워크와 빅 데이터를 통해 드러나는 공동체의 소셜 의지와 집단지성을 해석하고 조정해 정책으로 연결시키는 네트워크 조직이다. 그 네트워크는 구체적인 정책을 중심으로 형성되고 움직일 것이다. 그 속에서는 개인으로서의 정치인의 위상이 조직으로서의 정당의 위상보다 우위에 서게 될 것이다. 유권자들의 어텐션(관심)이 정당보다 정치인 쪽으로, 또 구체적인 정책 쪽으로 옮겨갈 것이기 때문이다.

그리고 궁극적으로는 정당, 정치인, 유권자의 경계가 흐려지고 융합되면서 이슈와 정책에 따라 그들이 상시적으로 결합과 해산을 반복하는 무정형의 임시ad hoc 네트워크의 모습을 띠게 될 것이다. 그 상황에서 중요한 것은 정치인이나 조직의 생각이 아니라 시민들의 목소리이다. 이런 변화를 감지해 선제적으로 준비하고 움직이는 정당과 정치인만이 새로운 정치 플랫폼에서 생존해 공공의 일을 담당할 수 있을 것이다.

---

1 광우병—필자 주
2 황태훈, ‘국가정보 年1억 건 공개’, 동아일보, 2013. 6. 20.
3 제임스 서로위키, 『대중의 지혜』, 홍대운·이창근 역, 랜덤하우스중앙, 2005, 11쪽
4 제임스 서로위키, 『대중의 지혜』, 홍대운·이창근 역, 랜덤하우스중앙, 2005, 11쪽
5 찰스 리드비터, 『집단지성이란 무엇인가』, 이순희 역, 21세기북스, 2009, 59~60쪽
6 아리스토텔레스, 『정치학』, 1281a39, 천병희 역, 도서출판 숲, 2009, 162쪽
7 투키디데스, 『펠로폰네소스 전쟁사』, 3장 37절-4, 천병희 역, 도서출판 숲, 2011, 250쪽
8 스티븐 레비, 『인 더 플렉스』, 위민복 역, 에이콘, 2012, 454쪽
9 박승혁·임민혁, ‘美 대선, 4년 전엔 SNS… 올해는 빅 데이터로 승부’, 조선일보, 2012. 10. 23. 참고
10 장상진, ‘美대선캠프, ‘빅 데이터’ 분석해 온라인으로 투표 독려’, 조선일보, 2012. 10. 16. 참고
11. 김창혁, ‘비밀해제 MB5년: 2〉 최시중의 슬픈 예언’, 동아일보, 2013. 4. 6.
12 매튜 프레이저·수미트라 두타, 『소셜 네트워크 혁명』, 최경은 역, 행간, 235쪽
13 구영록 등 저, 『정치학개론』, 박영사, 1995, 239쪽
14 G. 사르토리, 『현대정당론』, 어수영 역, 동녘, 1986, 21쪽
15 독일 해적당 웹사이트 http://www.piratenpartei.de/, 미국 해적당 웹사이트 http://uspirates.org/
16 마르틴 호이즐러, 『해적당』, 장혜영 역, 로도스, 2012, 71쪽
17 마르틴 호이즐러, 『해적당』, 장혜영 역, 로도스, 2012, 112쪽
18 아래 해적당 관련 부분은 ‘독일정치에 부는 해적당 돌풍’을 정리한 것임. 〈세계는 지금〉, KBS, 2012. 5. 26.

— Athens

— Rome

— Community

Aristoteles

— Politics

Machiavelli

— Social

— Participation

Rousseau

— Smart

— Freedom

Social network

— Future

08
정치인의 미래

신뢰받지 못하는 정치인, 그들의 미래는

한국에서 정치인에 대한 국민들의 평가는 박하다. 직업별 평가를 보면 신뢰도 면에서 대개 최하위를 기록하곤 한다. '공익이 아닌 사익만을 추구하는 믿지 못할 사람들', '뽑아준 국민이 아니라 정당 간부나 계파 보스에만 충성하는 돌격대원들'… 섭섭하겠지만 이것이 많은 국민이 생각하는 정치인의 모습이다. 실제로 우리나라 국민이 정치권을 가장 부패한 집단이라고 생각한다는 조사 결과도 있다. 한국투명성기구가 한국갤럽에 의뢰해 2012년 9월부터 2013년 3월 전국의 성인 남녀 1,500명을 대상으로 벌인 대면 설문조사 결과다. 분야별 부패 점수(1~5점, 높을수록 부패)를 측정했는데, 정당(3.9점)과 국회(3.8점)가 가장 높았다. 이어 종교단체 3.4점, 공무원 3.3점, 사법부·경찰·민간기업·언론 3.2점, 군대·교육 분야 3.1점, 보건의료서비스 2.9, 시민단체 2.8점의 순이었다.[1]

국민의 평판이 이러니 스스로도 자괴감을 느끼는 정치인들이 많다. '멀쩡했던 사람도 정치판에만 가면 변한다'는 말을 들으니 그럴 만도 하다. 정장선 전 국회의원. 민주통합당 3선 의원이었던 50대 초반의 그는 2011년 말 불출마를 선언했다. 당시 그는 자신이 느꼈던 자괴감을 이렇게 표현했다.

"생각해보면 국회는 늘 파행이 있었어요. 많은 의원이 그런 생각을 할 겁니다. 흔히 말해 국회가 국민의 갈등이나 욕구를 풀어주는 역할을 하면서 보람을 느껴야 하는데, 나아진다고 생각하면서도 국민 눈에는 변하지 않은 모습이라고. 국회가 효율성만 따질 순 없지만 너무 비효율적으로 운영됐어요. 국회 파행 속에 법안 수백 건을 한꺼번에 처리하지 않나…. '내가 여기 왜 앉아 있나' 하는 자괴감이 들었어요. 그런 게 반복되니까, 한번 떠나보는 게 좋겠다고 생각한 거죠."[2]

하지만 선거 때가 되면 많은 사람들이 여전히 국회의원이 되기 위해 줄을 선다. 국회의원이 국회의사당에서 몸싸움을 하고 회의장 문을 부수거나 최루탄을 터뜨린다. 정당의 유력인사에게 돈을 줬다가 구속되기도 한다. 모두 공천을 받기 위한 몸부림들이다. 한번 맛을 보면 잊지 못한다 해서 마약에 비유되는 국회의원 배지. 정치인들은 가산을 탕진하고서라도, 온갖 비난과 수모를 겪고서라도, 국회의원이 되려 한다. 그런데 이제 새로운 정치 플랫폼이 등장하고 있다. 신뢰받지 못하는 정치인, 그들의 미래는 어떻게 될까.

검색의 정치, 상시경쟁으로 내몰다

새로운 정치 플랫폼은 정치인에게 어떤 의미로 다가올 것인가. 지금 일어나고 있는 가장 커다란 변화는 새로 등장하고 있는 정치 플랫폼에서 주도권이 정치인으로부터 공동체 구성원 개인으로 넘어가기 시작했다는 것이다. 그 변화의 동력은 검색과 소셜이다. 검색과 소셜이 정치 플랫폼에서 소외되고 고립되어 있던 개인을 부활시키고 있다.

우선 검색이 정치에서 갖는 의미부터 보자. 인터넷 세상에서는 검색되지 않는 것은 존재하지 않는 것과 같은 의미이다. 정치가 인터넷으로 빨려 들어가면서 정치인도 유권자 개개인들에게 검색되지 않는다면 존재하지 않는 것과 비슷한 처지가 될 것이다. 검색을 하는 주체는 개인이고, 검색의 대상은 정치인이다. 개인이 검색 시대의 도래와 함께 정치 플랫폼의 전면에 나서고 있는 것이다.

'검색의 정치'라는 플랫폼은 정치인에게는 힘든 환경이 될 것이다. 가격비교 사이트라는 검색이 인터넷 상거래 분야에 등장하면서 즐겨찾기를 해놓은 단골가게가 사라지고 치열한 무한 가격경쟁만이 남았듯이, 정치의 세상도 한번 국회의원이 되면 기득권이 어느 정도 보장됐던 평온한 시대는 막이 내릴 것이다. 에누리나 다나와 같은 가격비교 사이트를 쇼핑 플랫폼으로 사용하는 경우를 생각해보자. 예전 오프라인 시대에 우리는 가까운 상점을 방문해 물건을 구매해보고 만족스러우면 단골가게로 삼았다. 이후에는 그 단골가게가 특별한 잘못을 하지 않는 한 그곳에서 물건을 구매했다. 사실 고객에게는 별다른 방법이 없었다. 어디 존재하는지도 잘 모르는 다른 상점들의 가격이나 품질을 일일이 찾아 비교해보기가 쉽지 않았기 때문이다. 대안을 찾는 비용이 너무 컸기에 그 단골가게에 만족하며 살아갈 수밖에 없었다. 상점의 입장에서는 편안한 시대였다. 상점이 주도권을 갖고, 고객은 정보 부족으로 끌려가는 플랫폼이었다.

하지만 인근 매장은 물론 먼 지역의 수많은 매장까지 찾아 가격을 손쉽게 비교해주는 가격비교 사이트의 등장으로 모든 것이 변했다. 이제 소비자는 필요할 때마다 그때그때 가격비교 사이트에 들어가 그 시점에서 최고의 가치를 제시하는 상점을 검색해 물건을 산다. 단골가게의 의미는 희미해졌다. 소비자의 입장에서는 어느 상점에서 물건을 사느냐는 별로 중요하지 않아졌다. '어떤 가치'를 얻느냐가 가장 중요한 선택의 기준이 됐다.

정치 플랫폼도 마찬가지다. 정치의 미래에서 검색의 정치가 본격화되면, 어느 정치인(위의 '어느 상점')이냐가 아니라 어떤 가치를 얻느냐가 유권자의 가장 중요한 선택기준이 될 것이다. 그들은 단골 정치인을 택하기보다, 그때그때 자신에게 더 좋은 가치를 제시하는 정치인과 정책을 찾아 나설 것이다. 인터넷 시대에서 검색에 익숙해진 인류의 마인드에는 그게 자연스러운 모습이다. 정치인이 기득권을 보장받지 못하고, 유권자에게 성과와 감동, 가치를 상시적으로 제공하기 위해 끊임없이 경쟁해야 하는 전혀 새로운 구조의 정치 플랫폼이 등장할 것이다.

소셜 정치와 어텐션 정치,
정치인을 흔들다

소셜의 정치도 정치인에게 커다란 변화를 가져다주고 있다. 누구나 소셜 네트워크를 통해 쉽게 관계를 맺고 소통할 수 있는 시대다. 소셜도 정치 플랫폼의 주도권을 정치인에서 공동체 구성원 개개인으로 이전시키고 있다. 과거 매스미디어를 통해 일방적으로 정치인과 정당의 생각을 주입받고 자신의 의견은 표출하지 못했던 개인들. 그들은 소셜 네트워크에서 자신이 주도적으로 정치인과 관계를 맺고 자신의 생각과 호불호를 적극적으로 밝힐 수 있게 됐다. 한 걸음 더 나아가 비슷한 생각을 하는 다른 개인들을 찾아 쉽게 연대할 수 있는 소셜 네트워크의 특징을 활용, 정치인에게 자신의 요구를 표현하고 집단으로 압력을 넣어 관철시킬 수도 있게 됐다. 자신의 목소리를 내지 못하고 무시당했던 개인이 소셜과 스마트 기기를 무기로 자신의 주장을 널리 알리고 공동체

240

가 그것을 사회의 아젠다로 수용하게 만들 수 있게 된 것이다. 일방적으로 열세였던 개인은 이제 소셜 시대를 맞아 정치인과 대등한 위치로 올라서고 있다.

소셜의 정치는 정치인의 입장에서도 미디어 같은 중간 매개체를 거치지 않고 직접 국민과 소통할 수 있다는 장점이 생긴 것이 사실이다. 그러나 소셜 네트워크상에서의 팬은 언제 안티로 바뀔지 모르는 '양날의 칼' 같은 존재이기도 하다. 작은 실수 하나가 오랜 노력으로 쌓아온 팬 집단을 무너뜨릴 수 있다. 언제든 떠날 수 있는 존재가 소셜 네트워크상의 팬들이다. 최악의 경우에는 그 팬들이 오히려 더 적극적인 반대 집단으로 쉽게 바뀔 수도 있다. 정치인의 입장에서는 조심스러워질 수밖에 없는 환경이다.

어텐션(관심)이 가장 중요한 재화인 인터넷의 세상. 과거 개인들에게 일방적으로 자신의 생각과 의지를 제시하기만 하면 됐던 정치인은 이제 개인들의 어텐션을 얻기 위해 일희일비하며 애써야 하는 정치 플랫폼을 맞이하고 있다. 소셜 정치와 어텐션 정치가 본격화되는 정치의 미래에 정치인의 일상은 고될 것이고, 위상은 불안정해질 것이다.

정치인을 주시하는 사방의 감시자들

스마트 시대가 프라이버시의 개념을 바꿔놓고 있다. 많은 사람들이 고성능 카메라와 녹음기가 달려 있는 스마트 기기를 들고 다니며 기록을 남기는 시대이다. 여기에 거리와 실내 공간 곳곳에 설치되어 있는 CCTV, 수많은 자동차에 장착되어 세상 곳곳을 녹화하고 있는 자동차 블랙박스를 더하면 우리는 이미 프라이버시가 사라진 세상에서 살고 있는지도 모른다. 앞으로는 곤충 등의 모습으로 위장한 소형 비행물체 드론까지 등장해 주변을 녹화하고 녹음할 것이다. 나의 언행이 모두 누군가에 의해 기록되어 인터넷에 저장되고 있다고 생각하며 행동하는 것이 마음 편한 세상이다.

2013년 4월의 미국 보스턴 마라톤 테러범 검거 과정은 이런 새로운 시대의 모습을 단적으로 보여주었다. 미국 연방수사국FBI 등 수사 당국은 테러 현장 근처의 수많은 CCTV 영상과 시민들이 보내준 동영상, 사진 자료를 분석해 범인을 지목해 검거했다. 테러가 발생하자 FBI는 시민에게 현장을 찍은 사진이나 동영상을 보내달라고 요청해 방대한 분량의 자료를 받았다. 시민들은 파일을 수사 당국에 보내거나 인터넷에 올렸고 인터넷 커뮤니티들은 동영상과 사진을 분석해 수상한 인물을 추적하는 '네티즌 수사대' 역할을 했다.

FBI는 확보된 사진과 영상들을 조합해 테러 장면을 마치 영화처럼 재구성했다. 그리고 야구모자를 쓰고 배낭을 맨 채 테러 현장 부근에서 수상한 행동을 하는 용의자 두 명의 모습을 확인했다.[3] 제품 생산 과정에 대중을 참여시켜 더 좋은 제품을 만드는 '크라우드소싱'이 테러범 검거에도 활용된 것이다. 이것이 가능했던 건 지금이 곳곳에 CCTV 카메라가 설치되어 있는 데다 다수의 시민들이 스마트폰을 휴대하고 다니며 항상 자신의 주변을 기록해 보관하는 시대이기 때문이다.

이 같은 변화는 정치에도 큰 영향을 미친다. 이제 정치인은 인터넷과 컴퓨터, 스마트 기기로 무장한 개인들에게 항상 '주시'당하고 '기록'당하며, 문제가 될 경우 언제든 '조사'받아야 하는 시대를 살게 될 것이다. 언제 어디서 나의 말이나 글, 행동이 시민들에게 포착되어 만천하에 공개될지 모르는 시대이다.

이에 더해 지금은 스마트 기기를 통해 언제 어디서나 인터넷에 접속해 있을 수 있는 상시접속 시대이고, 손쉽게 자신의 생각을 표현하고 퍼뜨릴 수 있는 소셜 시대이기도 하다. 어텐션을 끄는 내용이라면 누군가에 의해 기록된 정치인의 개인 데이터가 빛의 속도로 공동체 전체에 전파될 수 있다는 의미다. 〈뉴욕타임스〉 법칙New York Times' rule’은 내가 지금 하려는 것이 내일 아침 〈뉴욕타임스〉 1면에 실려도 떳떳할지 자신에게 질문해보고 그 답이 '아니오'라면 그 행동을 하지 말라는 것이다. 정치인은 중요한 의사결정을 할 때는 물론이고 소소한 일상생활에서조차 사방에 존재하는 감시의 눈을 의식하며 〈뉴욕타임스〉의 법칙을 염두에 두고 행동해야 하는 시대를 살아야 할 것이다. 공공장소에서뿐만 아니라 아무도 모를 것 같은 은밀한 장소에서도 언제 자신의 말과 행동이 '감시자들'에게 기록되어 소셜 네트워크를 통해 빠르게 세상에 퍼질지 모르기 때문이다.

'과거'는 지워지지 않고
인터넷에 영원히 남는다

인터넷 세상은 한 번 기록이 되면 좀처럼 지우기가 힘든 곳이다. 삭제는 사실상 불가능하다. 글이나 사진이 인터넷에 올라가는 순간 그 콘텐츠는 즉시 수많은 곳으로 복사되어 퍼질 수 있기 때문이다. 게다가 검색은 인터넷 구석 어딘가에 남아 있는 데이터를 손쉽게 찾아내 세상에 다시 드러내준다.

2012년 한국의 4·11 총선. '김용민 막말 파문'이 돌연 선거판을 뒤흔들었다. 야권의 압승이 예상됐던 선거는 그 영향으로 여권의 승리로 끝났다. '지워지지 않고 영원히 남는 과거'의 위력을 보여준 대표적인 케이스다. 김용민은 2011년 김어준, 주진우, 정봉주와 함께 진행한 팟캐스트 '나는 꼼수다'로 유명인이 되었다. 미국 〈뉴욕타임스〉 1면을 장식하기도 했던 나꼼수의 인기는 이듬해 선거에서 그를 제1야당의 서울지

역 국회의원 후보로 만들어주었다. 하지만 거기까지였다. 그가 기성 정치를 조롱하는 '게릴라'에서 국회의원이라는 '정규 정치인'으로 변신하려 하자 과거가 그의 발목을 잡았다. 제도권 정치에 발을 들여놓기 전까지는 인터넷이라는 구름 속에 조용히 묻혀 있었던 그의 과거 발언들이 출마를 계기로 검색되어 세상에 쏟아져 나왔다. 문제가 된 발언은 김용민이 2004~2005년 인터넷 성인방송에 출연해 내뱉은 '라이스(전미국 국무장관)를 강간해서 죽이자'는 부분이었다. 신문과 방송, 인터넷은 김용민 파문으로 도배가 되었고, 그는 선거에서 자신을 공천해준 정당과 함께 패배했다.

김용민 케이스는 이제 시작에 불과하다. 앞으로 인터넷에서 지워지지 않고 영원히 존재하는 과거의 행적이 시민들의 검색을 통해 세상에 알려지면서 낙마의 쓰라림을 맛볼 정치인이 계속 나올 것이다. 이 역시 정치인에게는 부담스러운 정치 플랫폼의 변화이다.

내가 인터넷에 접속해 무언가를 한다는 것은 그 순간부터 나의 행적을 만천하에 공개하겠다는 의미가 되는 시대다. 글을 쓰고 댓글을 달거나 페이스북에 '좋아요' 버튼을 누르는 등 내가 하는 모든 행동은 바로 기록되어 인터넷이라는 '구름' 위에 영구히 보관된다. 과거의 흔적들이 언제 시민들의 검색을 통해 '지상'으로 내려와 나의 발목을 잡을지 모른다. 정치인들은 앞으로 더욱 자주 언론사 기자나 일반 시민들에게서 이런 말을 듣게 될 것이다. "당신을 구글에서 검색해봤는데요, 이런 문제점을 발견했습니다…."

신인에게 열리는 문,
짧아지는 성공의 유효기간

새로운 정치 플랫폼은 신인에게 '새로운 문'을 열어주고 있다. 시민에게 직접 호소할 수 있는 통로가 그것이다. 새 플랫폼에서 명성을 얻기 위해서 반드시 정당이나 이익단체 같은 기존의 정치조직이 필요한 건 아니다. 싸이가 세계 음악시장에서 유명 에이전시나 TV 프로듀서라는 기존의 통로가 아닌 유튜브라는 플랫폼에 직접 자신을 보여주는 '새로운 문'을 통해 세계적인 스타가 된 것과 같은 맥락이다. 정치의 미래에서는 자신의 콘텐츠가 있고 의지가 있다면 기성 정치인뿐만 아니라 누구나 유권자의 어텐션(관심)을 얻을 기회를 갖게 될 것이다. 그 플랫폼에서는 지금 어떤 직함을 갖고 있느냐보다 지금 무엇을 보여줄 능력을 갖고 있느냐로 평가받을 것이다.

새 정치 플랫폼에서는 또 '성공의 유효기간'이 짧아진다. 변화가 빠른 시대에는 과거 경험보다 '적응능력'이 중요한 덕목이 된다. 경제 분야에서 이미 우리가 목격하고 있는 모습이다. 인터넷, 모바일, 스마트, 글로벌이라는 다중혁명이 몰아친 경제의 세계. 혁신을 위한 경쟁은 치열해졌고, 성공의 유효기간은 짧아졌다. 혁신경쟁에서 승리한 기업이 그 성공의 달콤함에 빠져 있다가는 순식간에 경쟁기업에게 추월당한다. 넘치는 정보와 발달된 테크놀로지가 성공기업의 전략과 제품을 즉시 모방할 수 있게 해주기 때문이다. 결국 '상시 혁신'만이 기업의 지속적인 성공을 보장해준다. 소니, 삼성,애플이라는 혁신기업들의 물고 물리는 경쟁의 역사가 이를 말해준다. 스티브 잡스의 애플은 아이폰과 아이패드, 앱스토어라는 혁신을 통해 최고의 기업으로 등극했지만, 그 영광 또한 오래가지 못할 것이다.

험하고 힘든 세상이다. 그런데 이런 환경은 신인의 성공 가능성을 높여주기도 한다. 참신함과 창의성으로 무장한, 변화의 흐름을 빨리 받아들일 수 있는 신진기업에게는 거칠지만 해볼 만한 환경이 될 수 있다. 과거에 비해 토지, 설비, 자본, 기존 기술의 중요성이 감소하고 혁신과 적응능력이 경쟁력의 핵심이 된 시대는 신인에게 우호적인 토양이 될 수 있다는 얘기다. 이는 과거에 성공을 경험했던 대기업도 항상 신인으로 다시 태어날 수 있어야만 생존할 수 있다는 의미가 된다. 실제로 우리는 얼마 전까지만 해도 혁신의 성공사례로 칭송받던 업계 1등 기업이 순식간에 추락하는 사례를 잇따라 목격하고 있다.

이런 시대의 모습은 정치인에게도 예외가 아니다. 미래의 정치 플랫폼에서는 기존 정치인이 혜성처럼 등장한 신인에게 밀려나는 모습을 더욱 자주 보게 될 것이다. 빠르게 변화하는 세상에서 신인이 가벼운 몸으로 적응하며 혁신할 수 있다면, 과거에 묶여 몸이 무거운 기존 정치인보다 경쟁력을 갖추기가 유리할 수 있다. 검색의 정치 시대에서 과거의 흔적들이 많은 기존 정치인은 과거가 적은 신인에 비해 불리한 상황에 처하기도 쉽다. 신인에게 넘기 힘든 장벽이었던 기존의 폐쇄적인 정치 플랫폼이 무너지면서 신인에게 우호적인 새로운 정치 플랫폼이 등장하고 있다. 정치의 길은 치열해질 것이며, 정치인의 성공은 그 유효기간이 짧아질 것이다. '영원한 신인'으로 상시 혁신할 수 있는 정치인만이 생존할 수 있을 것이다.

정치인이 걸어야 할 길은
경청과 소통, 공감, 신뢰

정치인이 이처럼 급변하는 새 정치 플랫폼에 적응하기 위해서는 무엇보다 '새로운 소통 환경'을 이해하고 받아들여야 한다. 인간의 소통 방식은 '1 대 1'에서 인쇄혁명을 거치며 '1 대 다'로 바뀌었고, 인터넷과 소셜 혁명을 통해 '다 대 다'로 변화했다. 인쇄혁명이 소수의 성직자만 읽을 수 있었던 필사본 성경을 누구나 읽을 수 있도록 만들어 종교혁명과 자유평등 사상의 '확산'을 가져왔다면, 스마트 소셜 혁명은 누구나 정보를 쉽게 얻고 자신의 의견을 발신하며 타인과 연결할 수 있게 해줌으로써 정치혁명과 자유평등 사상의 '완성'을 가져올 것이다.

이런 변화 속에서 정치인이 과거의 1 대 다 소통방식에서 벗어나지 못한다면, 즉 자신이 일방적으로 주도권을 갖고 정보와 생각을 다중에게 주입하려 해서는 새로운 정치 플랫폼에서 소외되고 도태될 수밖에

250

없다. 공동체 구성원들이 그런 정치인을 용납하지 않을 것이기 때문이다. 정치인 자신도 다 대 다라는 거대한 상호 소통 네트워크 속의 하나에 불과하다는 '개방적이고 낮은 자세'로 임할 때만 이 새로운 정치 플랫폼에서 소외되지 않고 성장할 수 있다.

그렇다면 정치인이 걸어야 할 개방적이고 낮은 자세란 무엇인가. 그것은 실시간realtime 소통과 경청, 그리고 공감의 정치이다. 소셜이라는 시대는 무선인터넷 인프라의 확산과 결합해 '리얼타임'이라는 사회문화적 특징을 만들어냈다. 페이스북이나 트위터를 생각해보면 쉽다. 인간은 소셜 미디어와 함께 생활하면서 자연스럽게 '즉각적인 반응'을 기대하게 됐다. 내가 소셜 네트워크에 글을 올리면 타인들이 즉시 반응을 하고, 나는 그 반응을 실시간으로 확인하며 '존재감'을 느낀다. 쉽게 피드백 할 수 있게 해주는 페이스북의 '좋아요' 버튼과 트위터의 리트윗 기능은 이 리얼타임이라는 시대에 정확히 부합하는 인터페이스이다. 정치인은 이런 시대적 변화에 적응해야 한다. 소셜 미디어를 포함한 그의 정치활동에서 리얼타임이라는 사회문화적 특징을 염두에 두고 시민들과 소통해야 한다. 리얼타임으로 소통한다는 것은 정치인이 시민들의 의견을 '경청'해야 한다는 의미이기도 하다. 경청을 해야 제대로, 그리고 실시간으로 반응할 수 있기 때문이다.

경청하면서 실시간으로 소통한다는 것은 정치인이 시민들과 공감한다는 의미이다. 그런데 공감은 낮은 자세와 연결된다. 높은 존재는 두려움이나 부러움, 존경의 대상은 될 수 있지만 공감의 대상이 될 수는 없다. 인간은 나와 유사한 존재에게 공감을 느낀다. 정치인이 시민들의 공감을 받고 싶다면 하늘에서 땅으로 내려와 몸을 낮춰야 한다. 정치와 속성이 비슷한 대중문화의 세계를 보면 이해가 쉽다. 과거 대중미디어 시대의 스타는 대개 천상의 존재였다. 나와는 차원이 다른 존재, 다른 세상에 사는 존재가 그들이었다. 숭배의 대상이었던 스타는 자신의 모습을 대중에게 드러내지 않았고, 이런 신비주의 전략이 통했다.

그러나 소셜 시대의 스타는 대부분 다른 모습이다. 과도하다 싶을 정도로 자신을 노출한다. 예능 프로그램이나 토크쇼에 출연해 사적인 시시콜콜한 이야기를 하고 치부를 드러내기도 한다. 그래야 스타가 될 수 있고, 계속 그 자리를 지킬 수 있는 시대다. 사람들이 스타의 그런 모습을 원하기 때문이다. 소셜 시대의 인간은 숭배가 아닌 공감을 원한다. 그들은 자신과 비슷한 모습을 하고, 유사한 고민을 하며 때로는 힘겨워하기도 하는 스타에게 공감하고 열광한다.

왜 사람들의 생각이 바뀌었을까. 소셜 시대를 사는 개인의 마음속에는 스타도 나와 별로 다를 것이 없는 존재라는 대등의식이 자리 잡고 있다. 평등의식의 확산이다. 개인은 소셜 네트워크 속에서 생활하면서 나도 내 목소리를 낼 수 있고 내 존재를 드러낼 수 있다는 '나의 증강된 힘'을 인식하게 됐다. 나도 잘만 하면 스타가 될 수도 있다는 생각을 한다. 이미 소셜의 세상에서 개인은 비록 규모는 작지만 페이스북이나 트위터 등에서 나름의 팬을 거느린 '작은 스타'가 되어 있기도 하다. 정치인은 이런 사람들의 생각의 변화를 이해하고 수용해야 한다. 정치인이 걸어야 할 길은 국민의 목소리를 경청하고 실시간으로 소통하며, 땅으로 내려와 낮은 자세로 공감하는 것이다.

정치인에게 더욱 중요해지고 있는 또 하나의 가치는 '신뢰'이다. 그리고 신뢰에 기반하는 '평판'이다. 물론 신뢰는 스마트 소셜이라는 새로운 정치 플랫폼이 등장하기 전에도 중요한 정치인의 덕목이었다. 그러나 이제 그 중요성은 비교가 안 되게 커졌다. 그건 새로운 정치 플랫폼의 민주적이고 참여적인 파급효과 때문이다. 시민들이 스마트 기기로 인터넷에 상시접속해 있는 정치 플랫폼. 정치인의 부정이나 거짓은 기자의 기사 하나, 일반인의 블로그 글 하나가 도화선이 되어 순식간에 일파만파로 세상에 퍼진다. 주저하지 않고 자신의 의견을 표출하는 개인들이 소셜 네트워크를 통해 정치인에게 빠르고 강력하게 타격을 입힐 수 있게 됐다. 새로운 정치 플랫폼에서는 정치인이 평판을 관리하고 통제하는 것도 힘들어진다. 과거의 폐쇄적이고 독점적이었던 대중미디어 시대에서는 소수 미디어들과의 암묵적인 상부상조 관행으로 신뢰의 위기를 무마하거나 관리할 수도 있었겠지만, 이제 그런 시절은 지나가고 있다.

변화하는 권력 개념과 아렌트

정치권력은 내가 원하는 것을 하도록 타인을 강제할 수 있는 정치적인 힘을 의미한다. 인간은 이런 권력을 '축적'할 수 있다고 생각했고 가능한 한 더 많이 소유하려 노력했다. 그러나 이제 권력의 개념 자체가 바뀌고 있다. 정치의 미래에서 권력은 '관계와 연결에 기반하는 축적 불가능하고 한시적인 존재'가 될 것이다.

인터넷 시대를 살았던 것은 아니었지만, 정치철학자 한나 아렌트(1906~1975)는 1962년 이런 말을 했다. "권력은 오직 사람들이 행위의 목적들을 위해 함께 모일 때에만 생성되며, 그것은 어떤 이유에서든 사람들이 흩어져 각자의 자리로 돌아갈 때 사라진다."⁴ 앞으로 스마트 소셜 정치 플랫폼상에서 권력은 궁극적으로는 사람들이 온라인과 오프라인에서 모여 의견을 나누고 의사를 표출하는 곳, 즉 관계와 연결에 존재하게 될 것이다. 그 권력은 현재의 정당이나 이익집단처럼 특정한 형태를 갖춘 지속적인 조직의 것이 아니라 비정형적이고 임시적인 조직의 것이다. 목표가 달성되면 그 관계와 연결은 사라지고 그 권력 또한 사라진다. 그런 권력은 정치 플랫폼상에서 계속 등장하고 사라지기를 반복할 것이다. 한동안 이런 새로운 개념의 권력은 기존 권력과 공존할 것이고, 점차 기존의 권력 개념을 압도할 것이다.

이와 관련해 아렌트의 '공론장public sphere'에 대한 생각은 정치의 미래에 등장할 권력 개념을 이해하는 데 도움이 된다. "정치는 국회나 청와대 같은 국가기구에서 행해지는 공식적인 행위가 아니다. 정치의 공간은 평범한 인간들이 모여 발언하고 행동하는 것을 통해 서로를 드러내고 관계를 맺는 가운데 생기는 공간이다. 모두에게 드러나는 공개적인 public 공간에서 공동의common 문제를 논의하고 행동하는 공간이 바로 공론장이다. 이렇게 서로 모여 소통하고 함께 행동하는 공론장은 경계가 없다. 공론장은 벽에 둘러싸인 건물도, 특정한 장소도, 특정 인물만이 참여하는 공간도 아니다. 언제 어디서나 참여자들이 관심을 가지고 동등하게 발언하고 행동함으로써 창조되는 공간이 공론장이다. 따라서 공론장은 사람들이 함께 모여 참가하면 생겨나고, 흩어지면 사라지는 잠재적 공간이다. 국민들의 민생을 논하는 곳이 진정한 국회가 되는 것이지 위엄 있는 국회 건물이 모두 국회는 아닌 것이다."5

아렌트가 생각했던 공론장 개념은 사실 오프라인의 세계에서는 현실 적용에 한계가 있었다. 소규모 도시국가였던 고대 아테네의 참여민주정 당시에는 가능했을 수 있지만, 이후의 대규모 국가에서는 그 실현이 불가능했다. 그러나 미래의 소셜 스마트 정치 플랫폼에서는 아렌트의 공론장 모습과 비슷한 정치가 등장할 것이다. 정치행위가 벌어지는 장소는 국회나 청와대 같은 국가기구에서, 개인들이 공동의 문제에 대한 자신의 생각을 표출하며 다른 개인들과 관계를 맺고 연결하는 인터넷 공간으로 빠르게 이동할 것이다. 여의도에 있는 국회의사당 건물이 아니라 인터넷이라는 구름위에 형성되는 '스마트 소셜권smart social sphere'이 미래 정치의 장이 될 것이다. 그리고 권력은 소수가 앉아 있는 '밀실'을 벗어나 공동체 구성원들의 '네트워크' 속에 존재하게 될 것이다. 그 권력의 특징은 '관계와 연결에 기반하는 축적 불가능한 한시적 권력'이다.

이 과정에서 과거의 권력 개념에서 탈피하지 못하고 권력을 소유하고 축적하려 시도하는 정치인은 정치 플랫폼에서 도태될 것이다. 그리고 정치의 미래에서 정치인의 역할은 변화하는 권력 개념을 기꺼이 받아들이고 집사나 대리인으로서 명멸하는 시민들의 연결권력을 실무적으로 집행하며 공동체에 공헌하는 것이 될 것이다.

직업으로서의 정치, 공헌으로서의 정치

새로운 정치 플랫폼에서 정치인은 경청과 소통, 공감, 신뢰의 길을 걸어야 한다. '관계와 연결에 기반하는 축적 불가능한 한시적인 것'이라는 권력 개념의 변화를 낮은 자세로 받아들여야 한다. 그래야 생존하고 성장할 수 있다. 이 같은 정치의 미래는 '공헌으로서의 정치'의 시대가 될 것이다.

막스 베버는 '직업으로서의 정치'에서 이렇게 말했다. "정치를 자신의 직업으로 삼는 데에는 두 가지 방식이 있습니다. 그 하나는 정치를 '위해서' 사는 것이고, 다른 하나는 정치에 '의존해서' 사는 것입니다. (…) 직업으로서의 정치에 '의존'해서 사는 사람은 정치를 지속적 소득원으로 삼고자 하는 사람인 데 반해, 정치를 '위해서' 사는 사람의 경우에는 그렇지 않습니다."[6] 이렇듯 베버는 정치인을 '정치에 (경제적으로) 의존해서' 사는 직업정치가와 '정치를 위해 사는' 직업정치가, 즉 소명의식을 가진 정치가로 구분했다.[7] 전자는 우리가 경멸하는 직업정치꾼, 후자는 이상적인 정치인이다. 베버는 이 책에서 소명의식을 가진 정치가는 열정, 책임감, 균형감각이라는 세 가지 자질을 갖춰야 한다고 말했다.

많은 부분이 국회의사당이 아닌 스마트 소셜권에서 이루어질 정치의 미래. 시민들은 정치를 '자신의 일'로 여기고, 정치인을 자신과 '대등한 존재'로 생각하게 될 것이다. 이미 정치인과 일반인의 경계는 점차 사라지기 시작했다. 트위터 등 소셜 네트워크에서 발언하는 개인의 정치적 영향력이 정치인보다 더 큰 경우도 많아졌다. 그리 어렵지 않게 시민이 '사실상의 정치인'이 될 수 있는 시대다. 다른 분야들도 비슷하다. 플랫폼이 바뀌면서 능력과 의지만 있다면 학생이 선생이 될 수 있고, 팬이 스타가 될 수 있으며, 소비자가 생산자와 자리를 바꿀 수 있는 시대가 됐다.

베버는 변호사 출신 정치인이 많은 이유를 변호사라는 직업이 갖는 특징 때문이라고 해석했다. 의사나 기업인 등은 업무의 특성상 자신이 직접 해야 할 일이 많아 정치 참여를 위한 시간을 내기 힘들지만 변호사는 다르다는 것이다. 베버의 이 말도 이제는 과거의 이야기가 될 것이다. 정치의 미래에서는 커뮤니케이션 테크놀로지의 발달로 정치 참여에 필요한 시간과 비용이 대폭 감소할 것이고 개인이 다른 직업을 갖고 있다는 것이 일상적인 정치 참여에 그리 큰 부담이 되지 않게 될 것이기 때문이다. 이렇게 정치인과 시민의 경계가 사라지는 시대에 정치에 '의존해서' 사는 정치꾼이 시민의 인정을 받고 생존하기는 힘들다.

베버는 폐렴으로 세상을 떠나기 1년 전이었던 1919년 대학생들을 대상으로 한 '직업으로서의 정치' 강연을 '그럼에도 불구하고!'라는 유명한 말로 마무리했다. "자신이 제공하려는 것에 비해 세상이 너무나 어리석고 비열하게 보일지라도 이에 좌절하지 않을 사람, 그리고 그 어떤 상황에 대해서도 '그럼에도 불구하고!'라고 말할 능력이 있는 사람, 이런 사람만이 정치에 대한 '소명'을 가지고 있습니다."[8] 정치인은 자신의 기대에 못 미치는 세상과 사람들에 좌절하지 않고 단단한 의지로 계속 자신이 품은 이상을 실현하려 노력해야 한다는 조언이었다.

그로부터 100년 가까이 지난 지금, 정치의 플랫폼이 바뀌고 있다. 인터넷과 스마트 기기로 무장한 유권자 개인은 역사상 그 어느 시대보다 많은 정보를 갖고 있으며 소셜 네트워크를 통해 집단적인 지혜와 강한 목소리를 낼 수 있는 힘을 갖추어가고 있다. 정치인의 탐욕과 지배욕은 더 이상 발을 붙이기 힘들어졌다.

따라서 정치의 미래에서 베버의 말은 다음처럼 바뀔 것이다. "새로운 정치 플랫폼이 과거처럼 정치인에게 권력과 돈과 명성을 크게 주지 않을지라도 이에 좌절하지 않을 사람, 그리고 그 어떤 상황에 대해서도 '그럼에도 불구하고!'라고 말하며 공동체와 공동체 구성원들에게 충직한 집사와 대리인으로서 '공헌'할 수 있는 사람, 이런 사람만이 정치에 대한 '소명'을 가지고 있는 것이다." 정치의 미래는 '공헌으로서의 정치'의 시대가 될 것이다.

정치인인 시민, 시민인 정치인···
국회의원은 사라질 것인가

한국에서 대통령 선거전이 한창이었던 2012년 10월 23일. 무소속 안철수 후보가 정치개혁안의 하나로 의원 정수 축소를 발표했다. 이후 한국사회에서는 한동안 국회의원 숫자에 대한 논쟁이 치열하게 벌어졌다. 현재 우리나라 국회의원은 모두 300명. 의원 한 명이 유권자 16만 3,000명을 대표하고 있다. 이 300명이라는 숫자는 많은 것인가 적은 것인가. 인구 대비 의원 숫자는 선진국들 간에도 나라마다 다르다. 미국은 의원 1인 당 약 60만 명을 대표하고 있고 이탈리아는 약 6만 5,000명 정도를 대표하고 있다. 미국과 비교하면 우리는 의원 수를 대폭 감축해도 될 것 같고, 이탈리아와 비교하면 오히려 늘려야 할 것 같기도 하다. 게다가 단원제인 우리와는 달리 양원제를 시행하고 있는 나라들도 있어 일률적으로 비교하기란 더욱 어렵다.

의원 수 감축 주장이 나오는 것은 무엇보다 정치인에 대한 국민들의 강한 불신 때문이다. 국민을 대신해 일하기는커녕 개인이나 당 보스의 이익만 추구하는 것으로 보이는 국회의원들이 300명이나 있을 필요가 있느냐는 불만이다. 인구가 3억 명이 넘고 국토면적도 훨씬 큰 미국도 상원의원 100명, 하원의원 435명으로 의원 수가 총 533명에 불과하다. 그 의원들이 우리의 국회보다 비좁은 의사당 공간에서 토론하고 법안을 심의하고 있지 않느냐는 것이다.

반면에 의원 수를 오히려 늘려야 한다는 입장은 국회가 다양한 계층을 대표할 수 있도록 국민의 대변자인 국회의원의 숫자를 증가시켜야 한다고 주장한다. 의원 한 명이 대표하는 인구수가 경제협력개발기구 OECD 34개국 중에 우리나라가 네 번째로 많다는 것을 근거로 제시한다. 우리나라보다 의원 1인당 대표 인구수가 많은 나라는 일본, 멕시코, 미국 정도이며, 스페인, 이태리, 프랑스, 영국, 독일, 터키 등 많은 나라들이 모두 우리나라보다 더 적은 수의 인구를 대표하고 있다는 것이다.

그런데 의원 수 증원론의 가장 중요한 전제는 국회의원이 국민을 대변할 것이라는 가정이다. 문제는 이 전제가 국민에 의해 의심받고 있다는 데 있다. 의원이 국민을 대변하지 않는다면 숫자를 늘린다고 달라질 것은 별로 없고, 오히려 운영비용과 국민의 불만만 더 높일 수 있다. 따라서 핵심은 숫자 논쟁이 아니라 어떻게 하면 국회의원들이 국민을 대표하지 않을 수 없도록 '강제'하느냐에 있다. 의원들이 국민을 대변하도록 국민참여와 제도로 강제하는 것이 중요하지 숫자는 부차적인 문제다. 국회의원이 현재 국민을 제대로 대변하지 못하고 있으며 그 때문에 국민들의 불만이 크다는 사실을 솔직히 인정하고, 먼저 국회의원 숫자 감축과 특권 철폐 등으로 '성의'를 보이면서 현실에서 국민을 제대로 대변하는 모습을 보여준 뒤, 의원 수 증원 여부를 논의하는 것이 바람직한 길이다.

그런데 사실 이런 의원 수 논쟁은 사소한 문제일지도 모른다. 국회의원과 관련된 근본적인 변화가 정치 플랫폼에 밀려오고 있기 때문이다. 앞에서 살펴본 대로 정치의 미래에서는 공동체 구성원들이 정치행동, 즉 자신의 의사를 표시하고 타인과 관계를 맺으며 연대하는 것이 손쉬워지고, 또 그 공동체 구성원들 전체의 생각과 의견, 즉 소셜 의지를 확인하는 것도 빅 데이터 분석 등을 통해 실시간으로 가능해질 것이다. 그리고 결국에는 정치인과 시민의 '경계'가 사라지는 날이 올 것이다. 그건 더 이상 정치인이 '특별한 직업'이 아닌 것이 된다는 의미다. 공동체 구성원 모두가 '시민이자 정치인'인 모습, 모든 구성원이 번갈아가며 통치하고 통치 받는 모습. 그것이 정치의 미래의 궁극의 모습이다.

그런 정치의 미래에서 우리는 아리스토텔레스가 『정치학』에서 '훌륭한 시민의 탁월함'이라고 표현했던 모습을 인간에게서 찾아볼 수 있게 될까. 아리스토텔레스는 『정치학』에서 이렇게 말했다. "'지배를 받아보지 않은 사람은 좋은 지배자가 될 수 없다'는 말은 옳은 말이다. 치자와 피치자의 탁월함은 서로 다른 것이지만, 훌륭한 시민은 이 두 가지에 다 능해야 한다. 말하자면 훌륭한 시민은 자유민답게 지배할 줄도 알고

자유민답게 복종할 줄도 알아야 하는데, 이런 것들이 바로 시민의 탁월함이다."⁹

정치의 미래에서는 결국 시민과 정치인의 경계가 사라지고 통합되면서, 인류는 지배할 줄도 알고 복종할 줄도 아는 두 가지 능력을 모두 갖춘 '궁극의 시민'으로 돌아갈 수 있을 것이다. 그리고 지금 우리가 비판하는 현재의 국회의원이나 지방의원은 사라지고, 국민을 위한 '집사'의 역할을 번갈아 하는 새로운 모습의 '시민인 정치인', '정치인인 시민'이 등장할 것이다.

1 김동규, '정치권, 가장 부패⋯ 종교단체·공무원順', 연합뉴스, 2013.7.9.
2 배수강, '상층부 지시에 의원은 분자⋯ 독립된 역할 못했다'(정장선 인터뷰), 신동아, 2012년 2월호
3 안효성, 'CCTV·제보로 영상 재구성⋯ 용의자 바로 꼬리 잡혔다', 중앙일보, 2013. 4. 19.
4 한나 아렌트, 『온 레볼루션(혁명론)』, 174쪽, 엘리자베스 영-브루엘, 『아렌트 읽기』, 서유경 역, 산책자, 177쪽에서 재인용
5 김경희, 『공화주의』, 책세상, 2009, 71~72쪽
6 막스 베버, 『직업으로서의 정치』, 전성우 역, 나남, 2007, 38쪽
7 막스 베버, 『직업으로서의 정치』, 전성우 역, 나남, 2007, 6쪽
8 막스 베버, 『직업으로서의 정치』, 전성우 역, 나남, 2007, 142쪽
9 아리스토텔레스, 『정치학』, 1277b7, 천병희 역, 도서출판 숲, 2009, 144쪽

Athens

Rome

Community

Aristoteles

Politics

Machiavelli

Social

Participation

Rousseau

Smart

Freedom

Social network

Future

09

정치의 미래, 정치의 종언

소셜 의지는 정치와 인간을
구원할 것인가

소셜 의지는
정치와 인간을 구원할 것인가

레이 커즈와일은 사람들이 가까운 시일 내에 이룰 수 있는 것에 대해서
는 과대평가하고(필수 항목들을 무시하기 쉽기 때문에), 먼 장래에 이룰 수
있는 것에 대해서는 과소평가하는(기하급수적 발전을 무시하기 때문에) 경향
이 있다고 말했다.[1] 그리고 사람들이 미래의 발전력을 턱없이 과소평가
하는 이유는 '역사적으로 확인된 기하급수적' 관점이 아니라 '직관적으
로 느껴지는 선형적' 역사관에 의해 미래를 예측하기 때문이라고 그는
설명했다.[2]

정치의 미래를 정리한 이 책에는 가까운 미래와 먼 미래에 대한 내용
이 모두 담겨 있다. 그 중 지금 이미 도래하고 있는 정치의 모습은 우리
눈에 보이기 때문에 그리 어렵지 않게 알아볼 수 있다. 문제는 아직 전
혀 모습을 드러내지 않고 있는, 조금은 먼 20~30년 이후 미래에 대한

내용들이다. 눈에 보이지 않기에 이 책에 제시된 내용의 실현 가능성에 의문이 들 수도 있겠다. 하지만 빌 게이츠도 자주 인용했던 커즈와일의 말처럼, 우리는 정치라는 분야에서도 먼 미래에 대해서는 과소평가하기 쉽다. 지금은 도무지 일어날 것 같지 않아 보이는 모습들도 생각보다 훨씬 빨리 우리 곁을 찾아올 것이다. 공동체가 건강성을 유지하고 번영할 수 있도록 공동체 차원에서 정치의 미래의 본질을 이해하고 미리 준비를 시작해야 하는 이유이다.

아리스토텔레스는 기원전 4세기 영광스러운 아테네 폴리스의 정치적 삶이 절정기를 지나 쇠퇴하고 있을 때 『정치학』이라는 인간 공동체 문제에 대한 고전을 썼다. 이번 마지막 장에서는 '정치학의 시조'라고 불리는 2,000여 년 전의 아리스토텔레스의 생각과 함께 정치의 미래에 대한 전체 내용을 다시 짧게 개관해보며 지금까지의 '탐색'을 마무리해보자.

정치의 원형과 스마트 소셜 정치 플랫폼

이상적인 정치는 자유롭고 평등한 개인이 공동체에 참여해 공익에 공헌하며 개인과 공동체의 행복을 만들어가는 과정이다. 인류는 개인이 자유인으로 자립해 공동체의 일에서 소외되지 않고 공동체에 공헌하며 살아갔던 소중했던 경험을 가지고 있다. 고대 아테네 민주정과 로마 공화정 중의 짧았던 기간 동안이었다. 민주(참여)와 공화(공존·공익)라는 당시의 모습을 우리는 앞에서 정치의 원형이라고 불렀다.

아테네와 로마에서 정치의 원형이 가능할 수 있었던 요인은 시민 개인의 자립이었고, 그것의 기반은 노예제와 제국주의적 팽창에 따른 물질적인 잉여와 시간적인 여유였다. 그 잉여와 여유 덕분에 시민들은 자립해 공동체의 일에 직접 참여하며 자신과 공동체를 만들어갔다. 노예제와 제국주의적 팽창은 인류 역사에서 다른 시대와 다른 나라에서도 존재했었지만 그곳에서 정치의 원형은 나타나지 않았다. 물적 토대 외에 시민들이 만든 아테네와 로마의 문화와 제도가 더해져 정치의 원형은 가능했다. 그리고 그 기반과 문화, 제도가 사라지면서 정치의 원형은 역사에서 모습을 감췄다.

다시는 보지 못할 줄 알았던 그 정치의 원형이 이제 스마트 소셜 시대를 맞아 그 모습을 드러내고 있다. 지금 우리 눈앞에 다시 등장하고 있는 정치의 원형은 소셜 인터넷과 유비쿼터스 컴퓨팅, 스마트 기기, 빅 데이터, 인공지능, 사물인터넷IoT:Internet of Things 등 인류의 커뮤니케이션 방식과 생활 모습을 근본적으로 바꾸고 있는 기술발달에 기반하고 있다.

이 같은 스마트 소셜 정치 플랫폼의 등장에 더해 참여와 공존의 문화와 제도를 마련하는 공동체가 등장할 수 있다면, 정치의 원형은 2,000여 년 만에 다시 인류에게 자신의 모습을 드러낼 것이다. 정치 소외와 지배, 독점, 사익이라는 유령이 아직 대한민국을 배회하고 있지만, 인터넷과 모바일 인프라, 스마트 기기 보급 면에서 앞서가고 있는 우리는 민주와 공화라는 정치의 원형을 다시 실현해낼 수 있는 유력한 후보 국가이다.

구성원 모두 서로를 개관할 수 있는
'공개된 연결 공동체의 정치'

정치의 미래는 구성원들이 소셜 네트워크로 서로 알고 인터넷이라는 공론장에 상시적으로 모여 있을 수 있는 스마트 소셜 정치 플랫폼에서 작동할 것이다. 구성원 모두 서로를 개관할 수 있는 '공개된 연결 공동체의 정치'이다.

아리스토텔레스는 『정치학』에서 "한 국가의 최적 인구수는 자급자족적인 삶을 가능하게 해주되 전체를 쉽게 개관할 수 있는 범위 내에서 최대 다수임이 분명하다"[3]고 말했다. 아리스토텔레스는 "법정에서 재판하고 공적에 따라 공직을 배분하려면 시민들은 서로의 탁월함을 잘 알아야 한다. 그러지 않으면 필연적으로 공직자 선출도 법정의 판결도 잘못되기 마련이다"라고도 했다. 모든 시민이 다른 시민을 알 수 있어야 전체 구성원이 참여하는 정치가 가능하다는 의미다.

루소도 『사회계약론』에서 "국가는 아주 작아서 국민이 쉽게 모일 수 있고 각 시민은 다른 모든 시민을 쉽게 알 수 있어야"[4] 하는 것을 참여민주주의의 조건으로 꼽았다.

스마트 소셜 혁명 이전까지 그건 작은 규모의 폴리스에서만 가능했던 조건이었다. 하지만 정치의 미래에서는 고대 폴리스보다 훨씬 규모가 큰 국가 공동체에서도 구성원들은 다른 시민을 정치적으로 알 수 있게 될 것이다. 인터넷은 커다란 국가 공동체를 작은 마을처럼 만들고 있다. 오래전 작은 마을에서 그랬던 것처럼 인터넷에서 낯선 이방인은 사실상 사라지고 있다. 이미 개인들은 자발적으로 소셜 네트워크에 자신의 정보를 올리고 있다. 개인의 프라이버시 침해 논란에도 불구하고 이는 되돌릴 수 없는 시대의 흐름이다. 머지않은 미래에 대부분의 개인들에 대한 신상정보, 취향, 정치적 입장 등이 데이터로 인터넷에 쌓일 것이다. 모든 구성원이 다른 구성원을 검색을 통해 알고 연결을 통해 웹상에서 쉽게 모일 수 있는 공동체. 그건 아리스토텔레스와 루소가 생각했던 공동체, 즉 모든 시민이 다른 시민을 알고, 국민이 쉽게 모일 수 있는 공동체의 모습이다. 스마트 소셜 정치 플랫폼을 통해 구성원 모두 서로를 개관할 수 있는 개방된 연결 공동체의 정치가 도래하고 있다.

증강인류와 소셜 중갑보병 민주주의

증강인류의 등장은 정치의 미래에서 우리가 가장 주목해야 하는 부분이다. 소셜 인터넷과 스마트 기기, 인공지능 등으로 무장해 자신의 능력을 증강시키고 자신의 목소리를 공동체 전체에 표현하는 개인이 부상하고 있다. 인류 역사상 개인이 이렇게 많은 정보와 지식을 갖추고 스스로 발언권을 확보하며 행동할 수 있는 시대는 없었다. 고대 그리스에서 아리스토텔레스는 '중갑보병 민주주의'를 이야기했다. 타고난 가문이 아니라 자신의 노력으로 스스로를 무장할 재산을 모았느냐에 의해 정치에 참여할 수 있는 권리가 부여된 정치, 귀족정치에서 민주정치로 가는 첫 걸음이었다. 정치의 미래는 소셜 세상을 중심으로 자신의 의견을 내고 타인과 연결하며 행동하는 모든 사람이 정치에 참여하는 권리를 스스로 갖는 시대다. '소셜 중갑보병 민주주의'의 모습이다.

중요해지는 개인과 자유

정치의 미래에서는 개인과 자유가 무엇보다 중요하게 여겨질 것이다. 공동체 구성원 개인들의 목소리와 힘이 강해지면서 인간에게 가장 소중한 기본 가치인 개인과 자유가 정치에서 더욱 강조될 것이다. 영국 명예혁명, 프랑스 대혁명, 미국 건국 같은 근대의 정치혁명들이 인류에게 선물했던 개인과 자유라는 가치는 증강개인의 등장으로 비로소 완성될 것이다. 불완전한 상태에 머물러 있던 '개인 혁명'과 '자유 혁명'이 비로소 개인의 자력으로 완결될 것이다.

루소는 『사회계약론』에서 "인간이 자유를 포기하는 것은 곧 인간의 자격, 인간의 권리 나아가서는 그 의무까지도 포기하는 것이다"[5]라고 말했다. "국가는 자유민들의 공동체"[6]라는 아리스토텔레스의 생각은 정치의 미래에 현실화 가능성을 높여갈 것이다.

커지는 평등에 대한 요구

정치의 미래에는 정치 과정에서 평등에 대한 요구가 더욱 커질 것이다. 개인의 목소리와 힘이 증강되면서 '지배와 사익'이 아닌 '공존과 공익'을 강조하는 분위기도 강해질 것이다. 공존과 공익은 정치의 원형인 고대 로마 공화의 모습이다.

하지만 평등에 대한 요구를 공동체가 현명하게 수용하는 것은 쉬운 문제가 아니다. 아리스토텔레스는 『정치학』에서 "진정한 민주정체 옹호자라면 대중이 너무 가난해지지 않도록 보살펴야 한다. 지나친 가난이 민주정체의 질을 떨어뜨리기 때문이다"[7]라고 말했다. 그는 "이것은 부자에게도 유익하므로, 세수의 수익을 적립해두었다가 빈민에게 목돈으로 나눠주어야 한다. 기금이 충분히 적립되었을 경우 최선의 방법은 농지를 구입하거나 아니면 적어도 장사나 농사의 밑천이 될 수 있을 정도로 나눠주는 것이다"라고도 말했다. 아리스토텔레스가 예로 든 카르케돈인들 중 현명하고 사려 깊은 귀족은 빈민을 나누어 맡아 자기가 맡은 빈민이 새로운 생업에 종사할 수 있도록 지원해주기도 했다. 물론 아리스토텔레스는 부작용도 경계했다. 그는 "오늘날의 민중선동가들처럼 해서는 안 된다. 민중선동가들은 잉여분을 민중에게 분배하는데, 민중은 받자마자 또 달라고 하므로, 그런 식으로 민중을 돕는 것은 그야말로 밑 빠진 독에 물 붓기인 것이다"라고 말했다.

평등에 대한 요구가 더욱 커질 정치의 미래에는 공존과 효율을 어떻게 현명하게 조화시키느냐에 의해 그 공동체의 미래가 좌우될 것이다.

평등한 자유민들의 참여와
중산층 중심의 공동체

정치의 미래에서는 그 정치 플랫폼을 통해 국가를 '평등한 자유민들의 참여공동체'로 만드는 것이 중요한 과제로 떠오를 것이다. 평등한 자유민들이 만들어가는 중산층 중심의 국가가 정치의 미래가 지향할 최선의 공동체의 모습이다. 아리스토텔레스는 『정치학』에서 이렇게 말했다. "중산계급으로 구성된 정체가 최선의 국가 공동체고, 중산계급이 많아 가능하다면 다른 두 계층을 합한 것보다, 아니면 적어도 어느 한쪽보다 더 강한 국가는 훌륭한 정체를 가질 것이 분명하다. 왜냐하면 이 경우 중산계급이 어느 한쪽에 가담하게 되면 그쪽의 비중이 더 높아져 양극단 가운데 어느 한쪽이 우세해지는 것을 막을 수 있기 때문이다. 따라서 그 구성원이 중간 규모의 적당한 재산을 갖고 있다는 것은 국가에는 큰 행운이다."[8]

선하지만 약한 인간과
'견제와 균형'의 제도화

인간은 선하지만 때때로 탐욕에 흔들리는 약한 존재이다. 그들이 만들어가는 공동체의 일에는 그래서 견제와 균형을 제도화하는 것이 필요하다. 앞에서 우리는 정치의 원형인 로마의 공화에서 비토권에 주목했다. 로마의 고위 행정관은 한 명이 아닌 복수로 선출됐으며, 서로 비토권을 보유했다. 그건 견제와 균형의 핵심장치였다. 특정인이 독단적으로 권력을 행사하지 못하게 만든 강력한 공존의 장치이기도 했다.

정치의 미래에서 공화라는 가치를 실현하기 위해서는 제도적으로 견제와 균형의 장치를 구축하는 것이 중요하다. 1차적인 장치는 로마 공화정처럼 타 기관에 의한 견제와 균형을 제도화하는 것이다. 권력을 행사하는 기관과 자리를 견제할 수 있는 존재를 만드는 것이다. 예컨대 기소독점권을 행사하고 있는 검찰을 견제하는 공직자비리수사처 같은 기구를 신설하고, 법원을 견제할 수 있는 판사평가위원회나 국회의원을 견제할 수 있는 의원징계위원회를 해당기관 인사가 아닌 전원 외부 인사들로 구성하는 방안을 생각해볼 수 있다. 견제를 통해 균형을 잡아 주어야 공동체가 활력과 건강함을 유지할 수 있고, 해당 기관에 속한 개인들도 지배와 탐욕으로 인해 불행에 빠지지 않고 공존과 공익 추구를 통해 보람과 행복을 얻을 수 있다.

더욱 중요한 2차적 장치는 공동체 구성원에 의한 견제와 균형을 제도화하는 것이다. 권력과 권한이 있는 조직과 직위에 대해 모든 업무 진행상황을 투명하게 공개하도록 제도화해 국민 누구나 주시하고 감시할 수 있도록 만드는 방안이다. 예를 들어 앞에서 본 독일 해적당의 당 운영 모습처럼, 기관의 회의를 인터넷으로 생중계하고 그 동영상 파일을 웹사이트에 올려놓는 방법을 택할 수 있다. 생중계하는 회의의 범위를 점차 확대해 궁극적으로는 모든 회의를 공개할 수도 있을 것이다. 공개와 참여라는 새 정치 플랫폼의 본질과도 부합하는 장치이다. 이 장치에 증강개인들의 적극적인 참여를 이끌어낼 수 있다면 견제의 효과는 강력할 것이다.

시민의 원형,
모두가 '시민이면서 정치인'인 시대

정치의 미래에서 증강개인은 지배와 복종능력을 모두 갖춘 '시민의 원형'으로 돌아갈 수 있을 것이다. 시민과 정치인의 경계가 사라지고 통합되면서 시민 정치인, 정치인 시민이 모습을 드러낼 것이다.

아리스토텔레스는 『정치학』에서 "평등과 동등의 원칙에 입각한 국가에서는 시민들은 자신들이 교대로 관직을 맡는 것이 옳다고 생각한다. 그리하여 당연한 일이지만 전에는 교대로 국가를 위해 봉사하다가 퇴직한 사람은 자신이 공직에 있을 때 다른 사람들의 이익을 보살폈듯이 이번에는 다른 사람들이 자신의 이익을 보살펴주리라고 기대하곤 했다"⁹고 말했다. 그는 또 "인도에는 신하들보다 월등히 우월한 왕들이 있다고 말하지만, 실제로 그런 왕들은 없다. 따라서 분명 여러 가지 이유에서 모든 사람들이 똑같이 번갈아가며 지배하고 지배받을 수밖에 없다. 평등이란 동등한 사람들에게 같은 것이 주어지는 것을 의미하며, 정의에 어긋나게 구성된 정체는 존립하기 어렵기 때문이다"[10]라고 말했다.

정치의 미래에서는 선거와 추첨으로 공직과 배심원을 선정하는 것이 일반화될 것이다. 아리스토텔레스는 "타라스인들은 모든 공직을 두 가지로 나누는데, 한 가지는 선거로 임명되는 공직이고 다른 한 가지는 추첨으로 임명되는 공직이다. 후자는 민중도 공직에 참여하게 해주자는 것이고, 전자는 훌륭한 통치를 확보하기 위해서다"[11]라고 말했다. 그는 동일한 공직을 일부는 투표로 충원하고 나머지는 추첨으로 충원할 수도 있다고도 했다. 정치의 미래에서 구성원이 이렇게 '시민이면서 정치인'인 시대가 된다면, 기존의 국민과 정치인 모두 불행한 정치는 국민과 정치인 모두 행복한 정치로 바뀔 수 있는 가능성이 열릴 것이다.

아테네의 '연설 기반 민주정치'와
정치의 미래의 '데이터 기반 민주정치'

고대 아테네 폴리스는 '연설 기반 민주정치'였다.[12] 그들은 말이라는 정치 수단을 통해 공동체를 운영해나갔다. 한나 아렌트는 아테네인들이 자신들은 야만인들과는 달리 정치적인 일을 연설이라는 형식으로 강압 없이 진행한다는 데 자부심이 있었다고 말했다. 아테네인들이 수사학이라는 '설득의 기술'을 진정한 최고의 정치적 기술이라 생각한 건 이 때문이었다.[13]

아테네인들은 노예와 야만인들은 말을 하지 않는다고 여겼다. 자유롭고 평등한 관계가 아닌, 명령의 형태로 말하는 것과 복종의 형태로 듣는 것은 실제의 말하기와 듣기로 간주하지 않았다. 말을 하기 위해서는 자신과 동등한 다른 사람들이 존재해야 했다. 아테네인들의 생각에 노예와 야만인들은 주인이나 폭군의 존재 때문에 자유롭게 말할 수 없는 존재였다.[14] 그들은 폴리스라는 공간에서 자유롭고 동등한 인간들이 말을 통해 갈등을 조율하며 살아간다는 것을 자랑스럽고 영광스럽게 생각했던 것으로 보인다. 이를 아렌트는 "사람들의 자유로운 행위와 살아 있는 언어를 가능케 하는 공간인 폴리스는 삶에 우아함을 제공할 수 있었다"[15]고 표현했다.

투키디데스의 『펠로폰네소스 전쟁사』에서 디오도토스는 아테네 정치에서의 말과 연설에 대해 이렇게 이야기했다. "토론이 행동의 지침이 될 수 없다고 주장하는 사람은 어리석은 사람이거나 개인적인 이익을 추구하는 사람입니다. 만약 불확실한 미래를 설계할 다른 방법이 있다고 생각한다면 그는 어리석은 것이고, 만약 불명예스러운 정책을 권하고 싶지만 좋은 말로 나쁜 일을 옹호할 수 없어 모함으로 반대론자들과 청중을 겁줄 수 있다고 생각한다면 그는 개인적인 이익을 추구하는 것입니다."[16]

이 같은 아테네의 연설 기반 민주정치는 앞에서 보았듯이 개인이 자립했던 아테네 폴리스가 몰락하고 인류의 공동체 규모가 커지면서 실현이 불가능해졌다. 구성원이 일정 규모 이상으로 늘어나면 말과 연설로 공동체를 민주적으로 운영해 가기가 현실적으로 어려워지기 때문이다. 하지만 이는 정치의 미래에서 '데이터 기반 민주정치'로 다시 부활할 것이다. 아테네에서 공동체 구성원들이 민회라는 비교적 작은 오프라인 공간에 모여 말과 연설을 통해 민주정치를 운영해갔다면, 정치의 미래에는 구성원들이 공간의 제약이 없는 인터넷에 모여 자신의 생각과 주장을 데이터로 표현하는 행위를 통해 민주정치를 운영해갈 것이다.

빅 데이터에 의한 '소셜 의지'와
집단지성의 정치

정치의 미래에는 인터넷 공간에 방대한 양의 '시민들의 생각 데이터'가 쌓일 것이다. 우선 정치인과 정당이 그 '정치 빅 데이터'를 분석해 의미를 파악하고 자신의 정책에 반영할 것이다. 시간이 더 흐르면 인터넷상의 정치 빅 데이터는 '지수'의 형태로 집계되어 공동체에 디스플레이될 것이다. 앞에서 살펴본 개인과 공동체의 이익이 통합된 공동체의 소셜 의지가 모습을 드러내는 것이다. 루소가 말했던 일반의지의 소셜 시대 버전이다. 이는 시민들의 생각이 실시간으로 공동체 전체에 보여지는 것을 의미한다. 물론 그 소셜 의지 데이터를 현실정치에 어떻게 적용할 것인지는 각각의 공동체가 정할 문제이다.

이렇듯 정치의 미래는 소셜 네트워크와 인공지능에 기반하는 실시간 집단지성의 정치로 작동될 것이다. 소셜 네트워크에 쌓이는 시민의 목소리와 생각들, 온라인과 모바일 투표 결과 등 빅 데이터를 통해 드러나는 집단지성이 정치를 움직일 것이고, 빠르게 발달할 인공지능 기술은 그 집단지성을 분석하고 디스플레이하는 데 기여할 것이다.

이는 빅 데이터를 통한 고대 콘센서스 정치의 부활을 뜻한다. 고대 정치의 원형에서는 개인의 말과 연설을 통한 콘센서스 정치가 작동했다. 근대에는 이해관계를 둘러싼 집단 간 갈등이 정치를 움직였다. 그리고 정치의 미래에는 공동체 구성원 모두가 참여하는 실시간 집단지성을 통해 공동체의 콘센서스가 지수로 디스플레이되며 정치를 움직일 것이다.

공동체가 건강하게 지속적으로 번영하려면 계층 간 콘센서스를 통해 모두 함께 가는 것, 즉 공화가 중요하다. 아리스토텔레스는 『정치학』에서 "과두정체도 민주정체도 부자와 빈민을 다 포함하지 않고서는 존립할 수도 존속할 수도 없다"[17]라고 말했다. 그는 이 부분에서 흥미로운 이야기를 했다. "민중선동가들이 부자들과 전쟁을 함으로써 나라를 늘 둘로 나누고 있다. 그들은 그와는 반대로 마땅히 늘 부자들의 이익을 대변하는 것처럼 보여야 하는데도 말이다." 과두정권도 마찬가지였다. 그들은 민중의 이익을 대변하는 것처럼 보여야 하는데, 정반대로 "나는 민중을 증오하고, 할 수 있는 데까지 해롭게 하겠다"고 맹세하고 있다고 아리스토텔레스는 지적했다. 한국에서도 익숙하게 보아왔던 정치권의 모습이다.

신탁계약과 관심 이전을 통한
상시책임의 정치

정치의 미래를 이론적으로 정리해보면 이렇게 요약할 수 있다. 시민은 정치인, 정당, 정부와 '단기 신탁계약'을 맺고 그들에게 상시적으로 책임을 물을 수 있게 된다. 17세기에 존 로크는 『통치론』에서 정부를 단순한 수탁자라고 설명했다. 정치인이 자신의 책임을 다하지 않으면 이론적으로는 국민이 언제든지 신탁계약을 파기하고 바꿀 수 있다는 것이다. 하지만 현실정치에서 국민의 힘은 미약했고, 로크의 생각은 제대로 실현되지 못해왔다. 미래의 새로운 정치 플랫폼에서는 로크의 신탁계약 개념이 폭력이나 내전의 형태가 아닌 데이터로 보여지는 시민들의 관심 이전에 의해 자연스럽게 실현될 수 있을 것이다.

빅 데이터 분석을 통해 공동체 구성원 전체의 어텐션(관심)의 내용과 그 변화를 실시간으로 측정해 지표로 표시할 수 있게 될 것이고, 이때 공동체가 이를 정책의 수립과 변경, 정부의 구성과 교체의 기준으로 어떻게 활용할 것인지 합의할 수 있다면, 그 공동체는 현실에서 '상시책임의 정치'를 만들어낼 수 있을 것이다.

매스 정치에서 마이크로 정치로

20세기는 대중의 시대였다. 이제 그 시대는 저물고 있고, 매스미디어와 그에 기반한 대중 마케팅, 대량생산, 그리고 대중 정당은 힘을 잃어가고 있다. 세스 고딘은 "대중 마케팅과 대량 생산, 사회 규범의 대중적 순응은 지금까지 우리를 규정해온 개념이다. 대중이란 구분되어 있지 않고, 접근이 쉬우며, 순응과 생존을 추구하는 대다수를 의미한다"[18]고 말했다.

그 대중, 매스가 퇴조하고 이제 '마이크로'가 대두하고 있다. 구글의 전 CEO 에릭 슈미트는 2003년까지 2만 년 동안 인류 전체가 생산해낸 정보량을 현재 지구인들은 이틀이면 만들어낸다고 추정했다.[19] 마이크로인 개인들은 이렇게 적극적으로 자신의 목소리를 생산하며 세상에 참여하고 있다. 마이크로들은 자신의 목소리를 내고 인터넷을 통해 서로 연결하면서 경제와 문화, 그리고 정치에서 영향력을 증대시키고 있다. 소수 집단의 마이크로 문화, 니치 문화도 공동체 곳곳에 생겨나면서 영향력을 키워가고 있다. 정치는 그 마이크로들이 제기하는 이슈들로 재편되고 있다.

에릭 바인하커 하버드대학 교수는 뉴욕 시에만 100억 개에 이르는 제품이 존재한다고 추정한다. 500년 전에는 200개에 불과했다. 그 100억 개의 제품들이 사람들의 어텐션을 획득하기 위해 경쟁하고 자신을 선택하라고 아우성치고 있다.[20] 정치의 상황도 이와 비슷해졌다. 과거에 소수의 대중매체와 이익집단을 통해 간접적으로 대중을 상대하면 됐던 정치는 이제 수많은 마이크로들, 증강개인들을 직접 상대해야 한다. 정치인과 정당에게는 적응이 쉽지 않은 커다란 변화이다.

정치의 미래에는 매스의 소멸과 마이크로의 부상이라는 특징이 더욱 두드러질 것이다. '매스 정치'에서 '마이크로 정치'로 중심추가 옮겨갈 것이다. 이는 '정치 빅 데이터'의 등장으로 더욱 가속화된다. 빅 데이터 정치는 개별 시민들의 생각과 필요, 욕구를 파악할 수 있게 해준다. 소셜 네트워크를 통해 드러나는 시민들의 목소리는 대부분 구체적이고 일상적인 내용들이다. 그 목소리를 반영하는 빅 데이터 정치 역시 개별 시민들의 삶과 밀접하게 연결될 것이다. 정치는 과거의 거대담론적이고 추상적인 모습에서 일상적이고 구체적인 모습으로 바뀌어갈 것이다.

권력이란 연결에 기반하는
축적 불가능하고 한시적인 것

정치의 미래에서 권력은 '관계에 기반하는 축적 불가능하고 한시적인 것'이 될 것이다. 지금까지 인간은 권력이 축적 가능하고 지속 가능하다고 생각했고, 그래서 한번 권력을 잡으면 놓지 않으려 고심해왔다. 하지만 권력은 본래 축적이 불가능한 비정형적이고 한시적인 존재이다. 다만 그동안 정치 플랫폼의 한계로 그 권력의 변화를 실시간으로 현실에 반영하지 못해왔을 뿐이다. 소수 지배자는 권력의 한시성을 인정하기가 싫어 무시하려 했고, 다수 개인은 그 한시성을 현실에서 보여줄 힘이 부족했다. 그 결과 공동체는 양자 간의 갈등이 일정 기간 쌓이다 임계치를 넘으면 폭발하는 과정을 반복해왔다. 내란과 혁명, 전쟁, 폭력이 그 결과물이었다. 권력 상황이 바뀌었는데도 그걸 실시간으로 반영하지 못해 공동체에 혼란이 초래됐던 것이다.

정치의 미래에서 시민들의 관계와 연결에 기반하는 권력은 한시적이고 비정형적인 존재가 될 것이다. 권력은 보유할 수 있는 기간이 짧아지고, 나아가 공동체 소셜 의지의 변화에 실시간으로 수렴할 것이다.

영웅은 없다,
현명한 조정자의 시대

정치의 미래는 영웅이 아닌 '현명한 조정자'의 시대가 될 것이다. 증강 개인의 등장은 영웅의 출현을 어렵게 만든다. 소셜 시대의 영향으로 개인은 자신을 영웅이나 스타와 그리 다르지 않은 존재라고 느끼기 시작했다. '지워지지 않는 과거'라는 인터넷 시대의 특징도 영웅의 출현을 더 힘들게 만들고 있다. 모든 사람의 과거 언행이 인터넷이라는 구름 속에 저장되어 있어 언제든 시민의 검색을 통해 드러날 수 있는 시대이기 때문이다.

빅 데이터를 통한 소셜 의지와 집단지성의 정치도 영웅보다는 자신을 낮추는 현명한 조정자를 필요로 할 것이다. 현명한 조정자는 중립적인 입장에서 공동체 구성원 전체의 소셜 의지를 인정하고 받아들이는 정치인이다. 그리고 자신을 권력자가 아닌 국민과 단기 신탁계약을 맺은 '공복Civil Servant'이라고 생각하면서 공동체의 일에 임하는 사람이다. 정치의 미래에는 고대 콘센서스 정치의 부활이 가능하도록 헌신하는 조정자형 정치인이 필요하다. 그런 정치인만이 정치의 미래에 생존할 수 있고 공동체를 번영으로 이끌 수 있다.

우리는 정치의 원형이 잠시 모습을 드러냈던 고대 아테네의 '현명한 조정자' 솔론을 기억한다. 아리스토텔레스는 『정치학』에서 "어디서나 중립적인 중재자가 가장 신뢰를 받기 마련인데, 중산계급 출신자야말로 그런 중재자다"[21]라고 말했다. 그는 솔론, 뤼쿠르고스, 카론다스 같은 '가장 훌륭한 입법자'들은 중산계급 출신이었다고 지적했다.[22] 증강 개인들이 만들어갈 정치의 미래는 이런 중립적인 중재자, 현명한 조정자의 역할이 중요해지는 시대가 될 것이다.

정치인과 정당은 대리인

정치의 미래에 빅 데이터를 통해 공동체의 소셜 의지가 디스플레이되고 구성원들의 집단지성 정치가 모습을 드러내면 정치인과 정당은 지배자가 아니라 구성원들을 대신해 실무를 담당하는 대리인이 될 것이다. 루소는 『사회계약론』에서 "주권은 양도될 수 없다는 같은 이유에서 대표될 수도 없다. (…) 따라서 대의원은 국민의 대표자도 아니고 될 수도 없는 것이다. 그들은 국민의 심부름꾼에 불과하며 어떤 것도 결정적으로 매듭지을 수 없다"[23]라고 말했다.

증강개인이 만들어가는 스마트 소셜 정치 플랫폼은 정치인과 정당을 오래전 루소가 생각했던 대로 국민의 '심부름꾼'으로 이끌 것이다. 정치인이 양떼를 좋은 곳으로 몰아가는 '선한 목자'라고 생각하는 시대는 저물고 있다. 정치인은 '대리인'이라는 역할을 '잠시' 맡는 동료 양들 중 하나가 될 것이다. 목자에 의존하지 않고 양들이 서로 부대끼며 스스로 공동체의 일을 해나가는 모습, 그것이 정치의 원형이다.

정당의 길, 소셜 혁신을 통한
시민참여 플랫폼화

정치의 미래에 정당의 쇠퇴는 가속화할 것이다. 한국의 정치 과정에서 정당은 점차 국민의 어텐션에서 멀어지고 있다. '어텐션 정치'의 시대에서 국민은 정당보다는 '정치인 개인'에, 그리고 '구체적 이슈'에 어텐션을 주고 있다. 2011년과 2012년 한국의 서울시장 선거와 대통령 선거에서는 잇따라 시민후보가 정당후보를 능가하는 주목을 받았다. 정당후보의 경우에도 국민의 어텐션은 정당 조직보다는 정치인 개인에 더 몰린다.

이 같은 변화 속에서 정당이 정치의 미래에 살아남을 수 있는 길은 자신을 공익 추구를 위한 '열린 시민참여 플랫폼'으로 혁신하는 것이다. 그건 당을 시민에게 완전히 개방하고 시민에게 권한을 부여하는 것을 의미한다. 개인이나 특정 집단 중심의 폐쇄적인 조직에서 시민이 참여해 스스로 목소리를 내는 역동적인 개방 플랫폼으로 소셜 혁신을 하는 것이다. 다른 길은 없다. 정치의 미래에 증강개인은 폐쇄적이고 지배력을 놓지 않으려는 정당에는 더 이상 어텐션을 주지 않을 것이다. 어텐션이 가장 중요한 재화인 시대에 시민의 외면은 정당에게 치명적이다. 시민들로부터 어텐션을 획득하고 그들의 참여를 통해 새로운 의미의 권력, 즉 '시민과의 관계와 연결에 기반하는 축적 불가능하고 한시적인 권력'을 만들어가려면 '열린 플랫폼'이 되어야 한다. 구체적인 방법은 여러 가지가 있을 수 있다. 우선 앞에서 본 독일 해적당처럼 당의 모든 회의와 활동을 카메라가 달린 노트북이나 스마트폰을 통해 실시간으로 생중계하고 그 녹화된 파일을 인터넷에 올릴 수도 있다. 당의 모든 자료와 데이터를 인터넷에 공개하고 피드백을 받을 수도 있다. 시민들이 쉽게 법안이나 정책방향에 대해 의견을 올릴 수 있게 하고, 일정 수 이상의 동의를 받은 사안은 당의 공식 안건으로 자동 상정되게 제도화할 수도 있다. 시민들의 소셜 의지와 집단지성을 실시간으로 파악해 실행하기 위해 기존의 소셜 네트워크 서비스들을 포함한 포괄적인 정치 빅데이터 플랫폼을 구축할 수도 있다. 무엇보다 시민들이 당 운영에서 권한과 책임을 지고 참여한다고 느낄 수 있을 정도로 실제로 당의 권한을 개방하는 것이 중요할 것이다. 그래야 정당이 시민 개개인의 어텐션을 확보하면서 새로운 개념의 권력을 만들어갈 수 있다.

이처럼 대중사회의 특징에 기반한 권력 개념이 아니라 관계사회의 본질에 기반한 새로운 권력 개념이 등장하고 있는 정치의 미래에 적응하지 못하는 정당은 결국 도태될 것이다. 지금까지 정당은 국민을 '내

편'과 '적'으로 나눠 생각했지만, 미래 정치에서 국민들은 그렇게 생각하지 않을 것이다. '내 정당'이라는 생각은 희미해지고, 사람들은 이슈별로 타인들과 관계를 맺으며 정당들 사이를 자유롭게 오갈 것이다. 이런 변화 속에서 자신의 경계를 고집하고 유권자들을 잡아놓은 집토끼처럼 가두어놓겠다고 생각하는 정당은 살아남지 못할 것이다. 반대로 정치 플랫폼을 수많은 링크의 바다로 인식하고, 자신을 개방해 사람들과 이슈를 지속적으로 연결해주는 매개체가 되는 정당은 생존할 것이다.

정치의 미래에 정당은 결국 '정치인-시민 네트워크들 간의 느슨한 연합'으로 바뀔 것이고, 정당이 걸어야 할 길은 소셜 혁신을 통한 시민 참여 플랫폼화이다.

정치인의 길,
경청과 소통, 공감, 신뢰

정치의 미래에서 정치인은 과거와는 다른 환경에 처하게 될 것이다. 세상은 정치인을 소셜과 스마트로 압박할 것이고, 권력과 부라는 정치인이 생각하는 과거 기준의 성공을 이루기는 점차 힘들어질 것이다. 증강 개인이 참여하는 스마트 소셜 정치 플랫폼은 정치인에게 몸을 낮출 것을 요구할 것이며, 궁극적으로는 정치인과 시민의 경계를 사라지게 만들어 정치인 시민, 시민 정치인의 출현을 가져올 것이다. 이런 새로운 정치 환경에서 공공의 일을 담당하려는 이는 경청과 소통, 공감과 신뢰의 길을 걸어야 생존할 수 있고 보람도 찾을 수 있다.

정치인은 소셜 네트워크를 통해 시민과 직접 소통해야 한다. 정당조직이나 대중미디어만으로는 부족하다. 과거 대량생산의 시대에 나이키는 신발을 대량으로 만들어 양판점에 납품했다. 그 이후의 과정은 양판점이 담당할 몫이었다. 나이키가 아니라 양판점이 고객을 상대하면서 마케팅과 프로모션, 판매를 모두 담당했다. 하지만 시대가 바뀌면서 나이키는 인터넷과 소셜 네트워크를 통해 고객과 직접 소통한다. 스스로 고객정보를 확보하고 경영하며 자신의 브랜드 가치를 높이려 노력한다. 정치인도 대중매체나 대중정당의 조직에 의존하던 시대는 지나갔다. 시민과 직접 소통하며 그들의 목소리를 경청하고 공감해야 한다. 그 과정에서 시민 개개인의 신뢰를 얻고 자신의 개인 브랜드를 높여야 한다. 그것이 시민으로부터 어텐션이라는 소중한 자원을 얻을 수 있는 길이다.

정당과 정치인,
소셜 네트워크와 빅 데이터로 준비하라

정당과 정치인은 정치의 미래를 소셜 네트워크와 빅 데이터로 준비해야 한다. 자신을 소셜 네트워크 속의 하나의 존재로 인식하며, 몸을 낮추고 네트워크와 증강개인의 본질을 이해하고 소통하려 노력해야 한다. 그것을 통해 자기 스스로를 시민이 참여하는 개방된 플랫폼으로 만들어야 한다. 특히 빅 데이터는 중요하다. 앞에서 우리는 오바마의 빅 데이터 정치를 살펴보았다. 오바마는 2008년 대선에서 승리한 뒤 즉시 소셜 네트워크와 인터넷에 쌓인 엄청난 선거운동 관련 데이터를 통합하는 작업에 착수했다. 그렇게 축적한 빅 데이터를 2012년 대선에 활용해 낙승을 거두었다. 빅 데이터를 통해 세대, 지역, 계층, 인종별 맞춤형 선거운동을 벌이면서 시민들과 소통하고 경청하며 공감해 신뢰를 얻은 것이다.

정치인과 정당은 이제 한 걸음 더 나아가 본격적인 '빅 데이터 정치'를 미리 준비해야 한다. 정치의 미래는 빅 데이터에 의한 소셜의지와 집단지성의 정치가 될 것이다. 따라서 지금부터 인터넷에 쌓이는 '시민들의 생각 데이터'를 어떻게 효과적으로 수집하고 의미를 파악해 정치인 개인이나 정당의 정책에 반영할지 준비해야 한다. 기하급수적인 발달 속도라는 테크놀로지의 특성을 감안하면, 지금의 우리가 빅 데이터 정치의 구체적인 미래 모습을 가늠하기는 힘들겠지만, 정치인과 정당은 현재 이용 가능한 기술부터 활용해 자신의 빅 데이터 정치 플랫폼을 만들어가야 한다.

'영원한 베타의 정치'는
인간의 정치, 소통의 정치, 차선의 정치

정치의 미래는 실시간 집단지성의 정치가 될 것이고, 그것은 '영원한 베타의 정치politics of eternal beta', 미세조정을 통한 영원한 개선을 의미할 것이다. 베타 버전은 원래 소프트웨어 분야에서 회사가 정식 버전을 발표하기 전에 사용자들에게 미리 배포해 회사가 미처 발견하지 못했던 오류를 찾아 수정하기 위해 만든 시험용 버전을 의미한다. 이 개념은 사용자 참여가 중요한 웹2.0에서 '영원한 베타'로 발전되었다. 인터넷 서비스를 시작할 때 완성을 선언하지 않고, 사용자들의 의견을 반영하며 지속적으로 개선해나가는 것이다.

정치의 미래는 공동체 구성원들의 참여를 통해 실시간으로 형성되는 집단지성을 반영해가며 영원한 개선을 추구하는 정치가 될 것이다. 영웅이나 철인왕이 공동체의 모든 갈등을 한번에 해결해주기를 기대하는

'신神의 정치'가 아니라, 부족한 점이 있지만 인간 개개인에 의지하고 그 개인들의 집합인 대중의 지혜를 신뢰하는 '인간의 정치'이다. 하나의 정답이나 관념적이고 추상적인 절대 선을 추구하는 것이 아니라 그 시점, 그 공동체라는 현실 속에서 인간에게 가장 좋은 문제해결 방법을 찾는 '차선 또는 차악의 정치'이다.

또 인간이 모여 사는 공동체에 갈등이 발생하는 것은 당연하다 생각하고, 실시간 미세조정을 통해 그 갈등들을 초기단계에서 분출하고 해소할 수 있도록 해주는 '소통의 정치'이다. 그리고 지속적인 개선을 통해 공동체에 갈등이 축적되지 않도록, 그래서 갈등이 폭력적으로 폭발하지 않도록 하는 '인간적인 정치'이다. 이것은 아리스토텔레스가 정치란 이론이 그대로 관철되는 것이 아니라, 현실에서 실제로 해보면서 반성적, 성찰적으로 균형을 잡아야 하는 것이라고 생각했던 것과 같은 모습이다. 인간의 정치란 원래 그런 것이다.

정치의 미래는 영원한 베타의 정치를 통해 갈등 축적과 폭발이 아닌 소통과 끊임없는 개선이라는 '부드러운 정치'가 될 수 있을지도 모른다. 인간이 겸손할 수 있다면, 상대를 인정하며 공존할 수 있다면, 정치의 미래는 한결 더 인간적인 모습으로 바뀔 것이다.

'시민'이 될 수 있는 자유의 공간, 폴리스와 인터넷

정치의 미래는 점진적인 과정을 거치며 정치의 원형을 향해 갈 것이다. 초기에는 정치의 원형이 인터넷에 국한되어 모습을 드러낼 것이다. 새로운 스마트 소셜 정치 플랫폼은 시민의 참여를 확대시키고 있다. 개인은 인터넷에서 관심사, 이슈, 지역 등을 기준으로 참여하고 소통할 것이고, 그곳에서 정치는 개인의 일상적인 삶과 뒤섞일 것이다.

우선 인간은 인터넷이라는 공간에서 자유로울 것이다. 그 단계에서는 인터넷 밖으로 나가 오프라인으로 돌아오면 인간은 그런 자유를 누리지는 못할 것이다. 한나 아렌트는 『정치의 약속』에서 "자유는 공간이며, 그곳으로 들어가도록 허용된 사람은 누구나 자유롭다"고 말했다. 고대 아테네인들에게 자유의 공간의 경계는 폴리스, 더 정확히는 그 안에 있는 아고라의 벽이었다. 폴리스 밖에는 자유로운 수 없는 외국 영토가 있었다. 전제군주가 지배하는 그곳에서 사람들은 더 이상 시민, 또는 정치적 인간이 될 수 없었다. 인간에게 자유의 공간은 고대에는 아테테의 폴리스였고[24], 앞으로는 인터넷과 소셜 네트워크가 될 것이다. 이제 인간은 고대 아테네인들처럼 시민과 정치적 인간이 될 수 있는 인터넷과 소셜 네트워크에서 우선 자유로울 것이다.

시간이 흐르면서 자유의 공간은 점차 오프라인 세계로 확대될 것이다. 소셜 네트워크에서의 개인들의 대화와 토론, 주장, 피드백은 공동체의 '인터넷 클라우드'에 차곡차곡 쌓여갈 것이다. 공동체 구성원 전체의 민심이 담긴 정치 빅 데이터가 모습을 드러내고, 소셜 의지의 내용이 오프라인의 현실정치에 반영되기 시작하면서, 민주(참여)와 공화(공존)라는 정치의 원형은 인터넷 공간은 물론 오프라인 공간에서도 점차 자신의 모습을 드러낼 것이다.

한나 아렌트는 1972년 출간된 『공화국의 위기』에서 이렇게 말했다. "정당은 완전히 부적합한 것입니다. 거기서 우리 대부분은 조작된 투표자에 불과합니다. 그러나 만일 우리 가운데 오직 10명만 테이블에 둘러앉아 각자가 자기의 의견을 표현하고 각자가 다른 사람의 의견을 듣는다면, 그때는 의견의 합리적 형성이 의견의 교환을 통해 발생할 수 있습니다. 거기에서도 역시 우리 가운데 누군가가 우리의 견해를 나타내는 데에 가장 적합한지 분명해질 것이고, 다음에 있을 상위 평의회에서는 다시 우리의 견해가 다른 견해의 영향을 받아 명료화되고 수정되거나 오류임이 드러날 것입니다."[25]

인터넷이라는 공간이 등장하기 전에는 이런 아렌트의 생각이 오프라인 세계에서 실현되기란 불가능했다. 모임과 소통의 비용이 너무 컸고 번거로웠다. 10여 명이 테이블에 둘러앉아 소통하고, 그런 공적 영역들이 무수히 존재하며, 그 의견들이 대리인을 통해 상향식으로 모아지는 정치. 그런 정치는 오프라인 현실에서는 이상에 머무를 수밖에 없었다. 하지만 인터넷과 소셜 네트워크가 등장하면서 그런 정치의 모습이 불가능하지만은 않게 됐다. '수직적인 지배의 정치'가 아닌 '수평적인 공존의 정치'의 가능성이 열리기 시작했다. 물론 미래에도 한 공동체의 구성원 전체가 모두 그런 공적 영역에 참여하지는 않을 것이다. 다만 원하는 개인이라면 누구나 쉽게 참여해 자신의 목소리를 공동체 전체에 들리게 할 수 있는 것으로 충분하다.

소셜 의지에 의한
실시간 직접민주주의와 정치의 종언

정치 빅 데이터에 의한 소셜 의지의 지수화는 생각보다 멀지 않은 미래에 가능해질 것이다. 빅 데이터와 인공지능 등의 테크놀로지 발전은 공동체의 소셜 의지를 보여주는 것을 가능하게 만들 것이다. 이론적으로는 그건 실시간 직접민주주의가 가능해짐을 의미하며, 동시에 '정치의 종언'을 의미한다.[26] 또 참여(민주)와 공존(공화)이라는 정치의 원형을 향한 인간의 정치적 진화가 스마트 소셜 정치 플랫폼을 통해 기술적으로는 사실상 끝난다는 의미다. 정치가 형식적으로는 더 이상 진화할 수 없는 단계까지 이른다는 의미의 '종언'이다. 공동체의 모든 구성원 개개인의 의사가 전체 구성원들에게 실시간으로 보여지는 플랫폼이 등장한다면, 그건 공동체 운영이라는 정치의 목적과 의미가 형식상으로는 '완성'되었음을 뜻하게 된다.

그때 인류에게 남는 문제는 '현실화'이다. 기술적으로 도출되는 그 소셜 의지를 어떻게 현실정치에 적용할 것인지에 대해 공동체가 실무적으로 합의하는 것에 대한 문제이다. 만일 소셜 의지가 모습을 드러내고 그 적용방법에 대해 합의하는 데 성공하는 공동체가 등장한다면, 그것은 국회의원 선거도 필요 없고 정당 간의 정치 싸움도 필요 없게 되는 새로운 정치가 출현한다는 것을 의미한다. 과학적인 방법으로 디스플레이된 공동체의 소셜 의지를 그대로 집행만 하면 된다. 정치 과정이 플랫flat해지고, 이론적으로는 정당이나 이익단체, 정치인, 미디어라는 중간 매개체가 필요 없는 직접민주주의가 가능해진다. 지금의 시각으로 보면 당혹스러울 수도 있겠다.

이렇게 정치의 종언이 도래한 공동체에서는 갈등도 줄어들 것이다. 구성원들이 스마트 소셜 정치 플랫폼상에서 자신의 목소리를 내는 일상의 정치행위를 통해 공동체의 일에 참여하니, 설사 소셜 의지를 현실정치에 반영한 결과가 개인적으로 만족스럽지 않다 해도 불만의 정도는 크게 감소할 것이다. 정치에 소외되어 있는 것이 아니라 참여하고 목소리를 낼 수 있으며, 게다가 전체 구성원의 생각을 기술적으로 볼 수 있는 구조에서 살고 있기 때문이다.

물론 현실에서는 그때가 와도 정치의 미래를 완전히 실현하지 못하는 공동체와 국가들이 존재할 것이다. 소셜 의지를 현실정치에 적용하는 룰에 공동체 구성원들이 합의하는 것이, 또 그 합의를 계속 유지하는 것이 쉬운 일은 아닐 것이기 때문이다. 정치의 미래에도 정치의 종언은 몇몇 국가들에서만 나타날 것이다.

정치의 종언과 인간의 마지막 투쟁

정치의 미래는 정치의 종언이 될 수 있지만, 그 여정에서 인간은 투쟁을 멈추지 못할 것이다. 인간의 마지막 투쟁은 다양한 모습을 띨 것이다. 우선 인간은 개인적인 차원에서 '진정한 증강인류'로 가기 위해 인터넷의 필터 효과와 투쟁을 벌여야 한다. 개인은 앞으로 나와 생각이 비슷한 사람이나 콘텐츠만 접함으로써 편협한 시각을 갖게 되지 않도록 주의해야 한다. 소셜 네트워크는 비슷한 일을 하거나 비슷한 생각을 하는 사람들과 쉽게 연결할 수 있게 해줌으로써 교류를 통한 창의성 발휘에 큰 도움을 줄 수 있다. 하지만 생각이 다른 사람들과 차단되는 필터 효과라는 소셜 네트워크와 인터넷의 부작용도 동시에 존재한다. 필터 효과를 이겨내 다양한 사고를 수용한 폭넓은 인간만이 진정한 증강인류가 될 수 있다.

엘리 프레이저는 인터넷 필터가 개인이 좋아하는 것을 파악해 골라준다고 말한다. 구글이나 페이스북 같은 대형 인터넷 기업들은 개인의 인터넷 사용 내용을 분석해 그가 어떤 것을 클릭하고 싶어 하는지 예측해 검색 결과나 뉴스피드, 광고 등을 보여준다. 공화당 성향과 민주당 성향, 환경보호론자와 개발론자는 자신의 성향에 따라 각각 완전히 다른 검색 결과나 뉴스피드를 보게 된다. 필터링 서비스를 받는 대가로 우리는 엄청난 분량의 일상생활 데이터를 기업에 넘기고 있고, 궁극적으로 그 필터는 우리가 어떤 삶을 살지 결정하는 데 영향을 줄 수도 있다.[27]

두 번째로 인간은 스마트 소셜 정치 플랫폼을 비이성적인 선동에 악용하려는 개인이나 조직과 투쟁해야 할 것이다. 이미 일부 소셜 네트워크와 인터넷 공간은 보수와 진보의 강경파들이 주도하는 정치적 대립의 최전선이 되어가고 있다. 트위터와 페이스북에는 상대방에 대한 거친 비난과 허위 주장이 올라오곤 한다. 정치인들이 그런 강경파들에게 휘둘리는 모습이 나타나기도 한다.

사실 전체 시민을 놓고 보면 이 같은 강경파와 선동가는 다수가 아니다. 우리는 앞에서 고대 아테네 정치의 황금기 때 대중의 지혜가 상당히 잘 작동했으며, 일시적으로 선동에 휘둘렸다 하더라도 곧 바로잡았던 모습을 보았다. 정치의 미래에서 소수 선동가들이 만드는 부작용을 공동체의 집단지성과 소셜 의지가 제압하기 위해서는 무엇보다 다수 일반 시민들의 적극적인 참여를 이끌어내는 것이 중요하다. 민주와 참여, 공화와 공존이라는 정치의 원형이 공동체에 정치문화로 뿌리 내리도록 만들어나가는 것이 필요하다.

세 번째로 인간은 정권 유지나 권력 획득을 위해 개인정보를 감시나 협박 용도로 악용하려는 시도와 투쟁해야 할 것이다. 이제 민간기업은 물론 정부와 정당, 정치인도 정치 과정에서 활용할 목적으로 시민들의 개인정보를 대량으로 수집하기 시작할 것이다. 그들 중 일부는 지배와 탐욕에 흔들려 그 정보를 악용하려 할 것이다. 월드와이드웹을 만든 팀 버너스리는 2010년 〈사이언티픽 아메리카〉지에 기고한 '웹이여 영원하라'에서 이렇게 말했다. "우리가 알고 있는 웹은 위협받고 있다. (…) 독재정권은 물론 민주적 정부조차도 국민의 온라인 행동 양태를 감시하고 있다. 이는 인권에 대한 중대한 위협이다. 웹 사용자들이 이런 경향을 그대로 방치한다면 웹은 파편화된 섬으로 나눠질 수도 있다."[28]

네 번째로 인간은 정치 빅 데이터 자체를 왜곡하려는 시도와 투쟁해야 할 것이다. 공동체의 소셜 의지를 보여줄 정치 빅 데이터를 자신에게 유리한 방향으로 조작하려는 시도가 일어날 수 있다. 빅 데이터를 조작해 빅 브라더가 되려는 개인과 조직이 등장할 수도 있다. 이 네 가지가 정치의 미래에 정치의 종언의 등장을 전후해 벌어질 인간의 마지막 투쟁이 될 것이다. 테크놀로지의 발달을 지배와 탐욕에 이용하려는 개인과 조직은 여전히 존재할 것이고, 그들과의 투쟁은 치열할 것이다.

정치는 철학과 마침내 화해할 것인가

정치와 철학은 2,000년이 넘는 오랜 세월 동안 불화했다. 철학은 정치를 믿지 못했다. 철학은 정치, 즉 인간들이 모여 행하는 말과 행동을 믿지 못했다. 정치의 미래, 새로운 정치 플랫폼의 등장으로 정치의 원형이 모습을 드러내면, 정치와 철학은 마침내 화해할 것인가.

인간의 정치, 정치의 원형, 즉 아테네의 민주와 공화는 페르시아 전쟁(기원전 490~479년)에서 승리하면서 전성기를 맞이했고, 펠로폰네소스 전쟁(기원전 431~404년)에서 패배하면서 쇠퇴하기 시작했다. 그리고 기원전 399년 소크라테스가 죽었다. 28세의 플라톤은 스승 소크라테스가 사형당하는 것을 보고 큰 충격을 받았다. 플라톤은 인간들의 정치에 대한 희망을 접고 철학을 통해 정치를 바로잡겠다고 결심했다.

철학과 정치 사이의 간극은 소크라테스의 재판과 유죄 판결에서 처음 생겼다고 아렌트는 말했다. 플라톤은 소크라테스의 죽음을 보며 폴리스에서의 생활, 즉 정치에 절망했다. 어리석은 대중이 소크라테스를 죽였고, 공동체를 망쳤다고 생각했다. 그리고 소크라테스의 가르침에 의문을 품기 시작했다. 소크라테스는 재판 과정에서 사람들을 설득persuasion하지 못했고 배심원 표결에서 패배했다. 이로 인해 플라톤은 설득의 타당성을 의심하게 됐다. 플라톤은 앞에서 본 아테네의 대중연설 기반 민주정치를 의심하기 시작했다. 공동체의 일을 인간의 말, 즉 연설을 통해 해나갈 수 있으리라는 플라톤의 기대가 무너졌다. 폴리스에는, 다시 말해 인간의 정치에는 철학자가 필요 없다는 것이 소크라테스의 죽음으로 드러났다. 플라톤은 그렇게 생각했다. 이 사건은 정치사상사에서 아렌트의 표현대로 예수의 재판과 유죄 판결이 종교사에서 전환점이 됐던 것과 동일한 역할을 했다. 소크라테스가 아테네 사람들의 '무책임한 의견들'에 대해 자신의 의견을 말했지만 결국 표결에서 패하자, 그의 제자 플라톤은 '사람들의 의견'을 경멸하고 '절대적인 기준', 즉 철학을 찾아 나섰다.[29] 그렇게 정치와 철학의 불화는 시작됐다. 그리고 2,000여 년이 흘렀다.

정치의 미래에 인간의 정치는 빅 데이터에 의한 소셜 의지의 파악을 통해 공동체의 집단지성이 반영되며 작동될 것이다. 만일 공동체 구성원들이 디스플레이되는 소셜 의지를 현실정치에 어떻게 반영할 것인가에 대한 룰에 합의할 수 있다면, 그리고 합의를 계속 유지할 수 있다면, 그곳에서 정치는 커다란 갈등 없이 부드럽고 자연스럽게 작동될 수 있을 것이다. 영원한 베타의 정치이고, 정치의 종언이다. 그것을 통해 플라톤이 살았던 쇠퇴기의 아테네와는 달리, 인간의 정치가 순간의 비이성이나 선동, 지배나 탐욕에 거칠게 휘둘리지 않고 소셜 의지와 집단지성에 의해 한 걸음 한 걸음 움직일 수 있게 된다면, 플라톤 이후 2,400여 년 만에 정치와 철학은 화해할 수 있을 것이다. 철학에 의해 불신 받아온 사람들의 의견, 즉 인간의 정치는 데이터 기반 민주정치라는 새로운 정치 플랫폼의 등장으로 데이터에 의한 소셜 의지와 집단지성을 통해 다시 철학으로부터 신뢰를 회복할 수 있을 것이다.

정치의 미래는 희망이지만
동시에 권태로움의 슬픔일 수도

그런데 정치가 철학과 화해하는 것이 인간에게 복된 일이 될지는 불분명하다. 프랜시스 후쿠야마는 『역사의 종언』에서 역사의 종언은 매우 우울한 시대가 될 것이라고 말한 적이 있다. 추상적인 목표를 위해 생명을 바치고자 하는 자세, 상상력과 이상주의를 요구했던 이데올로기의 투쟁이 경제적인 계산과 끝없는 기술적인 문제의 해결 등으로 교체될 것이기 때문이라는 것이다. 그는 역사의 종언을 맞은 이후의 시대는 예술이나 철학은 없고 인간 역사의 박물관만을 계속 돌봐야 할 것이라고도 했다.[30]

정치의 종언은 어떤 모습으로 인간에게 다가올까. 정치가 탐욕이나 지배에 좌우되지 않고 구성원들의 의견이라는 데이터에 의해 기술적으로, 자동적으로 운영되는 시스템. 그건 우리 인간에게 평온한 행복일 수도 있지만, 권태로운 우울함일 수도 있다. 공감과 연민으로 아름답게 지내다가도 때로는 지배욕과 탐욕 때문에 갈등하는 것이 진정한 인간의 모습인 건지도 모르기 때문이다. 열정과 욕망 속에서 성취와 좌절을 번갈아 맛보며 살아가는 것이 인간의 길인 것일 수도 있기 때문이다. 그런 열정과 욕망, 갈등과 좌절이 없다면 인간에게는 평온하고 건조한 일상적인 생활만 있을 뿐, 더 이상 문학과 예술, 사상은 나오지 못할지 모른다. 그건 인간의 모습이 아닌 신의 모습이거나 동물의 모습일 수 있다.

그러니 테크놀로지의 발달로 소셜 의지가 등장한다 해도, 그것을 현실정치에 적용하는 룰에 인간들이 합의하지 못하고 그 문제로 계속 갈등하는 것이 더 나을 수도 있겠다. 앞에서 본 인간의 마지막 투쟁이 종결되지 않고 지속되는 것이 더 나을지도 모르겠다. 정치의 미래에 정치의 원형이 모습을 드러내고 소셜 의지에 의한 정치의 종언이 개념적으로 예견되는 것. 그것은 그래서 갈등과 탐욕의 정치가 지금까지 가져다준 고통을 없애줄 수도 있다는 의미에서 분명 인간에게 희망이지만, 동시에 권태로움의 슬픔일 수 있다.

---

1 레이 커즈와일, 『특이점이 온다』, 김명남 등 역, 김영사, 2007, 33쪽
2 레이 커즈와일, 『특이점이 온다』, 김명남 등 역, 김영사, 2007, 29쪽
3 아리스토텔레스, 『정치학』, 1326b11, 천병희 역, 도서출판 숲, 2009, 376쪽
4 장 자크 루소, 『사회계약론』, 이환 역, 서울대출판부, 2007, 89쪽
5 장 자크 루소, 『사회계약론』, 이환 역, 서울대출판부, 2007, 12쪽
6 아리스토텔레스, 『정치학』, 1279a16, 천병희 역, 도서출판 숲, 2009, 150쪽
7 아리스토텔레스, 『정치학』, 1320a29, 천병희 역, 도서출판 숲, 2009, 347쪽

8 아리스토텔레스 ,『정치학』, 1295b34, 천병의 역, 도서출판 숲, 2009, 232쪽

9 아리스토텔레스,『정치학』, 1279a8, 천병의 역, 도서출판 숲, 2009, 150쪽

10 아리스토텔레스,『정치학』, 1332b12, 천병의 역, 도서출판 숲, 2009, 406쪽

11 아리스토텔레스,『정치학』, 1320b4, 천병의 역, 도서출판 숲, 2009, 348쪽

12 Josiah Ober,『The Athenian Revolution: essay on ancient greek democracy and political theory』, princeton university press, 1999, 11쪽

13 한나 아렌트,『정치의 약속』, 김선욱 역, 푸른숲, 2007, 34쪽

14 한나 아렌트,『정치의 약속』, 김선욱 역, 푸른숲, 2007, 160쪽

15 한나 아렌트,『혁명론』, 홍원표 역, 한길사, 2004, 422쪽

16 투키디데스,『펠로폰네소스 전쟁사』, 3장 42절-2, 천병희 역, 도서출판 숲, 2011, 257쪽

17 아리스토텔레스,『정치학』, 1309b18, 천병의 역, 도서출판 숲, 2009, 300쪽

18 세스 고딘,『이상한 놈들이 온다』, 최지아 역, 21세기북스, 8쪽

19 세스 고딘,『이상한 놈들이 온다』, 최지아 역, 21세기북스, 29쪽

20 세스 고딘,『이상한 놈들이 온다』, 최지아 역, 21세기북스, 85쪽

21 아리스토텔레스,『정치학』, 1296b34, 천병의 역, 도서출판 숲, 2009, 236쪽

22 아리스토텔레스,『정치학』, 1296a18, 천병의 역, 도서출판 숲, 2009, 233쪽

23 장 자크 루소,『사회계약론』, 이환 역, 서울대출판부, 2007, 123쪽

24 한나 아렌트,『정치의 약속』, 김선욱 역, 푸른숲, 2007, 213쪽

25 한나 아렌트『공화국의 위기』, 김선욱 역, 한길사, 2011, 307쪽

26 '정치의 종언'과 그 의미는 다르지만, 헤겔(1770~1831)은 1806년의 예나 전투에서 나폴레옹의 프랑스군이 빌헬름 3세의 프로이센군에게 승리하는 것을 보고 '역사의 종언'을 생각했다. 자유, 평등, 박애라는 프랑스 대혁명의 이상이 예나 전투를 통해 승리를 거두면서 역사는 끝났다고 헤겔은 보았다. 여기서 '종언'이란 모든 인간에게 평등하게 자유가 주어지는 상태를 향한 역사의 발전이 예나 전투로 마무리되어 드디어 실현 가능해졌다는 의미이다. 훗날『헤겔독해입문』을 쓴 코제브(1902~1968)가 헤겔을 연구하며 헤겔의'역사의 종언' 개념을 되살려냈다. 그리고 프랜시스 후쿠야마(1952~)가 이를 이어받아『역사의 종언』(1989)이라는 논문을 썼다. 후쿠야마는 그 논문에서 헤겔에 대해 "1806년에 역사가 종언되었다고 말하는 것은 인류의 이데올로기적 발전이 불란서 또는 미국 혁명의 이상의 실현을 통해서 끝났다는 사실을 의미한다"(함종빈 역, 헌정회, 1989, 33쪽)라고 말했다. 그리고 동서 냉전이 끝나고 자본주의가 사회주의에 대해, 민주주의가 권위주의에 대해 승리했다며 '역사의 종언'을 주장했다.

27 엘리 프레이저,『생각 조종자들』, 이현숙 등 역, 알키, 2011, 23쪽

28 엘리 프레이저,『생각 조종자들』, 이현숙 등 역, 알키, 2011, 300쪽

29 한나 아렌트,『정치의 약속』, 김선욱 역, 푸른숲, 2007, 33쪽

30 프랜시스 후쿠야마,『역사의 종언』, 함종빈 역, 헌정회, 1989, 66쪽

정치의 미래와 대한민국 공동체의 미래···
참여에 기반하는 공존의 정치

지금까지 우리는 정치의 미래를 찾아 고대 아테네의 민주정과 로마의 공화정을 돌아보았다. 고대와 근대의 주요 철학자들을 만나 그들의 정치에 대한 생각도 들었다. 아테네와 로마에서 발현되었던 정치의 원형, 아리스토텔레스의 집단지성과 공존의 정치, 마키아벨리의 시민참여에 기반한 공화주의, 홉스의 '개인'의 발견, 로크의 신탁정치 이론, 루소의 일반의지와 참여민주주의에 대한 생각은 정치의 미래를 조망해보는 데 시사점을 주었다. 이를 기반으로 우리는 테크놀로지가 바꾸고 있는 인간과 유권자의 미래, 정치 커뮤니케이션의 미래, 정치 과정의 미래, 정당과 정치인의 미래에 대해, 그리고 소셜 의지와 집단지성에 의한 정치의 종언 가능성에 대해 생각해보았다.

우리가 살펴본 정치의 미래가 장밋빛인 것만은 아니었다. 하지만 분명한 건 가능성이 열리고 있다는 것이었다. 소셜 인터넷, 유비쿼터스 컴퓨팅, 스마트 기기, 빅 데이터, 인공지능, 사물인터넷 등 인류의 커뮤니케이션 방식과 생활 모습을 근본적으로 바꾸고 있는 테크놀로지의 발달로 인해, 참여와 공존이라는 고대 아테네와 로마의 정치의 원형이 다시 실현될 수 있는 가능성, 인간이 공동체 운영에서 소외되지 않고 참여해 공헌하며 자긍심과 행복을 느끼고 살아갈 수 있는 그런 가능성이다.

정치는 사회적 가치의 합리적 배분을 의미한다고 데이비드 이스턴은 말했다. 그렇다면 본문의 내용대로 전체 구성원의 의사가 직접 반영되는 데이터 기반의 소셜 의지가 사회적 가치를 배분하는 기준을 제시해주는 정치의 미래가 도래한다면 그건 곧 정치의 본질이 완성됨을 의미한다. 공직, 사회적 명예, 경제적 재화를 공동체에서 어떻게 누구에게 배분할 것인가에 대한 문제인 정치. 그 정치가 논리상의 발전을 마무리하고 완성되는 것이다. 또 소셜 의지와 집단지성에 의한 실시간 직접민주주의 플랫폼이 등장한다면, 그것은 정치의 과정이 완결됨을 의미한다.

물론 우리 인간이 어느 선에서 멈추게 될지는 모른다. 나라에 따라서도 다를 것이다. 정치의 미래를 가능케 해줄 기술적 환경은 분명 등장하겠지만, 어떤 공동체는 참여와 공존, 공익이라는 정치의 원형을 수용하는 문제를 놓고 구성원들이 끊임없이 갈등을 벌일 수도 있다. 공동체의 정치문화가 테크놀로지의 발달을 무력화시키는 케이스다. 다른 공동체는 아이디얼한 모습의 정치의 미래를 정착시킬 수도 있다. 그 사회의 정치문화가 빅 데이터와 소셜 의지에 의한 실시간 직접민주주의를 인정하고 수용하는 케이스이다. 그런 나라는 모든 정치 과정이 기술적으로 처리되는 평온한 공동체가 될 수 있다. 아마도 대다수의 나라들은 양측의 중간지점 어딘가에서 멈출 것이다. 완벽하지는 않지만 테크놀로지의 도움으로 과거에 비해서는 참여와 공존이라는 정치의 원형이 더 많이 발현되는, 하지만 그렇다고 사익과 탐욕, 지배가 완전히 사라지지도 않는 그런 모습. 그것이 더 '인간적'인 모습인건지도 모른다.

헤겔은 『법철학』에서 "미네르바의 부엉이는 황혼이 깃들 무렵에야 비로소 날기 시작한다die Eule der Minerva beginnt erst mit der einbrechenden Dämmerung ihren Flug"라고 말했다.[1] "세계의 사상으로서의 철학은 현실이 그 형성 과정을 종료하여 확고한 모습을 갖추고 난 다음에야 비로소 시간 속에 나타난다"[2]는 의미다. 세계가 어떠해야만 하는지를 가르치는 데 대해 철학은 항상 너무 늦게 다가온다.[3] 정치가 어떠해야만 하는지에 대해서도, 철학은 그랬다.

플라톤과 아리스토텔레스는 기원전 4세기 폴리스와 함께 영광스러운 그리스 역사가 절정기를 지나 쇠퇴해갈 때 저술 활동을 시작했다. 아테네의 정치적 삶이 종말을 향해 치달을 때, 그들에 의해 서양철학과 정치적 사유의 전통이 비로소 날기 시작했던 것이다.[4] 철학이 뒤늦게 "세계의 실체를 포착해 이를 지적인 왕국의 형태로 구축"[5]해냈지만, 그 철학이 종말을 향해 가던 아테네를 다시 살려내지는 못했다. 헤겔의 말대로 "철학이 회색의 현실을 회색으로 그려낼 때 생명의 형태는 이미 낡아져버렸으니, 회색에 회색을 덧칠한다 해도 생명의 형태는 젊음을 되찾지 못하고 다만 그 진상이 인식되는 데 그칠 뿐"[6]이었다. 정치의 원형이 사라져버린 인간의 정치는 그때부터 철학과 불화해왔다.

아테네의 쇠퇴로 민주와 공화라는 정치의 원형이 사라져갈 때 비로소 날아올랐던 미네르바의 부엉이와 철학. 정치의 미래에 정치의 원형이 다시 모습을 드러내면, 로마 신화의 미네르바, 즉 그리스 신화에서는 지혜의 여신이자, 정치의 원형이 싹텄던 도시 아테네의 수호신인 아테네, 즉 미네르바는 그가 사랑한 지혜의 신조神鳥 부엉이와 함께 다시 돌아올 것인가. 그리고 미네르바와 그의 부엉이는 인간에게 민주와 공화, 참여와 공존·공감·공익이라는 정치의 원형에 걸맞은 지혜를 다시 가져다줄 것인가. 정치의 원형 속에서 살아갈 그 정치의 미래가 오면, 인간의 정치는 2,000여 년 만에 비로소 철학과 화해할 것이다.

"이 모든 탐색의 끝에서 우리는 우리가 시작한 곳에 있을 것이다. 그리고 처음으로 그곳을 알아볼 것이다"라는 T. S. 엘리엇의 말처럼, 우리는 이번 탐색의 끝에서 소셜 인터넷과 스마트 기기, 유비쿼터스, 빅데이터의 도움으로 인류의 정치가 건강하게 시작한 그곳, 참여와 공존이라는 정치의 원형에 도착했고, 비로소 인간의 정치와 정치의 미래를 알아볼 수 있었다.

우리 대한민국 공동체의 미래는 바로 이 정치의 미래의 모습 속에 존재한다. 마키아벨리의 생각처럼, 강한 공동체는 시민 전체의 참여에 기반하는 공화정이다. 전체 시민이 참여하는 공존의 공동체만이 구성원들이 행복해질 수 있고 공동체도 건강하게 발전해갈 수 있다. 그런 나라만이 개인을 자립과 자존, 행복으로 이끌고, 공동체를 건강과 활력, 번영으로 이끌어갈 수 있다.

한국은 지금 많은 과제를 안고 있다. 계층 간 갈등, 세대 간 갈등, 지역 간 갈등, 남북 간 갈등, 주변 강대국들과의 갈등 속에서 고심하고 있는 한국. 한국이 선택해야 하는 길은 바로 우리가 이 책에서 살펴본 정치의 미래의 모습, 즉 '전체 시민이 참여하는 공존의 정치', '민주에 기반하는 공화의 정치'이다.

민주와 공화는 원래 밀접하게 연결되어 있는, 함께 가는 개념이다. 민주의 핵심인 참여의 어원은 영어로는 'participation'이고, 독일어로는 'teilhaben'이다. 두 단어 모두 '부분'을 의미하는 'part'와 'teil'을 어근으로 갖고 있다. 여기에서도 알 수 있듯이 참여는 전부를 차지하거나 주도권을 쥐는 것이 아니라, 어떤 한 부분을 담당하며 공존하는 것이다. 즉 참여는 공간이나 권력을 독점하는 것이 아니라 같이 나누고 공유, 공존하는 것을 본래의 의미로 품고 있다. 민주의 기반 없는 공화는 취약하고, 공화 없는 민주는 위험하다.[7]

민주에 기반한 공화의 공동체를 만들기 위해 우리는 정치와 행정, 경제, 사회, 문화 전반에 정치의 미래의 씨앗을 뿌려야 한다. 우선 빅 데이터 정치, 소셜 의지의 정치, 집단지성의 정치를 담아낼 수 있는 제도적인 그릇을 하나하나 준비해야 한다. 그리고 그 플랫폼 속에서 '참여에 기반하는 공존'의 정치문화를 배양해가야 한다. 새롭게 등장하고 있는 소셜 스마트 정치 플랫폼에서 시민의 참여를 구조화하면서 공동체를 공존과 공익, 공감이라는 정치문화로 끌어가야 한다.

누가 이 같은 미래 정치의 이니셔티브를 잡을 것인가. 우리나라의 정당 중 하나가, 또는 정치인 중 한 명이 1단계 소셜 혁신 정책으로 당내의 크고 작은 모든 회의를 인터넷을 통해 누구나 볼 수 있도록 생중계하는 결단을 내릴 수 있을까. 컴퓨터와 연결된 비디오카메라만 있으면 된다. 저장된 동영상은 자동으로 인터넷 세상에 올려 공개한다. 단순한 하나의 예에 불과하지만, 그런 혁신을 실행하고 지속할 수 있다면 그 정당은 정치의 미래를 향한 이니셔티브를 잡을 수 있을 것이다. 매우 간단하지만 거대한 변화이다. 쉽지는 않을 것이다. 익숙하지 않으니 내부적으로 반대의 목소리도 클 것이다. 정당에 대한 본질적인 변화의 시도이기 때문이다. 하지만 변화를 주저하다가 서서히 역사의 박물관으로 사라져가는 것보다는 낫다. 시점이 문제일 뿐이지 언젠가 누군가는 실행할 이니셔티브이기도 하다. 그런 결단을 내릴 수 있는 정당은 시민 속으로 깊숙이 파고들 수 있을 것이다. 정치인도 마찬가지이다.

물론 특정 정당이나 정치인이 어떤 선택을 하든지 그것과는 관계없이, 시대와 개인은 이미 참여와 공존이라는 정치의 미래로 가는 여정을 시작했다.

1   게오르크 빌헬름 프리드리히 헤겔, 『법철학』, 임석진 역, 한길사, 2008, 54쪽
2   게오르크 빌헬름 프리드리히 헤겔, 『법철학』, 임석진 역, 한길사, 2008, 53쪽
3   게오르크 빌헬름 프리드리히 헤겔, 『법철학』, 임석진 역, 한길사, 2008, 53쪽
4   한나 아렌트, 『정치의 약속』, 김선욱 역, 푸른숲, 2007, 32쪽
5   게오르크 빌헬름 프리드리히 헤겔, 『법철학』, 임석진 역, 한길사, 2008, 54쪽
6   게오르크 빌헬름 프리드리히 헤겔, 『법철학』, 임석진 역, 한길사, 2008, 54쪽
7   김경희, 『공화주의』, 책세상, 22쪽

『The Athenian Revolution: essay on ancient greek democracy and political theory』,
    Josiah Ober, princeton university press, 1999

『The end of history and the last man』, Francis Fukuyama, New York: Avon Books,
    1993

『The Social Contract』, J.J. Rousseau, 'Social Contract: essays by Locke, Hume, and
    Rousseau With an Introduction by Sir Ernest Barker', A Galaxy Book, Oxford
    University Press, 1962

『Two Treatises of Government』, The works of John Locke, Volume IV, John Locke,
    Routledge/Thoemmes Press, 1997

『강의록』, 최장집 저, 경향신문 주최 강연, 2012

『고대사회』, 루이스 헨리 모건 저, 최달곤·정동호 역, 문화문고, 2005

『공감의 시대』, 제러미 리프킨 저, 이경남 역, 민음사, 2010

『공화국의 위기』, 한나 아렌트 저, 김선욱 역, 한길사, 2011

『공화주의』, 김경희 저, 책세상, 2009

『관심의 경제학』, 토머스 데이븐포트·존 벡 저, 김병조 등 역, 21세기북스, 2006

『구글 이후의 세계』, 제프리 스티벨 저, 이영기 역, 웅진지식하우스, 2011

『군주론』, 니콜로 마키아벨리 저, 강정인·김경희 역, 까치, 2008

『그리스 민주정의 탄생과 발전』, 윌리엄 포레스트 저, 김봉철 역, 한울, 2001

『그리스와 로마』, 김덕수 저, 살림, 2004

『나 홀로 볼링』, 로버트 퍼트넘 저, 정승현 역, 페이퍼로드, 2009

『당신은 소셜한가』, 유승호 저, 삼성경제연구소, 2012

『대중의 지혜』, 제임스 서로위키 저, 홍대운·이창근 역, 랜덤하우스중앙, 2005

『도덕감정론』, 애덤 스미스 저, 박세일·민경국 역, 비봉출판사, 2009

『로마사 논고』, 니콜로 마키아벨리 저, 강정인·안선재 역, 한길사, 2003

『로마사 입문』, 허승일 저, 서울대학교출판부, 1993

『롱테일 경제학』, 크리스 앤더슨 저, 이호준 등 역, 랜덤하우스, 2006

『리바이어던』, 토마스 홉스 저, 진석용 역, 나남, 2008

『링크의 경제학』, 폴 길린 저, 최규형 역, 해냄, 2009

『미국의 민주주의1』, 알렉시스 드 토크빌 저, 임효선·박지동 역, 한길사, 1997

『미국의 민주주의2』, 알렉시스 드 토크빌 저, 임효선·박지동 역, 한길사, 1997

『민주화 이후의 민주주의』, 최장집 저, 박상훈 개정, 후마니타스, 2010

『법철학』, 게오르크 빌헬름 프리드리히 헤겔, 임석진 역, 한길사, 2008

『사회계약론』, 장 자크 루소 저, 이환 역, 서울대출판부, 2007

『생각 조종자들』, 엘리 프레이저 저, 이현숙 등 역, 알키, 2011

『서양 고대사 강의』, 김진경 등 저, 한울아카데미, 2011

『소셜 네트워크 혁명』, 매튜 프레이저·수미트라 두타 저, 최경은 역, 행간, 2010

『소셜 정치혁명 세대의 탄생』, 한종우 저, 전미영 역, 부키, 2012

『실시간 혁명』, 제이 베어 등 저, 이영래 역, 더숲, 2011

『아렌트 읽기』, 엘리자베스 영-브루엘 저, 서유경 역, 산책자, 2011

『아테네 영원한 신들의 도시』, 장영란 저, 살림, 2004

『어번던스』, 피터 다이어맨디스·스티븐 코틀러 저, 권오열 역, 와이즈베리, 2012

『역사의 종언』, 프랜시스 후쿠야마 저, 함종빈 역, 헌정회, 1989

『역사철학강의』, 게오르크 빌헬름 프리드리히 헤겔, 권기철 역, 동서문화사, 2012

『오픈 리더십』, 쉘린 리 저, 정지훈 역, 한국경제신문, 2011

『올웨이즈 온』, 브라이언 첸 저, 김태훈 역, 예인, 2012

『위 제너레이션』, 레이철 보츠먼·루 로저스 저, 이은진 역, 모멘텀, 2011

『위대한 미래』, 마티아스 호르크스 저, 이수연 역, 2010

『위키노믹스』, 돈 탭스코트·앤서니 윌리엄스 저, 윤미나 역, 21세기북스, 2009

『인 더 플렉스』, 스티븐 레비 저, 위민복 역, 에이콘, 2012

『일의 미래』, 린다 그래튼 저, 조성숙 역, 생각연구소, 2012

『정치의 약속』, 한나 아렌트 저, 김선욱 역, 푸른숲, 2007

『정치의 원형을 찾아서』, 최자영 저, 살림, 2005

『정치학』, 아리스토텔레스 저, 천병희 역, 도서출판 숲, 2009

『정치학개론』, 구영록 등 저, 박영사, 1995

『지금 애덤 스미스를 다시 읽는다』, 도메 다쿠오 저, 우경봉 역, 동아시아, 2010

『직업으로서의 정치』, 막스 베버 저, 전성우 역, 나남, 2007

『집단지성이란 무엇인가』, 찰스 리드비터 저, 이순희 역, 21세기북스, 2009

『통치론』, 존 로크 저, 강정인·문지영 역, 까치, 2007

『특이점이 온다』, 레이 커즈와일 저, 김명남 등 역, 김영사, 2007

『페이스북 시대』, 클라라 샤이 저, 전성민 역, 한빛미디어, 2010

『펠로폰네소스 전쟁사』, 투키디데스 저, 천병희 역, 도서출판 숲, 2011

『프리』, 크리스 앤더슨 저, 정준희 역, 랜덤하우스, 2009

『해적당』, 마르틴 호이즐러 저, 장혜경 역, 로도스, 2012

『혁명론』, 한나 아렌트 저, 홍원표 역, 한길사, 2004

『혁명을 리트윗하라』, 폴 메이슨 저, 이지선 역, 명랑한지성, 2012

『현대정당론』, G 사르토리 저, 어수영 역, 동녘, 1986

KI신서 5613

'데이터 기반 민주정치'는
인간을 정치의 원형으로 안내할 것인가

정치의 미래와 인터넷 소셜 의지

1판 1쇄 인쇄 2014년 4월 28일
1판 1쇄 발행 2014년 5월 7일

지은이 예병일
펴낸이 김영곤 **펴낸곳** (주)북이십일 21세기북스
부사장 임병주 **이사** 이유남
기획편집 한성근 남연정 이경희 **디자인** 정란
영업본부장 이희영 **마케팅1본부장** 안형태
영업 이경희 정경원 정병철 **마케팅기획1팀** 김홍선 강서영 **마케팅기획2팀** 최혜령 이영인
출판등록 2000년 5월 6일 제10-1965호
주소 (우 413-120) 경기도 파주시 회동길 201(문발동)
대표전화 031-955-2100 **팩스** 031-955-2151
이메일 book21@book21.co.kr **홈페이지** www.book21.com
트위터 @21cbook **블로그** b.book21.com

ISBN 978-89-509-5555-7 03340
책 값은 뒤표지에 있습니다.